দীপক বাজাজ একাধারে প্রথম সারির এক অনুপ্রেরণাদায়ী সুবক্তা, একজন বিদগ্ধ শিক্ষক, সোশ্যাল মিডিয়ার জগতে এক গুরুগম্ভীর উপস্থিতি, এবং দেশের অন্যতম সর্বোৎকৃষ্ট বিক্রীত লেখক।

২০০৭ সালে একটি বহুজাতিক সংস্থায় অঞ্চলভিত্তিক আধিকারিক হিসাবে কর্মরত অবস্থায়, দীপক একটি বিপণন সংস্থার গোড়াপত্তন করেন তাঁর কাজের মধ্যে থেকে কিছু সময় বার করে। তিন মাসের মধ্যে এই নবনির্মিত সংস্থা মসৃণ সাফল্যের স্বাদ পাওয়ায়, চাকরিতে ইস্তফা দিয়ে ক্রমবর্ধমান ব্যবসায় নিজেকে নিয়োজিত করেন, এবং অচিরেই হয়ে ওঠেন এক অবিসংবাদিত নায়ক।

দীপকের লেখা বই, Be a Network Marketing Millionaire, আজকের নেটওয়ার্ক মার্কেটিং-এর দুনিয়ার এক বহুপঠিত ও অবিচ্ছেদ্য অংশ হিসাবে সুপ্রতিষ্ঠিত। ইতিমধ্যে এই বই ছয়টি ভাষায় অনূদিত এবং প্রতি ডাইরেক্ট সেলারের কাছে এক স্বয়ংসম্পূর্ণ অভিধান বিশেষ। বিগত ১৬ বছর যাবৎ দীপক বাজাজ নিজের হাতে সাত লক্ষেরও বেশি মানুষকে প্রশিক্ষণের মাধ্যমে সাফল্যের আলো দেখিয়েছেন। একশোটিরও বেশি দেশে তাঁর শিক্ষামূলক ভিডিওগুলি কোটি কোটি মানুষের কাছে গৃহীত ও সমাদৃত।

তাঁর লাইভ ওয়ার্কশপ ও অনলাইন কোর্সগুলি তাদের গুণগত মান এবং দীর্ঘস্থায়ী উপকারিতার কারণে সারা পৃথিবীতে প্রশংসিত। জাতীয় ও আন্তর্জাতিক স্তরে অগ্রগণ্য পত্রিকাগুলি তাঁকে নিয়ে ফিচার করেছে, এবং তিনি 'Best Debut Author of 2018' খেতাবে ভূষিত হয়েছেন ইতিমধ্যেই। বিভিন্ন অনুষ্ঠানে তিনি নিয়মিত প্রধান বক্তা হিসেবে তাঁর বক্তব্য পরিবেশন করেন, এবং ডাইরেক্ট সেলিং-এর দুনিয়ায় একজন পথিকৃৎ হিসাবে পরিগণিত হন।

এক সফলতম ব্যবসায়ী হিসেবে, প্রায় এক যুগের বেশি সময়ের অভিজ্ঞতাসম্পন্ন দীপক বাজাজ একটি স্বতন্ত্র ব্র্যান্ডে উত্তীর্ণ—তিনি ডাইরেক্ট সেলিং-এর দুনিয়ার কিংবদন্তী। মানুষকে স্বপ্ন দেখিয়ে তাঁদের অভীষ্ট অর্জন করতে সাহায্য করা দীপকের জীবনের অন্যতম ব্রত। সেই লক্ষ্যে তিনি সবাইকে এগিয়ে নিয়ে যাচ্ছেন নিজের ব্যবহৃত পদ্ধতি এবং প্রযুক্তির ব্যবহার শিখিয়ে, যেগুলির প্রয়োগে এত বছর তিনি সাফল্যের পথ চলেছেন তাঁর লক্ষ লক্ষ অনুগামীদের সঙ্গী করে।

দীপক বাজাজকে সমস্ত সোশ্যাল মিডিয়ায় ফলো করুন, এবং ভিজিট করুন www.deepakbajaj.biz এই ওয়েবসাইটে।

Other language editions of this title published by Manjul

ENGLISH

HINDI

উদ্যোগে বৃদ্ধি, সাফল্যে সিদ্ধি

ডাইরেক্ট সেলিং এর মাধ্যমে আপনার জীবনকে স্বপ্নের জীবনে বাস্তবায়িত করার ৩১ টি অব্যর্থ সুলুকসন্ধান

দীপক বাজাজ

অনুবাদ
প্রতীক কুমার মুখার্জী

MANJUL

মঞ্জুল পাবলিশিং হাউজ

First published in India by

MANJUL

Manjul Publishing House

Corporate and Editorial Office

• 2nd Floor, Usha Preet Complex, 42 Malviya Nagar, Bhopal 462 003 - India

Sales and Marketing Office

• 7/32, Ansari Road, Daryaganj, New Delhi 110 002 - India

Website: www.manjulindia.com

Distribution Centres

Ahmedabad, Bengaluru, Bhopal, Kolkata, Chennai,
Hyderabad, Mumbai, New Delhi, Pune

Bengali translation of *Achieve More, Succeed Faster*

This edition first published in 2021

ISBN 978-93-90924-82-0

Translation by Pratik Kumar Mukherjee

Cover design by Bhavi Mehta

Printed and bound in India by Saurabh Printers Pvt. Ltd.

উৎসর্গ

এই বইটি আপনার জন্য উৎসর্গীকৃত

আমি জানি, আপনার জীবনে একটি বিশেষ স্বপ্ন আছে, এবং পরম মমতায় লালিত সেই স্বপ্নকে বাস্তবায়িত করতে আপনি বদ্ধপরিকর। সেই স্বপ্নকে বাস্তবে রূপান্তরিত করার অভিযানে আমি আপনার সঙ্গে সবসময়ে রয়েছি এই বইয়ের মাধ্যমে। এই বই শুধুমাত্র সাফল্যের পথে আপনার শক্তিবর্ধন করা ছাড়াও উৎসাহ প্রদান করবে, সেই সঙ্গে বিভিন্ন সমস্যার সমাধানে ফলদায়ী প্রমাণিত হবে।

সময়ের সঙ্গে সঙ্গে সাফল্যের সংজ্ঞা বদলে গিয়েছে। অদূর ভবিষ্যতে, নতুন অর্থনীতির সম্ভাবনাময় দুনিয়ায় সাফল্য অর্জনের ব্যক্তিগত চাবিকাঠি হিসেবে এই বই আপনার যাত্রাপথে এক অমূল্য সম্পদ হতে চলেছে।

ছোট গ্রামে বড় হয়ে ওঠা, স্থানীয় সরকারি স্কুলে প্রাথমিক পড়াশোনার পাঠ চোকানো, অবিরত অভাব-অনটনের মধ্যে দিয়ে জীবন নির্বাহ করা, পরবর্তী সময়ে সামান্য চাকরি থেকে নিজস্ব ব্যবসায় উন্নীত হওয়া, পদে পদে ভুল করে আবার শূন্য থেকে শুরু করা... আমি এর প্রতিটি অবস্থার মধ্যে দিয়ে গিয়েছি, এবং সেই অনুভূতি আমার মনে আজও অমলিন। বিশ্বাস রাখুন, প্রত্যেক কিংবদন্তী কিন্তু সেই শূন্য থেকেই শুরু করেছেন। আপনাদের প্রত্যেকের অভ্যন্তরে লুকিয়ে থাকা সেই কিংবদন্তীর প্রতি এই বই আমার সামান্য শ্রদ্ধাঞ্জলি।

এখনই সময় জেগে ওঠার।
এখনই সময় স্বপ্নকে ছোঁয়ার।
তাই, অনর্গল হোক তোমার গতি।

দীপকের সাম্প্রতিকতম বই সম্বন্ধে পাঠকরা কে কী বলেছেন

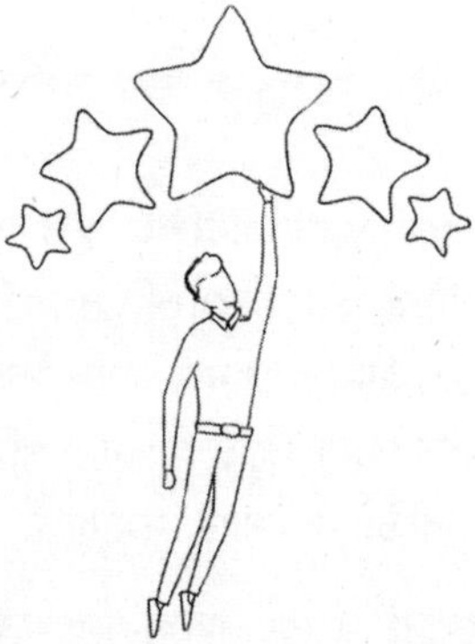

দক্ষতম ডাইরেক্ট সেলার এবং কোটিপতি হবার স্বপ্ন দেখা প্রতিটি মানুষের জন্য এই বইটি অপরিহার্য।

—কৈলাস ভত্তড়, সিইও, এমআই লাইফস্টাইল মার্কেটিং
গ্লোবাল প্রাইভেট লিমিটেড

নেটওয়ার্ক মার্কেটিং-এর দুনিয়ায় সাফল্য পাওয়ার ক্ষেত্রে অন্যতম সেরা একটি বই। বন্ধুস্থানীয় ও পরিচিতদের ব্যবসার প্রতি আকর্ষিত করার জন্য এই বই এক অনবদ্য উপহার।

—মুবিন মহম্মদ

নেটওয়ার্ক মার্কেটিং-এর ক্ষেত্রে এই বই রীতিমতো 'পবিত্র গীতা' ও 'পবিত্র কোরান'-এর সমতুল্য।

—ডঃ আখতার খানওয়ালা

শিক্ষার্থী, কর্মী, বিশেষজ্ঞ ও শিক্ষকদের জন্য এক অসাধারণ পাঠ্যপুস্তক।

—প্রদীপ চৌধুরী

সাধারণত্ব থেকে অসাধারণত্বে উন্নীত হওয়ার হাতিয়ার এক অবিস্মরণীয় বই।

—নিশান্ত চৌধুরী

প্রতিদিনের জীবনে সাফল্য ও লক্ষ্যভেদের এক অনন্য উপকরণ।

—পায়েল কোঠারী

ডাইরেক্ট সেলিং-এর জগতে সাফল্য অর্জন করতে এই একটি বই যথেষ্ট।

—মুকেশ সিং

আমার গতি আজ অবারিত। এই অসামান্য বইয়ের সাহায্যে আমি সময়ের চেয়ে দশ বছর আগে দৌড়তে পারি।

—লোমেশ চৌধুরী

জীবনে উল্লেখযোগ্য কিছু করতে চাওয়া প্রতিটি মানুষের কাছে এই বইটি একান্ত অপরিহার্য।

—মহেন্দ্র শিং রাওয়াত

আমার সমস্ত প্রশ্নের উত্তর আমি পেয়েছি। এই বই আমার ব্যবসাকে উল্কাগতি প্রদান করতে সক্ষম।

—নীতু জিন্দাল

নিজের নিজের স্বপ্নপূরণ করার ক্ষেত্রে এই বই অতি গুরুত্বপূর্ণ এক সঙ্গী।

—ময়ূর পাটিল

আমার জীবনে পড়া অন্যতম সেরা একটি বই। এই বই আমার সমগ্র চিন্তাধারাকে প্রভাবিত করেছে। এই বই পড়ার পর আমি নিজেকে সম্পূর্ণ এক নতুন মানুষ হিসেবে আবিষ্কার করেছি। অবশ্যই আমি একজন কোটিপতি হওয়ার স্বপ্ন দেখি।

—অলকা পি.

এই বই নেটওয়ার্ক মার্কেটিং-এর দুনিয়ার পবিত্র বাইবেল, পবিত্র গীতা ও পবিত্র কোরানের সমকক্ষ। এই বই ছাড়া এই বিষয়ে আর কোনো বইয়ের সাহায্য নিতান্তই অপ্রয়োজনীয়।

—অরুণ সিং

নেটওয়ার্ক মার্কেটিং-এর উপর সর্বকালের সেরা বই।

—চিন্তন অরোরা

অর্থনৈতিকভাবে সফল হওয়ার স্বপ্ন দেখা প্রতিটি মানুষের জীবন সম্পূর্ণভাবে বদলে দেওয়ার ক্ষমতা রাখে এই অসাধারণ বই।

—হর্ষদা নিকম

অসাধারণ বই। অবশ্যই সুপারিশযোগ্য। প্রতিটি পৃষ্ঠায় যথাযথ প্রজ্ঞায় সুসজ্জিত উপকরণ বইটির শ্রীবৃদ্ধি করেছে।

—গৌরব মেহরা

নেটওয়ার্ক মার্কেটিং-এর 'সব পেয়েছির দেশ'। নির্ভুলভাবে সাফল্যের পথে মসৃণভাবে অগ্রসর হতে চাওয়া প্রতিটি মানুষের জন্য এক অত্যাবশকীয় পাঠ্যপুস্তক।

—বিজয় টেটারওয়াল

শিক্ষানবিশ এবং অভিজ্ঞ ব্যবসায়ী, উভয়ের জন্যই এক অমূল্য বই।

—রাজেশ যাদব

সম্পূর্ণ অনভিজ্ঞ যে-কোনো নবাগত এই বইয়ের সাহায্যে তাঁর লক্ষ্য অতিক্রমে সক্ষম।

—নেহা রানা

এই বই পবিত্র গীতার সমকক্ষ। সাফল্যের অন্বেষণে চালিত প্রতিটি মানুষের কাছে এই বই এক অবিচ্ছেদ্য অংশ।

—হিমাঙ্গী

সাবধানবাণী

এই বই আপনার স্বপ্নকে আরো বড় করে দেখাতে শেখাবে।

আপনি পাবেন অফুরন্ত অনুপ্রেরণা, নিত্যনতুন ধ্যান-ধারণা, পদ্ধতি এবং তার সমাধান, যা আপনার জীবন সম্পূর্ণভাবে বদলে দিতে সক্ষম।

এই বই আপনার চিন্তাধারার আমূল পরিবর্তন আনবে, বদলে দেবে যেভাবে আপনি পৃথিবীকে দেখতে অভ্যস্থ, এবং আপনার সম্পূর্ণ কর্মপদ্ধতি।

এই বই আপনাকে আপনার কর্মক্ষেত্রে তৎক্ষণাৎ সিদ্ধান্ত নিতে সাহস জোগাবে। সুতরাং, নিজ দায়িত্বে বই পড়া শুরু করুন।

এই বই আপনি কেন পড়বেন?

আজ থেকে কুড়ি বছর পরে তুমি যা যা কাজ করেছ, তার চেয়ে বেশি যা করতে পারোনি, সেই কথা ভেবে তুমি হতাশ হতে বাধ্য। তাই বন্দরের নিশ্ছিদ্র ঘেরাটোপের গণ্ডির বাইরে বেরিয়ে পড়ো। স্বপ্ন দেখো, ভ্রমণ করো এবং আবিষ্কারে মেতে ওঠো।

—মার্ক টোয়েন

২০০৬ সালের মে মাস—একটি প্রথম সারির বহুজাতিক সংস্থায় আমি উচ্চ বেতনভোগী সিনিয়র ম্যানেজার হিসেবে কর্মরত, যখন প্রথমবারের জন্য কেউ আমাকে ডাইরেক্ট সেলিং-এর সঙ্গে পরিচয় করিয়েছিলেন। কর্মজীবনে চূড়ান্ত ব্যস্ততা এবং উল্লেখযোগ্য সাফল্যের গরিমায় আমি সেই প্রস্তাবে দৃকপাত করিনি। কিন্তু তিনি এই দুনিয়ার বিভিন্ন সাফল্যের উপাখ্যান সামনে রেখে আমার কাছে বারবার ফিরে আসতেন সামান্য সুযোগ পেলেই। শেষ পর্যন্ত ২০০৭ সালের জুন মাসে, তিনি আমাকে এই সম্বন্ধীয় একটি অনুষ্ঠানে উপস্থিত হতে রাজি করালেন, দীর্ঘ তেরো মাসের রূঢ় প্রত্যাখ্যানের পরে।

এইরকম কোনো অনুষ্ঠানে উপস্থিত থাকার সৌভাগ্য আমার অতীতে হয়নি। সত্যি কথা বলতে, আমি রুদ্ধবাক্ হয়ে পড়েছিলাম। অতি সাধারণ চেহারার

কিছু সাধারণ মানুষের অভাবনীয় সাফল্যের কাহিনি আমার কাছে অবিশ্বাস্য ঠেকেছিল। অনুষ্ঠানের শেষে আমি বিহ্বল হয়ে পড়ছিলাম, এবং আমার মন সেই মুহূর্তে দ্বিচারিতার শিকার হয়েছিল।

১. মন বলছিল সেই মুহূর্তে সব ভুলে ব্যবসার জগতে পা বাড়িয়ে দিতে, কারণ এই একটি সুযোগ আমাকে আমার অভীষ্ট লক্ষ্যে পৌঁছে দিতে পারে অনায়াসেই। ঘুমের ভিতরে, মঞ্চের উপরের সেই সমস্ত মানুষগুলিকে দেখতে শুরু করেছিলাম আমি। মন প্রশ্ন করেছিল—ওনারা সফল হতে পারলে, আমি কেন নয়?
২. আমার দ্বিতীয় সত্তা কিন্তু আমাকে বাধাপ্রদানে ব্যস্ত হল— নানারকম দ্বিধা ও দুশ্চিন্তায় সে আমাকে জর্জরিত করে তুলতে থাকল। এই দুনিয়ায় কীভাবে সফল হওয়া সম্ভব? তার বক্তব্য, এরা সকলে মিথ্যাচার করে চলেছে। এসব থেকে দূরে থাকো। নিজের কাজে মনোনিবেশ করো। পরবর্তী পদোন্নতির জন্যে জান লড়িয়ে দাও।

আমি এক নিদারুণ কঠিন পরিস্থিতির সম্মুখীন হলাম। একদিকে আমার পক্ষে ডাইরেক্ট সেলিং-এর অমোঘ হাতছানি উপেক্ষা করা অসম্ভব, আবার ভরসা করে সেই নতুন দুনিয়ায় নিজেকে ভাসিয়ে দিতেও অনিশ্চয়তা। এক সময় মন বলছে এই পেশা পৃথিবীর শ্রেষ্ঠতম, পরমুহূর্তেই সমস্তটা অলীকতম কল্পনার বুদবুদ হয়ে বাতাসে মিলিয়ে যাচ্ছে। এই পরিসরে একাধিক শীর্ষস্থানীয় ব্যক্তিদের সঙ্গে বৈঠক এবং কিছু সেমিনারে অংশগ্রহণের পরে আমি উৎসাহে টগবগ করতাম। এর অব্যবহিত পরেই, বন্ধুদের সঙ্গে ঘরোয়া অধিবেশনে সবাই তাদের বিশ্লেষণ ও প্রাসঙ্গিকতার যুক্তিতে আমার উৎসাহের ফানুস চুপসে দিত। এক সপ্তাহ পরে, আমি ব্যবসা শুরু করার সিদ্ধান্ত নিলাম, বন্ধুদের সেই নিরাশাজনক প্ররোচনা আমাকে তাড়িয়ে বেড়ানো সত্ত্বেও।

প্রবল উদ্দীপনায় দিন শুরু করলেও, দু-চারটি অধিবেশনের পরে আমি রীতিমতো ক্লান্তি ও অবসাদে ভেঙে পড়তাম। নিত্যনতুন প্রশ্নের সম্মুখীন হতাম আমি, যার কয়েকটি আপনাদের জন্য সাজিয়ে দিলাম ঃ

- সত্যিই কি এটি একটি স্থায়ী ব্যবসা অথবা পেশা হিসেবে বিবেচ্য?
- এটি কি আমার নামযশ অথবা আমার যাবতীয় সম্পর্কের উপর প্রভাব বিস্তার করতে পারে?
- আমার মতো একজন লাজুক ও অন্তর্মুখী মানুষ কি এই দুনিয়ায় সাফল্যের মুখ দেখতে সক্ষম?

- এই ব্যবসা কীভাবে প্রচুর সংখ্যায় মানুষকে কোটিপতির স্তরে উন্নীত করতে সক্ষম?
- এত পরিমাণে মানুষ এই ব্যবসায় কীভাবে অকৃতকার্য হন?
- এত মানুষ কেন এই ব্যবসা সম্বন্ধে নেতিবাচক মনোভাব পোষণ করেন?
- এই ব্যবসায় সাফল্য কি সহজলভ্য না কষ্টসাধ্য?
- পরবর্তী প্রজন্ম কি এই ব্যবসার ফলভোগ করতে সক্ষম হবে?
- পার্ট টাইম ভিত্তিতে কাজ করে কি এই পরিসরে সাফল্য অর্জন করা সম্ভব?

এবং ইত্যাদি ইত্যাদি...

প্রায় প্রতি রাতে আমি এই কর্মকাণ্ড থেকে ইস্তফা দেওয়ার কথা ভাবতাম। কিন্তু একটিমাত্র যুক্তি আমাকে এই সিদ্ধান্ত নিতে বাধা দিত— ইস্তফা দেওয়ার মানে পালানো, আর এখানে পালিয়ে যাওয়ার কোনো উপায় নেই। তুমি যদি বিভিন্ন মিটিং থেকে নিজেকে সরিয়ে নাও, অথবা তোমার সংস্থার আধিকারিকদের সান্নিধ্য এড়িয়ে চলো, খুব তাড়াতাড়ি তোমাকে সবাই ভুলে যাবে। আরো একটি প্রশ্ন আমার অনুসন্ধিৎসা বাড়াতে থাকল—এত মানুষ মিলে যদি এই সাম্রাজ্য গড়তে পারেন, নিশ্চয় তাঁরা এমন কিছু জানেন যা আমার কাছে এখনো অজানা। তাই ইস্তফা দেওয়ার আগে, আমার বুঝে নেওয়া উচিত আমি কোন কর্মকাণ্ড থেকে নিজেকে সরিয়ে নিচ্ছি। সুতরাং আমি ব্যবসার রন্ধ্রে রন্ধ্রে নিজেকে গভীরভাবে ডুবিয়ে দিলাম। আমি বিশ্বাস করি, কোনওকিছু সম্পূর্ণভাবে করায়ত্ত করতে হলে সেটি নিজের মতো করে বুঝতে হয়, তাই নিজের উপর সম্পূর্ণ বিশ্বাস রেখে আমি এগিয়ে যেতে থাকলাম।

নতুন ব্যবসার গোড়াপত্তন করার সঙ্গে সঙ্গে, আমার আত্মবিশ্বাস ও ব্যবসার প্রতি বিশ্বাসের জায়গা সুদৃঢ় হতে থাকল। অচিরেই আত্মবিশ্বাসের হাত ধরল সাফল্য। উপলব্ধি করলাম যে আমার প্রতিবন্ধকতা আসলে আমার মনন, ব্যবসায় কোনো সমস্যা নেই। আমার পূর্ব অভিজ্ঞতা, অন্যান্য ব্যবসা অথবা আমার পারিপার্শ্বিকের মানুষজনের উপর নির্ভরশীল হয়ে আমি এই ব্যবসাকে ভুল বুঝেছিলাম।

তেরো মাস ধরে আমি ব্যবসাকে অবিশ্বাসের চোখে দেখেছিলাম, স্বভাবতই এর সঙ্গে জড়িত সমস্ত কিছুই আমার কাছে গুরুত্বহীন ছিল। আজ যখন আমি অতীতের দিকে ফিরে তাকাই, উপলব্ধি করি, সেই সময়টুকু আমার জীবনে এক চরমতম ক্ষতি। সঠিক সিদ্ধান্ত নেওয়ার জন্য উপযুক্ত তথ্য আমার কাছে না থাকায় সেই অমূল্য সময় আমি নষ্ট করেছি। শুধুমাত্র পরিচিত মহলের উপদেশ ছিল আমার চলার পথের একমাত্র পাথেয়। সেই ভুল যাতে আপনি না করেন, তাই আমার এই প্রচেষ্টা।

এই ২০২০ সালে বই প্রকাশের সময় পর্যন্ত, ডাইরেক্ট সেলিং-এর দুনিয়ায় আমি প্রায় ১৩ বছর কাটিয়ে ফেলেছি, এবং এই ৪,৫০০এরও বেশি দিনে, প্রতিনিয়ত নিজেকে ব্যবসায় উৎসর্গ করে চলেছি। জীবনে আমি অনেক আলো ও অন্ধকারের পথ পাড়ি দিয়েছি। অগণিত প্রতিষ্ঠানের শুরু থেকে শেষ হয়ে যাওয়ার সাক্ষী থাকা, একাধিক সরকারের পরিবর্তন, আইনকানুন ও নিয়মের ফাঁস গলায় চেপে বসা, মানুষের ধ্যান-ধারণার আমূল পরিবর্তন, শিল্প ও বাণিজ্যক্ষেত্রের নানা রদবদল, কর্মপদ্ধতির নিত্যনতুন তারতম্য, বিভিন্ন কর্মীদলের সংগঠনের সূচনা এবং অতি অল্প সময়ে সেগুলোর নিঃশব্দ ধ্বংসলীলা ইত্যাদি। এই বইতে সযত্নে সাজানো রয়েছে ডাইরেক্ট সেলিং-এ পৃথিবীর সেরা বিশেষজ্ঞদের কাছ থেকে আমার শিক্ষার অমূল্য অভিজ্ঞতার কথা। সঙ্গে রয়েছে একযুগের বেশি সময় ধরে লাখ লাখ সহকর্মীর সঙ্গে কাজ করার অভিজ্ঞতার কথা, যার সাহায্যে অতি সহজেই নিজের অভিমত ও সিদ্ধান্ত নিতে সক্ষম হবেন। এই বই ব্যবসার অভ্যন্তরে ওতপ্রোতভাবে জড়িয়ে থাকা একজনের চোখে দেখতে সক্ষম হবেন আপনি, যে ব্যক্তির জীবন বর্তমান দুনিয়ার এক অন্যতম সাফল্যের কাহিনি।

মনে রাখবেন, আমি কখনোই ডাইরেক্ট সেলিং-এর ব্যবসা শুরু করার ইন্ধন যোগাতে এই বই পড়ার পরামর্শ দেব না। আমি আপনাকে সম্মান করি। আপনারা প্রত্যেকে স্বতন্ত্র। আমার জানা নেই, এই ব্যবসা আপনার জন্য সঠিক কিনা, অথবা এই ব্যবসার জন্য আপনি প্রস্তুত কিনা। এই ব্যবসা করা বা না-করা সম্পূর্ণ আপনার সিদ্ধান্ত, কিন্তু আমি চাই এই সিদ্ধান্ত নেওয়ার আগে আপনি এই ব্যাপারে সম্পূর্ণ ওয়াকিবহাল থাকুন।

মনে রাখবেন, শুধু ডাইরেক্ট সেলারদের জন্য নয়, বরং জীবনে যারা যারা সাফল্য অর্জন করতে চান, এই বই তাঁদের প্রত্যেকের জন্য। এই নতুন অর্থনৈতিক ব্যবস্থায় সাফল্যের সঙ্গে টিকে থাকতে হলে যে চিন্তাধারা ও মননশীলতার প্রয়োজন, তা এখানে প্রাঞ্জলভাবে বোঝানো হয়েছে। এই বই একটি সুন্দর, সফল জীবনের চাবিকাঠি। আপনার জীবনের স্বপ্নগুলিকে যাতে নিজের ইচ্ছামতো সহজে নিজের হাতে সাজিয়ে তুলতে পারেন, তার পরিচায়ক এই বই। প্রতি অধ্যায়ে আপনার সামনে আসবে আধুনিকতম ধ্যান-ধারণার ব্যাপ্তি, যা আপনাকে প্রতিটি ভুল প্রশ্নের বিরুদ্ধে সোচ্চার করবে। আপনাকে প্রস্তুতি নিতে সাহায্য করবে অনাগত কোনো প্রতিকূল অবস্থার বিরুদ্ধে। সফল ভবিষ্যতের সিন্দুকের চাবি এই বই।

এই বইয়ের কিছু অধ্যায় আপনাকে বিস্মিত করবে। কিছু বিশেষ পদ্ধতি ও প্রণালীর কথা বলা আছে, যার ব্যবহার তৎক্ষণাৎ আপনার সাফল্য ও জীবনযাপনে উন্নতির স্পর্শ এনে দেবে। এমন অনেক সমাধান ও যুগান্তকারী প্রযুক্তির কথা

বলা আছে, যা আপনাকে অভীষ্টের পথে এগিয়ে দেবে। এক অতি সহজে গ্রন্থিত এবং এক অতি সাধারণ বিন্যাসে সজ্জিত এই বই কর্মজীবনে এক সম্পূর্ণ অভিধান হিসেবে প্রমাণিত হবে।

এই স্বতন্ত্র, স্বাধীনচেতায় পরিপূর্ণ বইটির দ্বারা আপনি বিভিন্নভাবে, নানা বিভঙ্গে ডাইরেক্ট সেলিং-এর অভ্যন্তরে বিচরণ করতে সাহায্যপ্রাপ্ত হবেন। শুধুমাত্র অর্থনৈতিকভাবে স্বাবলম্বী হতে পারার সম্ভাবনার চাইতেও এই ব্যবসা বহুভাবে শিক্ষণীয়। আপনি যদি এই ব্যবসাকে আপনার পেশা নাও বাছতে চান, তাও এটি নানাভাবে সাহায্য করবে। মানুষের সঙ্গে পরিচিতি ও আপনার পসরা বিক্রী করতে পারাই এই ব্যবসার মূল লক্ষ্য নয়। আপনি স্তম্ভিত হবেন এই দেখে যে পরোক্ষভাবে সামাজিক ও আধ্যাত্মিক স্তরেও আপনার গ্রহণযোগ্যতা কীভাবে বৃদ্ধি পাচ্ছে। এক মহাসমুদ্রের মতো গভীর এই দুনিয়াকে সাধারণ মানুষ সামান্য এক পেয়ালা জলের সঙ্গে তুলনা করেন—ব্যবসার ক্ষেত্রে এই কথা সম্পূর্ণরূপে প্রযোজ্য। এই বইয়ের দ্বারা আমি আপনাকে এই সম্পূর্ণতার ছবি দেখাবার চেষ্টা করেছি মাত্র। দীর্ঘ তেরো বছর সময় ধরে সারা পৃথিবীর লক্ষ লক্ষ মানুষের অমূল্য অভিজ্ঞতা ও জ্ঞান সম্বলিত এই বই আপনাকে এই ব্যবসাকে পুঙ্খানুপুঙ্খরূপে দেখতে সাহায্য করবে।

বিশ্বাস করুন, আমাদের অগ্রসর না হতে দেওয়ার প্রতিটি কারণ থাকে আমাদের অন্তরে। আমাদের অপরিসর মনন সামনে আসা সুযোগকে অশ্রদ্ধা করতে শেখায় অবিরত। আমাদের মস্তিষ্কের অন্দরমহলে নিরন্তর চলতে থাকা যুক্তিতর্কের যুদ্ধকে এড়িয়ে আমাদের স্বাভাবিকভাবে চিন্তা করতে শেখায় এই বই। আমরা শিখি প্রতিটি জিনিসকে আলাদাভাবে আবিষ্কার করতে। প্রতিটি সম্ভাবনা আলাদা আলাদা মানুষের কাছে দুভাবে উপস্থিত হয়—অনুকূল অথবা প্রতিকূল অবস্থা হিসেবে, তাঁর মননশীলতার বশবর্তী হয়ে।

আপনার মনন অননুকরণীয়—সেটি স্বতন্ত্র। নতুন ভাবনার দিশা আপনার মনকে এক উন্নত স্তরে পৌঁছে দেয়, যেখান থেকে পুরোনো চিন্তাধারায় ফিরে যাওয়া রীতিমতো অসম্ভব। এবং এই বই আপনার সামনে নতুন ভাবনার এক অফুরন্ত দিগন্তকে উন্মুক্ত করে দেবে।

এই অসাধারণ ব্যবসার কিছু বিশেষ গুণাগুণ আমাকে এই পরিসরে সুদীর্ঘ ১৩ বছর থাকার পরেও রোমাঞ্চিত করে, আজও আমি সেই প্রথম দিনের মতো উদ্যমে টগবগিয়ে ফুটতে থাকি সবসময়। এই বাণিজ্যিক জগতের পৃষ্ঠপোষকতা করি সগৌরবে, কারণ যে লক্ষ্যে এই ব্যবসা আমাদের পৃথিবীকে এক উজ্জ্বল ভবিষ্যতের দিকে এগিয়ে নিয়ে যাচ্ছে, সেখানে আমাদের পরবর্তী প্রজন্মের জন্য এক অত্যুজ্জ্বল ভবিষ্যৎ অপেক্ষা করে আছে।

আমাদের মধ্যে সিংহভাগ মানুষের মধ্যে একটি ঘোরতর সমস্যা হল, আমাদের জীবনের লক্ষ্য এতটা সুউচ্চ নয় যে আমরা তার নাগাল পাই না, বরং সেই লক্ষ্য এতটাই সহজলভ্য যে আমরা সেটিকে স্পর্শ করতে অসক্ষম হই।

—মাইকেল এঞ্জেলো

এই বইয়ের দ্বারা আপনাদের নিমন্ত্রণ জানাই, যাতে আপনাদের সম্পর্কে অবগত হবার এই যাত্রায় আমি সাফল্য অর্জন করতে সক্ষম হই, আপনাদের স্বপ্ন সম্বন্ধে জেনে সেই স্বপ্নকে বাস্তবায়িত করার কর্তব্যে এগিয়ে যেতে পারি। দয়া করে এই বইয়ের প্রতিটি শব্দকে হৃদয়ঙ্গম করে এই দুনিয়ার সঙ্গে পরিচিত হতে থাকুন। আমি আপনাদের প্রত্যেককে খুশি এবং সফল দেখতে ইচ্ছুক। এই আমার পরম প্রাপ্তি, এবং এর একমাত্র কারণ হল আমি যা করি, সেই সাফল্যের কারণেই করি।

আপনাদের নিজের নিজের স্বপ্নের সম্মুখে বুক চিতিয়ে দাঁড়াতে দেখতে চাই আমি। আমার বিশ্বাস, আপনাদের কাছে সাফল্যের শিখরে পৌঁছোবার শক্তি বর্তমান। আশা করি, স্বপ্নকে বাস্তবায়িত করার প্রচেষ্টায় সারা পৃথিবীর সঙ্গে সঙ্গে নিজেদেরকেও বিস্মিত করে তুলবেন নিজেদের কাঙ্খিত সাফল্যের দ্বারা।

আপনার সাফল্যের অংশীদার,
দীপক বাজাজ

ডাইরেক্ট সেলিং-এর দুনিয়ায় দীপক বাজাজের স্বপ্নের উত্থান

অতি সাধারণ এক সরকারি চাকরিজীবী পরিবারে জন্মগ্রহণ করা এক মুখচোরা গ্রাম্য ছেলে থেকে ডাইরেক্ট সেলিং-এর ঝাঁ-চকচকে জগতের শীর্ষে পৌঁছে যাওয়া, এবং শীর্ষস্থানীয় বিশেষজ্ঞ হিসেবে জগৎ বিখ্যাত হবার ঘটনা প্রত্যেকের জীবনে অনুপ্রেরণা ও শক্তির সঞ্চার করতে বাধ্য। সুদুরপ্রসারী চিন্তাধারা, আত্মবিশ্বাস, সঠিক পথে নিজেকে চালিত করা এবং প্রবল উদ্যমের সাহায্যে সাফল্যের সিঁড়ি বেয়ে. শীর্ষ স্তরে উঠে আসা দীপক আজ প্রত্যেকের কাছে চূড়ান্ত সাফল্যের আরেক নাম।

ভারতের হরিয়ানায় একটি ছোট গ্রামে এক সাধারণ সরকারি চাকুরের পরিবারে জন্মগ্রহণ করেন দীপক। চাকরির ক্ষেত্রে তাঁর মা ও বাবার ঘন ঘন বদলির ফলে তাঁদের পরিবারকে এক শহর থেকে আরেক শহরে ঘুরে বেড়াতে হতো। সেই কারণে দীপকের পড়াশোনা একাধিক হিন্দিভাষী সরকারি স্কুলের মাধ্যমে সম্পন্ন হয়েছে। বি.কম-এ স্নাতক হওয়ার পরে, তিনি সাফল্যের সঙ্গে ক্যাট পরীক্ষায় উত্তীর্ণ হয়ে একটি অগ্রগণ্য ম্যানেজমেন্ট ইন্সটিটিউট থেকে তাঁর MBA এম.বি.এ. ডিগ্রি অর্জন করেন। প্রথম সারির একটি অটোমবাইল সংক্রান্ত বহুজাতিক সংস্থায় গুরুত্বপূর্ণ এক পদে তিনি দীর্ঘ চার বছর কর্মরত থাকার শেষে, ২০০৭ সালে নিজের ডাইরেক্ট সেলিং-এর ব্যবসার গোড়াপত্তন করেন।

২০০৬ সালে জনৈক পরিচিত তাঁকে এই ডাইরেক্ট সেলিং-এর দুনিয়ার সঙ্গে করমর্দন করিয়ে দিতে, প্রথম দর্শনে তিনি কোনোভাবেই প্রভাবিত হননি। তেরো মাস বাদে, তিনি তাঁর বিখ্যাত 'নব্বই দিনের গেমপ্ল্যান'-এর উপস্থাপনা করেন। দৃষ্টান্তমূলকভাবে নানা কীর্তি স্থাপন করে, নতুন ব্যবসার শুরুর তিন মাসের মাথায় তাঁর চাকরিতে ইস্তফা দেন। কর্মকাণ্ডের ক্ষেত্রে তিনি ক্ষুরধার হওয়া সত্ত্বেও, তাঁর সহকর্মীরা তাঁর প্রত্যাশামতো আকাশ ছুঁতে পারলেন না। যেহেতু নতুন ব্যবসা সুচারুরূপে চালাবার জন্য যথেষ্ট প্রশিক্ষণের ব্যবস্থা ছিল না তাঁদের কাছে, ব্যবসা স্বভাবতই মুখ থুবড়ে পড়ল। পরবর্তী নয় মাস তিনি

এবং তাঁর পরিবার চরমতম অর্থকষ্টের মুখ দেখল, যা ছিল তাঁদের কাছে অকল্পনীয়। সে ছিল তাঁর জীবনের কঠিনতম সময়, এবং তাঁর জায়গায় অন্য কেউ থাকলে সে পরাজয় স্বীকার করতে বাধ্য হতো। কিন্তু দীপক তাঁর সর্বশক্তি প্রয়োগ করে ব্যবসার কাজে নিজেকে নিয়োজিত করলেন, তাঁর দৌর্বল্যকে লড়াইয়ের হাতিয়ার বানিয়ে।

তিনি হয়ে উঠলেন বাণিজ্যের সেরা ছাত্র, সারা দুনিয়াব্যাপী ব্যবসা ও বাণিজ্য সম্পর্কিত সমস্তরকম লেখাপড়ায় নিজেকে ডুবিয়ে দিয়ে। বাণিজ্যের দুনিয়ায় আত্মপ্রকাশ ঘটালেন নিত্যনতুন আনকোরা পদ্ধতি ও প্রণালীর প্রয়োগ, যা অবিসংবাদিতভাবে তাঁকে তাঁর সাফল্যের সঙ্গে পরিচিত করালো। এই পথ চলা একেবারেই সহজ ছিল না, এবং একাধিক কর্মী পদে পদে অকৃতকার্য হতে থাকল। কিন্তু প্রতিবার অসফল হবার সঙ্গে সঙ্গে, তিনি উদ্ভাবন করলেন উন্নততর পদ্ধতি ও প্রণালী, যার ফলে তাঁর ব্যবসা উত্তরোত্তর বৃদ্ধি পেতে থাকল।

ইতিমধ্যেই পৃথিবী জুড়ে লক্ষাধিক মানুষ তাঁর দেখানো পথ অনুসরণ করে তাঁদের কর্মক্ষেত্রে শীর্ষ স্তরে উন্নীত হয়ে নিজের স্বপ্ন বাস্তবায়িত করতে সক্ষম হয়েছেন। দীপকের বই— Be a Network Marketing Millionaire, বর্তমান বাণিজ্য জগতে এক বহুপঠিত ও সমাদৃত পাঠ্যপুস্তকের অন্যতম। প্রকাশের দিন থেকে বেস্টসেলার চার্টের শীর্ষে থাকা এই বিশেষ বইটি ইতিমধ্যে ছয়টি ভারতীয় ভাষায় অনূদিত হয়েছে। এই বই স্বয়ংসম্পূর্ণ সাবলীল লেখনীতে পরিপূর্ণ একটি গাইডবুক, যাতে ব্যবসায় প্রতিষ্ঠা পাওয়ার জন্য অতি প্রয়োজনীয় বিভিন্ন পদ্ধতি, প্রণালী এবং প্রযুক্তির অবতরণা করা হয়েছে, যা আজকের শিল্পজগতে এক অপরিহার্য অংশ।

দীর্ঘ তেরো বছরের অত্যাশ্চর্য অভিজ্ঞতা সম্পন্ন দীপক আজ এক গুরুত্বপূর্ণ ব্র্যান্ডে উন্নীত, এবং ডাইরেক্ট সেলিং-এর দুনিয়ার এক জীবন্ত কিংবদন্তী হিসেবে পরিগণিত। সোশ্যাল মিডিয়ার জগতে তিনি এক গুরুগম্ভীর উপস্থিতি, একশোটিরও বেশি দেশে তাঁর শিক্ষামূলক ভিডিওগুলি কোটি কোটি মানুষের কাছে গৃহীত ও সমাদৃত। তিনি 'Best Debut Author of 2018' খেতাবে ভূষিত হয়েছেন, বহু পত্রিকা তাঁকে নিয়ে ফিচার করেছে, এবং তাঁকে নিয়ে একাধিক কভার স্টোরি করেছে কিছু প্রথম সারির পত্রিকা। এই মুহূর্তে তিনি একজন আন্তর্জাতিক NLP Practitioner এবং আমেরিকা, সিঙ্গাপুর, ইউরোপ, ব্যাংকক, ভারতবর্ষ থেকে শীর্ষস্থানীয় শিক্ষকদের দ্বারা প্রশিক্ষণপ্রাপ্ত। এক যুগের বেশি সময় ধরে তিনি অর্থনৈতিকভাবে স্বাধীন, ক্রমবর্ধমান এক বাণিজ্যিক সাম্রাজ্যের একচ্ছত্র অধিপতি। তিনি আদ্যোপান্ত এক ভ্রমণবিলাসী, ভালোবাসেন অ্যাডভেঞ্চার স্পোর্টস, ম্যারাথন এবং বই।

আধুনিকতম আন্তর্জাতিক কন্টেন্ট, স্বতন্ত্র NLP Methodology ও নিত্যনতুন পদ্ধতি ও প্রযুক্তির কারণে তাঁর প্রতিটি লাইভ ইভেন্টে একটি আসনও খালি পড়ে থাকে না, কারণ সেগুলির দ্বারা অংশগ্রহণকারীদের কর্মজীবন প্রভাবিত হবার মূল্য অপরিসীম। দীপকের অনলাইন মার্কেটিং কোর্সগুলি বর্তমানে সেরা, এবং সেগুলির মাধ্যমে তাঁর ছাত্ররা অচিরেই উন্নতির পথে অগ্রসর হতে সক্ষম। মানুষের সাফল্যের পথ মসৃণতর করার লক্ষ্যে তিনি নিত্যনতুন অনলাইন কোর্সের উদ্ভাবন করে চলেছেন।

তাঁর জীবনের অন্যতম লক্ষ্য—সাধারণ মানুষকে অসাধারণত্ব অর্জনের লক্ষ্যে সফল করতে পারা। মানুষের স্বপ্নকে বাস্তবায়িত হতে দেখতে ভালোবাসেন তিনি। তিনি নিরন্তর নতুন পদ্ধতি ও কর্মপ্রণালীর উদ্ভাবনে ব্যস্ত, যাতে মানুষের সাধ তার সাধ্যকে স্পর্শ করতে পারে।

সোশ্যাল মিডিয়ার বিভিন্ন পরিসরে দীপক বাজাজের সঙ্গে যোগাযোগ রাখুন এবং তাঁর ও তাঁর কর্মকাণ্ডের সম্বন্ধে বিশদে জানতে ভিজিট করুন—

www.deepakbajaj.biz

সূচিপত্র

১

সুস্থ ও সচ্ছল জীবনধারণের সুষম পথ

আজকে দায়িত্ব নেওয়া থেকে পিঠ বাঁচালেও, তুমি আগামীকালের দায়িত্ব এড়াতে পারো না।

—আব্রাহাম লিঙ্কন

জীবনের প্রতি সমস্ত দায়িত্ব পালন করতে, আমাদের বেশিরভাগ মানুষকে কাজ করতে হয়। জীবনধারণের জন্য অতি প্রয়োজনীয় জিনিসপত্র যেমন খাদ্যদ্রব্য, পোশাক-পরিচ্ছদ, মাথার ওপর আশ্রয় ইত্যাদি আমাদের কাছে একান্ত কাম্য। আমাদের মাথায় বিভিন্ন দায়িত্বের ভার—সন্তানদের শিক্ষার ব্যবস্থা, পরিবারের শারীরিক সুরক্ষার দায়িত্ব, সচ্ছলভাবে জীবনধারণের জন্য প্রতিটি সামগ্রীর ব্যবস্থা করা, সামাজিক সম্পর্ক মেনে চলা, প্রতিকূল অবস্থার সঙ্গে যুদ্ধ করার মানসিকতা এবং শক্তি সঞ্চয় করে প্রস্তুত থাকা। এই সমস্ত কারণে আমাদের অর্থের প্রয়োজন, এবং সেই কারণেই অর্থ উপার্জনের চেষ্টায় প্রতিদিন আমাদের কর্মসংস্থানে বেরোতে হয়।

অর্থ হল মানুষের জীবনধারণের পথে একমাত্র কান্ডারি— অর্থ মানুষকে সুষ্ঠভাবে জীবনধারণে সাহায্য করে। পেশাদারি জীবনের গোড়ার দিকে, প্রত্যেকে

যথাসম্ভব বেশি আয়ের পথ খুঁজতে ব্যস্ত হন, এবং সেই কাজে যোগ দেওয়ার পরে তাঁরা উৎকৃষ্টতর রোজগারের অন্বেষণে দিন কাটান।

অবশ্যই, আরেক ধরনের মানুষ এই পৃথিবীতে বর্তমান, যারা মনে করেন কর্মক্ষেত্রে অর্থ উপার্জন শেষ কথা নয়। আরো গুরুত্বপূর্ণ কারণ আছে যেমন—কাজ করার আনন্দ, কর্মক্ষেত্রে স্ফূর্তি, ব্যক্তিগত সাফল্য, কাজের প্রতি নিষ্ঠা ইত্যাদি। আমিও এই যুক্তিতে তাঁদের সঙ্গে সহমত, কিন্তু এগুলির সঠিক মূল্যায়ন ঘটে আপনার বেতনের অর্থের পরিমাণের সঙ্গেই। শুধু বর্তমানের কথা ভেবেই উপার্জন করলে চলবে না, ভবিষ্যতের কথাও আমাদের মাথায় রাখতে হবে।

আমি মনে করি, কর্মক্ষেত্রে অর্থ উপার্জন করাই যদি শেষ কথা হয়, সেক্ষেত্রে আপনাকে এমনভাবে কাজ খুঁজতে হবে, যে পরিসরে এই তিনটি শর্ত একান্তভাবে প্রযোজ্যঃ

১. আপনার আয় আগামী বহু বছরের জন্য সুরক্ষিত।
২. আপনি এই সংস্থায় নিজের আয়ের পরিমাণ ধার্য করতে সক্ষম।
৩. ইচ্ছেমতো নিজের আয়ের পরিমাণ বাড়িয়ে নিতে পারবেন আপনি।

দায়িত্বজ্ঞান নিজের পথ খুঁজে নিতে সক্ষম। দায়িত্বজ্ঞানহীনতাই অজুহাতের জন্ম দেয়।

—জিন বেডলী

আপনি যদি অত্যন্ত একাগ্রতার সঙ্গে ডাইরেক্ট সেলিং-কে নিজের ভবিষ্যৎ হিসেবে দেখেন, এক সফল ব্যবসায়িক সাম্রাজ্যের মতো সেটিকে গড়ে তুলতে চান, আপনি খুব সহজেই উপলব্ধি করবেন যে নিজের জীবনে সচ্ছলতা আনতে এর চেয়ে ভালো উদ্যোগ বিরল। এই ব্যবসা উপরোক্ত তিনটি শর্তকে একান্তভাবে মেনে চলার কারণে, আপনি নিজের ইচ্ছেমতো কাজ পছন্দ করতে পারবেন। এই ডাইরেক্ট সেলিং-এর ব্যবসায় আপনিই সর্বেসর্বা, এবং এই অবস্থান থেকে আপনাকে কেউ কোনোভাবেই কক্ষচ্যুত করতে পারবে না। মজার কথা হচ্ছে, মানুষ নিজের সাধারণ কর্মক্ষেত্রে যে পরিমাণ সময় এবং পরিশ্রম প্রদান করেন, তার দশ ভাগের একাংশও এই ব্যবসাকে প্রতিষ্ঠা করতে ব্যয় করার কথা ভাবেন না।

যখন আমি বলি 'আরো দ্রুত আয় করুন' তখন দয়া করে মনে রাখবেন, আমি কিন্তু কোনোভাবেই ডাইরেক্ট সেলিং-কে লটারি বা 'রাতারাতি বড়লোক হয়ে যান' ধরনের স্কিমের দলে ফেলছি না। আমি যা বলতে চাইছি তা হলো — কর্মক্ষেত্রে আপনি যে আট থেকে বারো ঘণ্টা সময় এবং পরিশ্রম প্রদান

করতে অভ্যস্ত, সেই সময় ও শ্রম এখানে লগ্নি করলে, নিজের স্বাধীনতা অক্ষুণ্ন রেখে অনায়াসেই আয়ের পরিমাণ উল্লেখযোগ্যভাবে বাড়িয়ে নিতে পারবেন।

সঠিক স্থানে ও সঠিক সময়ে প্রয়োগ করতে না পারলে, আপনার সমস্ত প্রতিভা, শ্রম, ক্ষমতা এবং উৎসাহ সমূলে বিনষ্ট হবে।

—দীপক বাজাজ

হ্যাঁ, আজ আমি এই অভাবনীয় জীবনযাপন করতে সমর্থ, প্রাসাদোপম অট্টালিকা এবং অগণিত বিলাসবহুল গাড়ির গর্বিত মালিক। দুনিয়াজোড়া আমার নামযশ, সেলিব্রিটির জীবনযাপন, ইতিমধ্যেই ২৭টি দেশে পা রেখেছি আমি আমার সাফল্যের খতিয়ান নিয়ে। কিন্তু ২০০৭ সালে যখন প্রথম ডাইরেক্ট সেলিং-এর ব্যবসা শুরু করি, আমি দুটি জিনিসের উপর জোর দিয়েছিলাম ঃ

১. আমার কর্মক্ষেত্রে যে দশ থেকে বারো ঘণ্টা সময় দিয়ে থাকি, সেই সময় যদি নতুন ব্যবসায় লগ্নি করি, তাহলে কি আমার বর্তমান বেতনের দুই কি তিনগুণ অর্থ উপার্জন করতে সক্ষম হব?
২. আগামী পাঁচ থেকে দশ বছর এই ব্যবসা চালিয়ে, আমি কি নিজের ও পরিবারের জন্য একটি অর্থনৈতিকভাবে সুরক্ষিত ভবিষ্যৎ স্থাপন করতে সক্ষম হব?

এই দুই প্রশ্নের সদুত্তর পেয়ে যেতে, সেই মুহূর্তে চাকরির পাশাপাশি ডাইরেক্ট সেলিং-এর ব্যবসা শুরু করার সিদ্ধান্ত আমি নিয়ে ফেললাম। প্রাথমিকভাবে পার্ট টাইমের ভিত্তিতে, অফিসের পরে এবং ছুটির দিনে আমি কাজ শুরু করেছিলাম। কিন্তু যে মুহূর্তে আমার ব্যবসা পায়ের নীচে মাটি খুঁজে পেল, আমি সম্পূর্ণ আত্মবিশ্বাসী হয়ে চাকরি ছেড়ে পুরোদমে ডাইরেক্ট সেলিংকে নিজের পেশা হিসেবে বেছে নিলাম।

সত্যি কথা বলতে, ২০০৭ সালে যখন আমি এই ব্যবসা শুরু করি, আমি কখনই বিকল্প আয়ের কথা চিন্তা করিনি। সাধারণ মধ্যবিত্ত এক পরিবার থেকে আসার কারণে, আমার কাছে বিকল্প আয়ের অস্তিত্ব অজানা ছিল। এই ব্যবসা একবার প্রতিষ্ঠা পেলে আমাকে ভবিষ্যতে আয়ের চিন্তা করতে হবে না, আমার অনুপস্থিতিতেও এটি আমাকে আর্থিক সচ্ছলতা প্রদান করবে, এমন ভাবনা ছিল আশাতীত।

কর্মক্ষেত্রে আমি ছিলাম একজন সৎ ও একনিষ্ঠ কর্মী। সহকর্মীদের সিংহভাগকে প্রায়শই অন্যান্য প্রতিষ্ঠানে যোগ দিতে দেখতাম তাঁদের বর্তমান বেতনের চাইতে

মাত্র ১০ থেকে ৩০ শতাংশ বৃদ্ধির সম্ভাবনায়, কিন্তু আমি আমার প্রতিষ্ঠানেই রয়ে গিয়েছিলাম। যখন প্রথমবারের জন্য ডাইরেক্ট সেলিং-এর সুযোগ পেলাম, আমি একটা কথাই চিন্তা করেছিলাম—যদি একই সময় ধরে কাজ করে বর্তমান আয়ের দ্বিগুণ অথবা তিনগুণ উপার্জন করতে পারি, এই সুযোগ হাতছাড়া করার প্রশ্নই ওঠে না। যদি বাড়তি মাত্র কয়েক হাজার টাকার কারণে সহকর্মীরা চাকরি বদলাতে পারেন, তবে আমি নিজের আয় দ্বিগুণ অথবা তিনগুণ বাড়াতে এই ব্যবসায় লগ্নি করতেই পারি। তাই এই সিদ্ধান্ত নিয়ে ব্যবসায় ঝাঁপিয়ে পড়তে আমাকে আর দ্বিতীয়বার ভাবতে হয়নি।

এই ব্যবসার ক্ষেত্রে বিভিন্ন পর্যায়ে কী কী সমস্যা আসতে পারে আজ পুঙ্খানুপুঙ্খরূপে জানি, কারণ নিজের ক্ষেত্রে এবং আমার দলের লক্ষাধিক সহকর্মীদের ক্ষেত্রে তা লক্ষ করেছি আমি। সেই কারণেই অনলাইন কোর্সগুলি চালু করি, বিশেষভাবে সেই সমস্ত মানুষের জন্য, যারা পার্ট টাইমের ভিত্তিতে এই ব্যবসা শুরু করেছেন। তাঁদের পক্ষে হয়তো আমার লাইভ ওয়ার্কশপগুলিতে উপস্থিত থাকা সম্ভব নয়, কিন্তু এই শক্তিশালী পরিকাঠামো সম্বন্ধে শিক্ষিত হওয়ার সুযোগ থেকে তাঁদের বঞ্চিত করার কোনো ইচ্ছেই আমার নেই—যার ভিত্তিতে মাত্র ৯০ দিনের মাথায় আমি চাকরি থেকে ইস্তফা দেওয়ার সাহস সঞ্চয় করতে সমর্থ হয়েছিলাম।

আমি দৃঢ়ভাবে বিশ্বাস করি যে ডাইরেক্ট সেলিং আপনার জীবনে এক অনন্য সুযোগ, যা আপনাকে সঠিকভাবে জীবনের সমস্ত দায়িত্ব পালন করতে সাহায্য করে এবং একটি সুস্থ ও সচ্ছল জীবনের স্বাদ এনে দিতে পারে।

আপনার জীবনের সঠিক পছন্দগুলির ফল আপনার জীবন। আপনি যদি জীবনকে ভালো না বাসেন, সঠিকভাবে পছন্দ করতে শিখুন।

—জিগ জিগলার

২

সফল জীবনের চাবিকাঠি

আপনার জীবনে আনন্দ হঠাৎ করে এসে পড়ে না। এই আনন্দ হল আপনার কর্মফলের পরিণতি।

—দলাই লামা

আমি বিশ্বাস করি, আনন্দ একান্তই অভ্যন্তরীণ, এটি বাহ্যিক কোনো কারণের মুখাপেক্ষী নয়। কিন্তু বেশিরভাগ মানুষ তাঁদের জেগে থাকার সিংহভাগ সময় ব্যয় করেন নিজেদের কর্মক্ষেত্রে। স্বভাবতই, কর্মক্ষেত্রে অসন্তুষ্ট কোনো মানুষ নিজের জীবনে কখনো সন্তুষ্ট থাকতে পারেন না। যদি কর্মক্ষেত্রের পরিমণ্ডল বা পারিপার্শ্বিক আপনাকে আনন্দ এবং উন্নতির অবকাশ না দেয়, আপনার কর্মজীবন কিছুতেই সুখকর হবে না।

কর্মক্ষেত্রে, আপনি তখনই আনন্দ অনুভব করবেন যখন ঃ

✓ আপনার পছন্দমতো কাজ করতে পারবেন।
✓ আপনার কাজে আপনি প্রশংসিত হবেন।
✓ নিজের সম্মান অক্ষুণ্ণ রেখে কাজ করতে সক্ষম হবেন।
✓ আপনার কাজের জন্য সঠিকভাবে পুরস্কৃত হবেন।
✓ প্রত্যেকে আপনাকে যোগ্য সম্মান করবে।
✓ কর্মজীবনে আপনি সুরক্ষিত থাকবেন।

✓ পছন্দের সহকর্মীদের সঙ্গে কাজের সুযোগ পাবেন।
✓ নিজের ইচ্ছামতো সিদ্ধান্ত গ্রহণ করতে সক্ষম হবেন।

কর্মক্ষেত্রে যদি আপনি এই সুযোগ সুবিধাগুলি উপভোগ করেন তাহলে আপনি ভাগ্যবান, কারণ বেশিরভাগ মানুষের কাছে এই সমস্ত সুবিধা অলীক স্বপ্নমাত্র। সিংহভাগ কর্মী তাঁদের কর্মক্ষেত্রে স্বেচ্ছায় নিজেদের মানিয়ে গুছিয়ে নিতে বাধ্য হন এই ভেবে যে, একদিন তাঁরা এই সমস্ত সুযোগ-সুবিধা ভোগ করতে সক্ষম হবেন। বহু মানুষ বছরের পর বছর তাঁদের জন্য অনুপযুক্ত কর্মক্ষেত্রে আটকে পড়ে থাকেন। তাঁরা হয়তো জীবনে অন্য কোনো ক্ষেত্রে নিজেদের দেখতে চেয়েছিলেন, কিন্তু বর্তমান কর্মক্ষেত্রে নিতান্ত বাধ্য হয়ে রয়ে গিয়েছেন কারণ তাঁদের মতে এই চাকরি অর্থনৈতিক সচ্ছলতা ও উন্নতির পথ দেখাবে। তাঁরা ভুলে গিয়েছেন যে শ্রেষ্ঠত্বের ফলে অর্থ সমাগম সম্ভব, এবং নিজের কাজে নিজেকে সম্পূর্ণ উৎসর্গ না করলে সেই শ্রেষ্ঠত্ব লাভ করা অসম্ভব। সবচেয়ে দুর্ভাগ্যের কথা, এইভাবে মানুষ প্রতিদিন একটু একটু করে কর্মজীবনের চোরাবালির গভীরে ডুবে যেতে থাকেন।

এর থেকে বড় সমস্যা হচ্ছে, আমার দেখা সিংহভাগ মানুষ কর্মক্ষেত্রে যথোচিত অর্থলাভ না হওয়ার ব্যাপারে প্রতিনিয়ত অনুযোগ করেন। তাঁদের পক্ষ থেকে সর্বতোভাবে মানিয়ে চলার পরেও, কর্মক্ষেত্রে যথাযথ মর্যাদা ও সম্মান না পেয়ে, কাঙ্খিত জীবনযাপনে পৌঁছোতে না পেরে রীতিমতো অবসাদগ্রস্ত হয়ে পড়েন তাঁরা।

আমি আমার এম.বি.এ. ডিগ্রি নেওয়ার পরে দীর্ঘ ৪ বছর কর্পোরেট দুনিয়ায় কাজ করেছি, এবং বিগত ১৩ বছর ধরে ডাইরেক্ট সেলিং-এর দুনিয়ার এক সফল শিল্পপতি হিসাবে কর্মরত। আমার পেশাগত জীবনে প্রায় ৭ লক্ষেরও বেশি মানুষকে শিক্ষাদান করেছি আমি। সেই অভিজ্ঞতা থেকে বলতে পারি, কর্মক্ষেত্রকে স্রেফ অর্থ উপার্জনের উৎস হিসেবে না দেখে, জীবনে আনন্দের ও পরিপূর্ণতার আধার হিসেবে দেখা উচিত, যা আমাদের জীবনে সুখ ও শান্তি এনে দিতে সক্ষম।

ডাইরেক্ট সেলিং-এর দুনিয়া আমার কাছে এক অসাধারণ উপলব্ধি, কারণ এটি যে শুধুমাত্র আমার উপার্জন বহুগুণে ফিরিয়ে দিয়েছে তা নয়, সর্বোপরি এটি আমাকে এক সম্পূর্ণতা ও আনন্দের বাতাবরণ উপহার দিয়ে চলেছে দিনের পর দিন। আমি প্রত্যেককে বলতে চাই, নিজেদের কাজের পাশাপাশি যদি তাঁরা পার্ট টাইম ভিত্তিতে হলেও ডাইরেক্ট সেলিং সম্বন্ধে শিক্ষিত হতে পারেন, তাঁরা জীবনের এক উৎকর্ষে পৌঁছোতে সক্ষম। অতি বড় সত্যি কথা, প্রথম যখন ডাইরেক্ট সেলিংকে পেশা হিসাবে বেছে নিয়েছিলাম, আমার লক্ষ্য ছিল একমাত্র অর্থ উপার্জন। কিন্তু যে মুহূর্তে উপলব্ধি করলাম এই ব্যবসা আমাকে সম্পূর্ণতা

ও আনন্দ দিতে সক্ষম, আমি চাকরিতে ইস্তফা দিয়ে এটিকে পুরোপুরিভাবে পেশা হিসেবে বেছে নিলাম।

কর্মক্ষেত্রে পরিচিতি এবং প্রশংসা কর্মজীবনে একান্ত কাম্য, এবং এই দুটি গুণ হল ডাইরেক্ট সেলিং ব্যবসার সাফল্যের চাবিকাঠি। পারস্পরিক সম্ভ্রম, পরিচিতি, দল হিসেবে একসঙ্গে কাজ করা, নির্ভরশীলতা, পারস্পরিক সম্পর্ক ইত্যাদি ডাইরেক্ট সেলিং-এর দুনিয়ায় বাধ্যতামূলকভাবে অপরিহার্য।

সর্বোপরি, পরিবারের অর্থনৈতিক সচ্ছলতা আপনার পরিতৃপ্তির মূল কারণ। ব্যক্তিগতভাবে আমার জীবনে অনুভব করেছি, অনটন ও অসচ্ছলতা প্রতি সংসারে অশান্তি ও মনোমালিন্যের মূল কারণ। কিন্তু ডাইরেক্ট সেলিং-এর ব্যবসা আপনার পরিবারের জন্য একটি সুষম বিকল্প আয়ের পথ খুলে দেবে। এবং এই অর্থনৈতিক সচ্ছলতা আপনার জীবনে আনন্দের পরিমাণ বহুগুণে বাড়িয়ে তুলবে।

> *তাৎক্ষণিক আনন্দের অভিপ্রায়ে জীবন কাটিয়ে দিও না। আনন্দ যেন হয় চিরস্থায়ী। এটি সম্ভব একমাত্র তোমার স্বপ্নকে সত্যি করতে পারার মাধ্যমে।*
>
> —জনৈক

আমি প্রবলভাবে বিশ্বাস করি, আনন্দ প্রত্যেকের জন্মসিদ্ধ অধিকার। আনন্দ আপনার জীবনকে সঠিক দিশায় চালিত করবে, এবং জীবনকে এমনভাবে গড়ে তুলতে সাহায্য করবে যে আপনার জীবন প্রতিদিন আনন্দ, সুখ, সচ্ছলতা এবং পরিপূর্ণতায় ভরে উঠবে। প্রতিনিয়ত বিভিন্ন ঘটনার গমনাগমন লেগে থাকলেও, সার্বজনীন আনন্দ ও সম্পূর্ণতা হবে আপনার জীবনে চিরস্থায়ী। আমার প্রতিটি লাইভ ইভেন্টে, আমার ওয়ার্কশপের অংশগ্রহণকারীদের শেখাই তাঁরা যেন নিজেদের জীবন আনন্দময় করে তোলার জন্য প্রয়োজনীয় সমস্ত পদ্ধতি ও প্রণালীর ব্যবহার সুষ্ঠভাবে শিখে নিতে পারেন।

আমি উপলব্ধি করেছি আনন্দের আসল চাবিকাঠি রয়েছে চালনা করার ক্ষমতায়। জীবন যতটা আপনার আয়ত্তাধীন হবে, বেঁচে থাকা হবে ততই আনন্দের। 'চালনা করার ক্ষমতা' বা 'আয়ত্ত' বলতে সেই অর্থে শক্তি বা ক্ষমতার কথা বলছি না, আমি বলছি সেই ক্ষমতার কথা, যার দ্বারা আপনি নিজের জীবনের ছোট ছোট ঘটনাগুলিকে নিজের আয়ত্তে রাখতে পারেন। যেমন ঃ দৈনন্দিন পছন্দের তালিকা, রোজকার কর্মপদ্ধতি, আপনার আয়, আপনি কার সঙ্গে দেখা করবেন, আপনি কী করবেন, কতক্ষণ কাজ করবেন ইত্যাদি। এই সমস্ত কাজগুলির উপর আয়ত্ত যত বেশি হবে, ততটাই স্বাধীনতা ও আনন্দের স্বাদ পেতে শুরু করবেন আপনি। বেশিরভাগ মানুষের এই সমস্ত

ছোটখাটো জিনিসের উপর কোনোভাবেই আয়ত্ত নেই। আপনি এই অবস্থায় আনন্দিত থাকবেন কীভাবে, যখন নিজের জীবনের আপাত ক্ষুদ্র, কিন্তু গুরুত্বপূর্ণ জিনিসগুলির দায়ভার তুলে দিয়েছেন অন্য মানুষের হাতে?

আত্মসম্মান অক্ষুণ্ণ রেখে জীবনযাপন করার মধ্যে আছে এক অপূর্ব অনুভূতির স্বাদ। ২০০৭ সালে আমার লোভনীয় চাকরিতে ইস্তফা দিয়ে নতুন করে ব্যবসা শুরু করার অন্যতম কারণ ছিল আত্মবিশ্বাস ও সম্মানের সঙ্গে জীবনধারণের অভিলাষ। আপনি বাস্তব জীবনে ব্যক্তি হিসেবে যতই ভালো মানুষ হন না কেন, বহু মানুষের সম্মুখীন হবেন যারা আপনার সঙ্গে কটু ব্যবহার করবেন, এমনকী কটু কথা বলতেও পিছপা হবেন না। তাঁরা হতে পারেন আপনার উপরতলার আধিকারিক, আপনার ম্যানেজার, আপনার সঙ্গে কাজ করা ব্যাঙ্কের কর্মী, কিংবা আপনার আশেপাশে কাজ করা সহকর্মীর দল। যে সমস্ত কাজ করতে মন সায় দিত না, সেই সমস্ত কাজে জোর করে আমাকে ঠেলে দেওয়া আমার মনঃপূত ছিল না। আমি কখনো কারো অসুবিধার কারণ হয়ে উঠিনি, কিন্তু সবসময় চেয়ে এসেছি যাতে কেউ আমাকে কোনোভাবে অপদস্থ না করে, বা কোণঠাসা না করে আমার কর্মক্ষেত্রে। সেই সুযোগের অপেক্ষায় তৎপর হয়ে ছিলাম, এবং সুযোগ পেতেই আমি তার সাহায্যে নিজের জীবন বদলে ফেলতে সক্ষম হয়েছি।

যদিও আনন্দের সঙ্গে জীবনধারণ করতে পারা অনেকের কাছেই এক অলীক স্বপ্ন, আমি বিশ্বাস করি আনন্দকে ছাপিয়ে এমন কিছুর অস্তিত্ব আছে, যেখানে একমাত্র ডাইরেক্ট সেলিং আপনাকে নিয়ে যেতে সক্ষম। আনন্দের উপরেও স্থান আবেগের, এবং সেই আবেগ জন্ম দেয় পরিপূর্ণতার।

> *সেই সমস্ত মানুষ যারা নিঃস্বার্থভাবে অন্যের উপকারে নিজেকে উৎসর্গ করতে পারেন, তাঁরাই জীবনে আনন্দ খুঁজে পান, যার আরেক নাম পরিপূর্ণতা।*
>
> —টোনি রবিন্স

পরিপূর্ণতার অনুভূতি অন্যদের কাজে আসা এবং তাঁদের সাফল্যে উল্লেখযোগ্য ভূমিকা নেওয়ার থেকে আসে। বিরামহীন শ্রীবৃদ্ধি ও অন্যান্যদের জীবনে গুরুত্বপূর্ণ অবদান রাখার মধ্যে থেকে আসে পরিপূর্ণতা। আজ আমি আপনাকে এই পরিপূর্ণতার স্বাদ পেতে উদ্বুদ্ধ করতে চাই। দয়া করে একটি সাধারণ প্রশ্নের উত্তর দিন আমাকে ঃ আপনার অবদানের কারণে আজ পর্যন্ত কতগুলি মানুষের জীবনে উন্নতি ঘটেছে? আপনি যদি অন্য কারো জীবনে তাঁদের নিজেকে আবিষ্কার করতে সাহায্য করেন, এবং সেক্ষেত্রে তাঁদের জীবনধারণের মান উন্নত করতে পারেন, তাহলে তার চাইতে ভালো আর কী হতে পারে? আপনার অবদানের

ফলে তাঁদের নিজেদের লক্ষ্যে পৌঁছোতে দেখা, অথবা তাঁদের স্বপ্ন সত্যি হতে দেখার মধ্যে যে শান্তি ও পরিপূর্ণতা পাওয়া সম্ভব, তা এক কথায় অতুলনীয়।

কল্পনা করুন এমন এক জীবনের কথা যেখানে আপনি শুধু আপনার পরিবারের প্রতি সমস্ত দায়িত্ব পালন করছেন না, সঙ্গে সঙ্গে অন্যদেরও শক্তি জোগাচ্ছেন যাতে তাঁরা নিজেদের পরিবারের সমস্ত দায়ভার সুচারুরূপে পালন করতে সক্ষম হন! আমার কাছে, সেই জীবন হলো আদর্শ জীবন, এক সার্থক জীবন, এবং ডাইরেক্ট সেলিং আপনাদের প্রত্যেককে এই সুন্দর জীবনযাপন করতে, এবং সম্পূর্ণ পরিপূর্ণতা লাভ করার পথে এক আদর্শ হাতিয়ার।

এক ডিস্ট্রিবিউটারের কথা বলি আপনাদের, যিনি এই ব্যবসা শুরু করার জন্য নিজের মোটরসাইকেল পর্যন্ত বিক্রি করে দিয়েছিলেন, এবং মাত্র দুই বছরের ভিতর, তিনি এই ব্যবসার সাহায্যে একটি প্রিমিয়াম স্কোডা গাড়ির মালিকানা অর্জন করতে সমর্থ হয়েছিলেন। অস্ট্রেলিয়ার এক সাধারণ হোটেল ম্যানেজমেন্টের স্নাতক আমার সঙ্গে ব্যবসা শুরু করেছিলেন, আজ তিনি নিজস্ব অডির স্টিয়ারিং হুইলে বসেন। বিশ্বাস করুন, অন্য মানুষের সাফল্যের অন্যতম কারণ হতে পারার পরিপূর্ণতা আপনার ব্যাঙ্কে সঞ্চিত লাখ লাখ টাকার চাইতে অনেক অনেক বেশি।

ডাইরেক্ট সেলিং-এর ব্যবসায়িক মডেল এমনভাবে গঠিত হয়েছে, যাতে দলের প্রত্যেকের উন্নতির প্রতি আপনার অবদানের সঙ্গে আপনার নিজের উন্নতি জড়িয়ে আছে। ডাইরেক্ট সেলিং-এর মূলমন্ত্র হল যে আপনি উন্নতির পথে একা এগিয়ে চলতে অপারগ। অনেক বই এবং প্রসিদ্ধ বক্তার মাধ্যমে আপনি জানতে পারবেন যে আপনি যদি জীবনে উন্নতি করতে চান, অন্যদের সাহায্য করুন, কিন্তু কেউ আপনাকে এই উন্নতির পন্থা সম্বন্ধে আলোকপাত করবেন না। এর একমাত্র পথ হল ডাইরেক্ট সেলিং। যে মুহূর্তে আপনি সফলভাবে একটি ডাইরেক্ট সেলিং-এর ব্যবসার গোড়াপত্তন করতে সক্ষম হবেন, স্বয়ংক্রিয়ভাবেই আপনি অন্যদের স্বপ্নপূরণের কিছুটা দায়িত্বভার নিজের কাঁধে নিয়ে ফেলেছেন। ডাইরেক্ট সেলিং হল একটি প্রবেশদ্বার যা আপনার সামনে অফুরন্ত আনন্দ এবং চিরন্তন পরিপূর্ণতার তৃপ্তি নিয়ে আসতে সক্ষম।

> *সম্পূর্ণতার অনুভূতি আসল আনন্দের অনুভূতির চাইতেও অনেক গুণে বেশি। কাউকে ভুল প্রমাণিত করা, সামান্য একটি বিতর্কে জয়লাভ করা অথবা প্রথম স্থান অধিকার করার মাধ্যমে সম্পূর্ণতা আসে না। সম্পূর্ণতা আসে অন্য কারো জন্য কিছু করতে পারলে। স্বার্থহীনভাবে।*
>
> —প্রতীক শেলকে

৩

সকলের জন্য বিকল্প আয়ের সহজ পথ

এ কথা সত্যি যে জীবনে অর্থই শেষ কথা নয়, কিন্তু জীবনের প্রতিটি অপরিহার্য বস্তুর জন্য অর্থের ব্যবহার অপরিহার্য।

—রবার্ট টি কিয়োসাকি

আমার ওয়ার্কশপ ও লাইভ ইভেন্টগুলিতে, অংশগ্রহণকারীদের যখন তাঁদের জীবনের লক্ষ্যের সম্বন্ধে লিখতে বলা হয়, তালিকার শুরুতেই অর্থ এবং অর্থনৈতিক সচ্ছলতার কথা লেখেন তাঁরা। নিজের ও নিজের পরিবারের জন্য প্রত্যেকের অর্থনৈতিক সচ্ছলতাই অভীষ্ট। সরলভাবে বলতে গেলে, নিজের জীবনধারণের জন্য প্রয়োজনীয় অর্থের আরেক নাম হল অর্থনৈতিক সচ্ছলতা, ব্যাঙ্কে পর্যাপ্ত পরিমাণে অর্থ গচ্ছিত থাকা, যাতে বর্তমান ও ভবিষ্যতে অভাব অনটনের সম্ভাবনা দেখা না দেয়।

২০০৭ সালে, যখন আমি প্রত্যেককে ডাইরেক্ট সেলিং-এর দুনিয়ায় স্বাগত জানাতাম, আমার পছন্দের লাইন ছিল, 'যদি আপনি জীবনের প্রাথমিক চাহিদাগুলো মেটাতে চান তাহলে নিজের চাকরি বা পেশার সঙ্গে যুক্ত থাকুন, কিন্তু নিজের স্বপ্নকে সত্যি করতে চাইলে, আপনাকে ডাইরেক্ট সেলিং-এর দুনিয়ায় পদার্পণ

করতেই হবে। কিন্তু আজকের জীবনে, নিজের স্বপ্নকে স্বতন্ত্র রেখে, যদি আর্থিকভাবে সচ্ছল অবস্থায় জীবনযাপন করতে চান, অর্থনৈতিকভাবে স্বাধীন হতে চান, একাধিক আয়ের উৎস আপনার একান্তই প্রয়োজন।

যে কোনো অর্থনৈতিক পরামর্শদাতা বা আধিকারিকের সঙ্গে কথা বললে, তাঁরা আপনাকে বলে দেবেন যে আজকের জীবনে বিকল্প আয় আর কোনো বিলাসিতা নয়, সেটি একান্তই প্রয়োজনীয়। কর্মজীবনে স্থায়িত্ব আজ ইতিহাস হয়ে গিয়েছে, আজ বেঁচে থাকার লড়াই হল মুখ্য, প্রযুক্তির উন্নতি আজ অবিশ্বাস্য গতিতে ধাবমান, যে ব্যবসার মডেল আজ আপনাকে দুরন্ত আয় এনে দিতে সক্ষম, কাল হয়তো সেগুলির অস্তিত্বই থাকবে না। জীবন যে পরিকাঠামো অনুযায়ী গড়ে তোলা উচিত তা আমাকে স্কুলে শেখানো হয়েছে, এবং সেই পথ অনুসরণ করে আমার পূর্বপুরুষরা তাঁদের জীবন কাটিয়ে এসেছেন—পড়াশোনা শেষ করে, ভালো ফল করে, সেই অনুযায়ী কর্মজীবনে প্রবেশ করে শেষ পর্যন্ত সম্পূর্ণ কর্মজীবন সম্পন্ন করে অবসর গ্রহণ করা—আজকের জীবনে তা অতীত। এই ব্যবস্থা আজ শুধু আপনার স্মৃতিতেই বিচরণ করে। আজ আপনার সামনে মাত্র দুটি পথ খোলা আছে ঃ

১. আপনাকে এই আশায় থাকতে হবে যে ঈশ্বর ও সরকার আপনার কর্মজীবনের সমস্ত ভার গ্রহণ করবেন, এবং সেই কর্মজীবনে কোনোকিছুই ভুল হবে না;
২. পেশাগতভাবে প্রাথমিক আয়ের পথ ঠিক রেখে, আপনাকে বিকল্প আয়ের ব্যবস্থা করতে হবে। অবসরগ্রহণ করার পরে অবসর জীবনের জন্য প্রস্তুতি না নিয়ে, আপনার কর্মজীবনের শীর্ষে থাকাকালীন সেই ব্যবস্থা করতে পারাই শ্রেয়।

আমি কিন্তু চাকরির জগতের বিপক্ষে নই, আমার মায়ের সরকারি চাকরির সাহায্যেই আজ আমার বড় হয়ে ওঠা। কর্মজীবনের সূচনাতে আমিও এক চাকরিজীবী হিসেবে আমার জীবন শুরু করেছিলাম। কিন্তু আমি চাই আপনারা কঠোর বাস্তবের পথে অগ্রসর হন শুরু থেকেই। মানুষ ঘন ঘন নিজের চাকরি বদলাতে থাকেন এই আশায়, যে নতুন চাকরি তাঁকে উন্নতির পথ দেখাবে, যেমন হাসপাতালে আমরা দ্রুত সুস্থ হবার আশা নিয়ে শয্যা পরিবর্তনের আশায় থাকি। চাকরি বদলানো হল স্রেফ স্থায়ী সমস্যার সমাধানে একটি ভুল প্রচেষ্টা।

বর্তমান অবস্থাতে, আমার দৃঢ় বিশ্বাস হল প্রত্যেককে নিজের জন্য একটি বিকল্প আয়ের ব্যবস্থা করার জন্য কঠোর পরিশ্রম করা উচিত। বুক চিতিয়ে উঠে দাঁড়ান। বুদ্ধিমত্তার সঙ্গে কর্মজীবনের সবকিছুর সঙ্গে মোকাবিলা করুন। আপনার ভবিষ্যৎ নিজের আয়ত্তে রাখুন। আপনার শিক্ষার ডিগ্রিগুলি ঝাঁ-চকচকে হতে পারে, কিন্তু আপনার ব্যাঙ্ক আপনার মার্কশিটের চাইতে প্রফিট লস স্টেটমেন্টের প্রতি বেশি নজর দেবে। যারা বদলাতে অনিচ্ছুক, বর্তমান কর্মব্যবস্থা তাঁদের পক্ষে নিরাপদ নয়। কিন্তু আপনি যদি নিজেকে উন্নত করতে পারেন, সুযোগের সদ্ব্যবহার করতে পারেন, এবং সময়ে সঠিক সিদ্ধান্ত নিতে সক্ষম হন, সেক্ষেত্রে আপনি নতুন করে শুরু করার পথে অনেকটাই অগ্রসর হয়ে রয়েছেন। নিত্যনতুন পদ্ধতি, উৎসাহ ও উদ্দীপনা সম্বলিত উদ্যোগপতি, এমনকী পার্ট টাইম ভিত্তিতে কাজ করা নবাগতদের জন্যে আজকের কর্মজীবনের আধুনিক পরিকাঠামো সাহায্যের হাত বাড়িয়ে অপেক্ষায় রয়েছে।

ভবিষ্যৎ দর্শন করার সর্বোত্তম পন্থা হল ভবিষ্যৎ নতুন করে গড়া।

—পিটার ড্রাকার

একটি সফল বিকল্প আয়ের ব্যবস্থা করতে হলে, আপনার এই জিনিস অথবা এই জিনিসের প্রত্যেকটির প্রয়োজন ঃ জ্ঞান, অভিজ্ঞতা, সঠিক পথ প্রদর্শক, সময় ও মূলধন। বেশিরভাগ মানুষের কাছে এগুলির একটিও না থাকার দরুন, তাঁদের পক্ষে একটি সফল বিকল্প আয়ের ব্যবস্থা করার উপায় অধরাই থেকে যায়।

ডাইরেক্ট সেলিং-এর পরিকাঠামো অনন্যভাবে গঠিত হয়েছে, এই ব্যবসার গোড়াপত্তন করার জন্য প্রচুর মূলধন বা সময়ের প্রয়োজন পড়ে না। এই ব্যবসা শুরু করার জন্য প্রচুর জ্ঞান ও অভিজ্ঞতাসম্পন্ন মানুষের সান্নিধ্য পেতে পারেন, যারা আপনাকে সাহায্য করার জন্য রীতিমতো প্রস্তুত হয়ে রয়েছেন। এই মানুষগুলো আপনাকে সাহায্য করবেন কারণ এর সঙ্গে এঁদের স্বার্থ জড়িত—ব্যবসায় আপনার উন্নতির সঙ্গে সঙ্গে এনারাও সাফল্যের স্বাদ পেতে চলেছেন। সর্বোপরি, প্রত্যেক সফল ডাইরেক্ট সেলিং-এর দলের কাছে রয়েছে এক উন্নত শিক্ষা ও বৃদ্ধির পরিকাঠামো যা আপনাকে প্রয়োজনীয় পদ্ধতি ও প্রযুক্তিগত প্রণালী দ্বারা এক সফল ব্যবসার গোড়াপত্তনে সাহায্য করবে।

একবার ভেবে দেখুন। বিকল্প আয়ের ব্যবস্থা ছাড়া আপনি কীভাবে অর্থনৈতিকভাবে স্বাধীন ও সুরক্ষিত জীবনযাপনে সমর্থ হবেন? এটি বাধ্যতামূলক। আপনি যদি একজন চাকরিজীবী অথবা পেশাদার হন, যার লক্ষ্য অর্থনৈতিকভাবে সচ্ছল হওয়া, তাহলে আপনাকে এই শর্তদুটি মেনে চলতে হবে ঃ

১. আপনার কর্মক্ষেত্রে ইস্তফা দিয়ে সার্বিকভাবে এই ব্যবসায় নিজেকে নিয়োজিত করুন,
২. যদি আপনি এই সম্বন্ধে দৃঢ়প্রতিজ্ঞ না হন, তা সত্ত্বেও আপনার স্বপ্নকে সাকার করতে ইচ্ছুক, নিজের চাকরি বাঁচিয়ে রেখেও বিকল্প আয়ের ব্যবস্থার সন্ধান করুন।

আপনি এই ব্যবসাকে নিজের পেশা হিসেবে দেখতে না চাইলে আপনার কাছে হাজার অজুহাত রয়েছে, কিন্তু সত্যিই যদি আপনার সদিচ্ছা এবং জীবনে সফল হওয়ার প্রবল বাসনা থাকে, আমি নিশ্চিত আপনি পথ খুঁজে পাবেন। এই উপলব্ধি আমার অনেক আগেই হয়েছে— যাদের উন্নতির তাড়না নেই, তাঁরা বিভিন্ন অজুহাত দেখিয়ে এড়িয়ে যাবেন, কিন্তু যারা জীবনে সফল হতে চান, তাঁরা সঠিক পথ খুঁজে বার করতে সক্ষম।

একটি আদর্শ বিকল্প আয়ের পথ হিসেবে ডাইরেক্ট সেলিং একটি সরল, সহজে করণীয় এবং সময়ানুগ পদ্ধতি। এটির প্রধান বিশেষত্ব হল, নিজের কর্মক্ষেত্রে কোনো প্রকার বিঘ্ন না ঘটিয়ে, পার্ট টাইমের ভিত্তিতেও আপনি এই অনন্যসাধারণ ব্যবসায় নিজের সাফল্য খুঁজে পেতে সক্ষম।

আপনাকে অর্থনৈতিক স্বাধীনতা, সুযোগ্য জীবনযাপনের উপাদান এবং সুরক্ষার জামিন অন্য কেউ দিতে পারবে না, আপনি নিজে ছাড়া।

—হায়সা ঐসা জুহারী

৪

সম্মুখ থেকে নেতৃত্ব প্রদান

আপনার কাজ যদি অন্যকে স্বপ্ন দেখতে, আরো বেশি শিখতে, কাজে উন্নতি করতে এবং নিজের লক্ষ্যে পৌঁছোতে অনুপ্রাণিত করে, তাহলে আপনি একজন সফল নেতা।

—জন কুইন্সি অ্যাডামস

আমি বিশ্বাস করি, নেতৃত্ব শব্দটি স্রেফ একটি উপাধি নয়, বরং এটি একটি সম্পর্কের নাম। শুধুমাত্র নিজের ক্ষমতার আসনে বসে নির্দেশ জারি করার নাম নেতৃত্ব নয়। এর বিশেষত্ব নিজের কর্মক্ষমতা, পরিচিতি এবং নিজের দক্ষতাকে কাজে লাগিয়ে অভীষ্টে পৌঁছানো। শুধুমাত্র আপনার কথার দ্বারা নয়, আপনার উপস্থিতি এবং সফলতাকে নিদর্শন হিসেবে সাজিয়ে সামনে থেকে নেতৃত্ব দেওয়া। বাস্তবে বিভিন্ন ম্যানেজমেন্ট স্কুলে শেখানো নেতৃত্বের সংজ্ঞা আসল নেতৃত্ব থেকে অনেকটাই আলাদা। কিন্তু যে-কোনো প্রতিষ্ঠানে, সঠিক নেতৃত্ব একান্ত প্রয়োজনীয়, এবং সেই প্রতিষ্ঠানকে শীর্ষে নিয়ে যেতে যথাযথ নেতৃত্ব অত্যন্ত জরুরি।

মনে রাখা ভালো, যে-কোনো উদ্যোগে যোগ্য নেতৃত্বের প্রয়োজনীয়তা

একান্তই অপরিহার্য। আপনি যেখানেই থাকুন, যা কাজই করুন, সঠিক নেতৃত্ব আপনাকে উন্নতি করতে এবং সকলের নজরে পড়তে সাহায্য করবে। আমি আপনাকে আরেকটি কথাও বলতে চাই, শুধুমাত্র কর্মজীবনে নেতৃত্ব প্রয়োজনীয় নয়, মানুষের জীবনে সঠিক নেতৃত্ব একান্ত অপরিহার্য। আমাদের প্রত্যেকের ভিতরে সফল নেতা হওয়ার সম্ভাবনা রয়েছে। এবং বাস্তব জীবনে নেতৃত্ব বলতে আমি এই কথাই বলতে চাই।

> *প্রত্যেকের ভিতরেই একজন নেতা বর্তমান, এবং প্রতিদিন আমাদের সেই নেতৃত্বকে বহির্জগতে প্রকাশ করতে হবে।*
>
> —দীপক বাজাজ

এই মুহূর্তে আপনি যেখানেই থাকুন না কেন, সামনে থেকে নেতৃত্ব প্রদান করার সিদ্ধান্ত গ্রহণ করুন। আমার কাছে বাস্তব জীবনে নেতৃত্বের সংজ্ঞা খুব সরল ঃ যে কাজই আপনি করুন না কেন, সেটি এমনভাবে করুন যার মধ্যে শ্রেষ্ঠতার স্পর্শ থাকবে, তাহলেই দেখবেন সেই কাজের দ্বারা কোনো না কোনোভাবে আপনার সহকর্মীরা উদ্বুদ্ধ হবেন। কল্পনা করুন যদি সমস্ত ডাক্তার, শিক্ষক, আইনজীবী, ইঞ্জিনিয়ার, চার্টার্ড অ্যাকাউন্ট্যান্ট, পুলিশের কর্তা এবং অন্যান্যরা এই নেতৃত্বের দর্শনে বিশ্বাসী হয়ে কাজ শুরু করেন, সার্বিকভাবে মানুষের জীবনে কীভাবে ও কতটা উত্তরণ ঘটা সম্ভব?

আমার শ্বশুরমশাই, ডাঃ এস. কে. ব্যানার্জী ছিলেন আমার দেখা অন্যতম এক শ্রেষ্ঠ নেতা। তিনি পেশায় একজন ডাক্তার ছিলেন, এবং চিকিৎসা জগতে ছিলেন এক অতি পরিচিত নাম। সাধারণভাবে, মানুষ কোনো রোগ অথবা অসুস্থতা সারাতে ডাক্তারের কাছে যান। কিন্তু যখন মানুষ ডাঃ ব্যানার্জীর কাছে যেতেন, তিনি শুধুমাত্র তাঁদের চিকিৎসাই করতেন না, তাঁর ব্যবহারের দ্বারা তাঁদের প্রভাবিত করতেন, এবং প্রত্যেককে জীবনে আরো উন্নতি করতে উৎসাহিত করতেন।

তিনি প্রভূতভাবে বিত্তশালী হওয়া সত্ত্বেও, অতি সাধারণ জীবনযাপনে বিশ্বাসী ছিলেন। তিনি একজন বিদগ্ধ পাঠক ছিলেন, এবং স্বামী বিবেকানন্দের একনিষ্ঠ ভক্ত। তিনি ছিলেন একজন বিশ্বপ্রেমিক, সদাশান্ত, মিতবাক ব্যক্তিবিশেষ। অতি অল্প অর্থের বিনিময়ে তিনি রোগী দেখতেন, তাঁর রোগীদের সুবিধার্থে সবচেয়ে কমদামি ওষুধ লিখতেন। প্রতি সকাল ও সন্ধ্যায় তিনি যোগাসনে অভ্যস্ত ছিলেন, এবং বহু বছর ধরে লেখালিখি ও আধ্যাত্মিক পরিসরে বিচরণ করতেন। তাঁর ব্যক্তিত্ব ছিল মহাসমুদ্রের মতো সুগভীর, ঈশ্বরের প্রতি ছিল তাঁর অগাধ বিশ্বাস

যাতে কোনো ঝড়ঝাপটা তাঁকে ছুঁতে না পারে। তাঁর ব্যক্তিত্বময় উপস্থিতি ও মিতবাক স্বভাবের দ্বারা মাত্র পাঁচ মিনিটে যে-কোনো ব্যক্তির উপর প্রভাব বিস্তার করতে পারতেন, যা উঁচুস্তরের কোনো অনুপ্রেরণাদায়ী সেমিনারের পক্ষেও অসম্ভব ছিল।

বাস্তব জীবনে নেতৃত্ব বলতে আমি এই কথাই বলতে চাই। আপনাকে চেষ্টা করতে হবে নিজের ভিতরে এইভাবে নেতৃত্বকে জাগিয়ে তুলতে। আপনাকে নিজের উপস্থিতির মধ্যে এমন এক উৎকর্ষ ফুটিয়ে তুলতে হবে, যাতে আপনার সান্নিধ্য মানুষের মননে উত্তরণ ঘটাতে সক্ষম হয়। আমার অনেক স্বপ্নের মধ্যে অন্যতম স্বপ্ন এমন একটি আবিষ্কার করা যা অন্যদের ভিতর এই গুণের বিচ্ছুরণ ঘটাতে সক্ষম। এবং সেই লক্ষ্যে ইতিমধ্যেই অগ্রসর হয়েছি আমার বই, ভিডিও, ওয়ার্কশপ, অনলাইন কোর্স, সোশ্যাল মিডিয়ার কর্মকাণ্ডের মাধ্যমে, এবং আমার কাজের প্রসার ঘটাতে একাধিক পদ্ধতি ও প্রণালীর উদ্ভাবন করেছি যাতে আমি সারা দুনিয়ার কোটি কোটি মানুষের কাছে পৌঁছে যেতে পারি।

> *নেতৃত্ব মানে উপাধি, পদ অথবা ফ্লোচার্ট নয়। একটি জীবনের দ্বারা অন্য একটি জীবনকে প্রভাবিত করার নাম হল নেতৃত্ব।*
>
> —জন সি. ম্যাক্সওয়েল

সাধারণ স্কুল অথবা পাঠ্যপুস্তকের থেকে এই নেতৃত্বের গুণের উদ্গম হয় না, বরং বাস্তব জীবনে পরীক্ষা-নিরীক্ষার ফলে এই গুণের বিকাশ ঘটে। কোনো প্রতিষ্ঠানে, কেউ আপনাকে নেতৃত্ব সম্পর্কিত কোনো ভূমিকার প্রস্তাব দেবে না, যাতে আপনি গুরুত্বপূর্ণ অভিজ্ঞতা বা অনুশীলন করতে পারেন। বরং, আপনাকে তখনই একটি পদে বহাল করা হবে, যখন আপনি যথাযোগ্যভাবে এক নেতাসুলভ আচরণের দ্বারা সবাইকে প্রভাবিত করতে সক্ষম হয়েছেন। তাহলে আপনি এই নেতৃত্ব সম্বন্ধে শিক্ষা কোথা থেকে অর্জন করবেন? যদি আপনি এই দুনিয়ায় গভীরভাবে অন্বেষণ করেন, আমি জানি আপনি একাধিক জায়গা খুঁজে পাবেন। কিন্তু আমি একটি জায়গার কথা জানি যেখানে আপনি যথাযোগ্যভাবে প্রশিক্ষিত হতে পারেন, এবং অবিলম্বেই নিজের কাজের পরিসরে নেতৃত্ব দিতে সক্ষম হবেন— ডাইরেক্ট সেলিং-এর দুনিয়ায়।

কর্মক্ষেত্রে আমি সহকর্মীদের নেতৃত্ব দেওয়ার চেষ্টা করতাম, কিন্তু আজ আমার বক্তব্য যেভাবে মানুষের মধ্যে শিক্ষার প্রসার ও পরিবর্তন আনতে সক্ষম, তা আমার কাছে আশাতীত। যদি আমি ১০,০০০ মানুষের সামনে আমার বক্তব্য পেশ করি, জানি আমার কথা প্রত্যেকের মর্মস্থানে পৌঁছে যেতে সক্ষম। আমার

প্রতিটি ইভেন্টে আমরা সকলে মিলে হাসি, কাঁদি, আমাদের জীবনের গল্প একে অপরের মধ্যে ভাগ করে নিই, এবং এই প্রতিটি সেশন আমাদের জীবন একটু একটু করে বদলে দিতে থাকে। আমার ক্যালেন্ডারে একটি দিনও ছুটির দিন হিসেবে দেখানো নেই। বিভিন্ন প্রতিষ্ঠান আমার বক্তব্য শোনার জন্য যে বিশাল পরিমাণে অর্থব্যয় করতে প্রস্তুত, তা দেখে সাধারণ মানুষ হতবাক হয়ে যান। তাঁরা এই অঙ্কের বিনিময়ে আমার কাছ থেকে সেই সমস্ত অমূল্য অভিজ্ঞতার কথা জানতে পারেন, যা আমি আমার ১৩ বছরের ডাইরেক্ট সেলিং-এর জীবনে উপলব্ধি করেছি একজন প্রথম সারির নেতা হিসেবে।

সরাসরি বলতে গেলে, মনে হতে পারে ডাইরেক্ট সেলিং-এর জগৎ শুধুমাত্র অর্থ উপার্জনের এক যন্ত্রবিশেষ, কিন্তু এই জগৎ আপনাকে এক পরিমণ্ডল উপহার দেয় যা মানুষকে নিজেকে লুকিয়ে রাখা খোলস থেকে তাঁকে উন্মুক্ত করে, তাঁদের অন্ধবিশ্বাসকে ভেঙে, ভয়কে জয় করে তাঁদের লক্ষ্যে অগ্রসর হতে শেখায়। শুধুমাত্র সেরা নেতারাই জীবনে সাফল্য অর্জন করতে পারেন, এবং আমি মনে করি, ডাইরেক্ট সেলিং-এর দুনিয়ায় এভাবেই সেরা নেতাদের আবির্ভাব ঘটে।

ডাইরেক্ট সেলিং আপনাকে নেতৃত্বের প্রধান পাঁচটি শর্ত শেখাতে সক্ষম ঃ

- ✓ আপনার জাদুময় উপস্থিতির প্রভাব,
- ✓ টিম ম্যানেজমেন্ট,
- ✓ ক্ষমতা জাহির না করে সাফল্য অর্জন করা,
- ✓ ক্ষমতার অপব্যবহার না করে অনুগামীর সংখ্যা বাড়ানো,
- ✓ নিজেকে ফলদায়ী প্রমাণিত করা।

যদি আপনার কর্মপদ্ধতির সঙ্গে আমার কর্মপদ্ধতি মিলে যায়, সেটি নির্দ্বিধায় প্রয়োগ করতে পারেন। এটি আমার জীবন বরাবরের মতো বদলে দিয়েছে, এবং আমি নিশ্চিত এটি আপনার জীবনকেও বদলে দেবে।

যিনি সামনের পথ সম্বন্ধে জানেন, সেই পথে চলতে সক্ষম এবং অন্যদের পথ দেখাতে পারেন, তিনিই হলেন আসল নেতা।

—জন সি. ম্যাক্সওয়েল

৫

বিকল্প আয় ও অর্থনৈতিক স্বাধীনতা

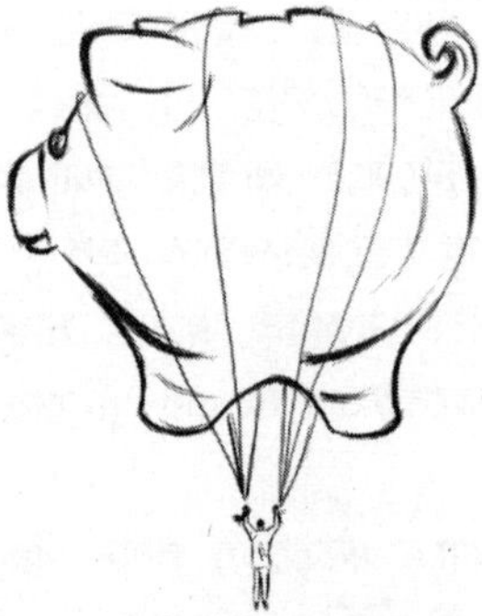

জীবনের 'যদি-তবে' ধরনের দুশ্চিন্তাগুলির থেকে নিজের চিন্তা ও মনকে স্বতন্ত্র রাখতে পারলে নিজেকে অনেকাংশে অর্থনৈতিকভাবে স্বাধীন ভাবা সম্ভব।

—সুজ অরম্যান

অর্থনৈতিক স্বাধীনতা হচ্ছে এমন একটি পরিস্থিতি যেখানে আমরা বর্তমান জীবনধারণের মান অক্ষুণ্ণ রেখে, ভবিষ্যতের দুশ্চিন্তা না করে, নিয়মিত কর্মক্ষেত্রে হাজির না থেকেও, নিশ্চিন্তে জীবন অতিবাহিত করতে পারি। দেশের প্রথম সারির ম্যানেজমেন্ট স্কুল থেকে স্নাতকোত্তর ডিগ্রি গ্রহণ করার পরে, বহু বছর ধরে অগ্রগণ্য এক বহুজাতিক সংস্থায় কর্মব্যস্ত থাকা সত্ত্বেও, অর্থনৈতিক স্বাধীনতা এবং বিকল্প আয়ের সম্বন্ধে আমি ওয়াকিবহাল ছিলাম না, যতদিন না আমি ডাইরেক্ট সেলিং-এর দুনিয়ায় পদার্পণ করেছিলাম।

বিত্ত হল একজন মানুষের সচ্ছলভাবে নিজের জীবনকে এগিয়ে নিয়ে যাওয়ার ক্ষমতার পরিমাপ।

—আর. বাকমিন্সটার ফুলার

সাধারণ এক সরকারি চাকরিজীবীর পরিবারে জন্ম ও বড় হয়ে ওঠার কারণে, আমাদের মধ্যে এক বদ্ধমূল ধারণার জন্ম হয়েছিল যে অবসরগ্রহণের বয়সে পৌঁছোনো পর্যন্ত কাজ করে যেতে হবে। এই ধারণা সম্বন্ধে শুনতে ভালো লাগলেও, সময়ের সঙ্গে সঙ্গে দুটি সমস্যার উদ্রেক হলো—ষাট বছর বয়সে না পৌঁছোনো পর্যন্ত চাকরির কোনো নিরাপত্তা নেই, আর প্রত্যেকের স্বাস্থ্য আস্তে আস্তে বয়সের সঙ্গে দুর্বল হয়ে পড়ছে। এই দুটি সমস্যার ধরন আমাদের পরিষ্কারভাবে বুঝিয়ে দেয়, আর যত বছর সবলভাবে কর্মক্ষেত্রে নিজেদের সেরাটুকু দিতে সক্ষম, ততদিন আমাদের এমনভাবে কাজ করে যেতে হবে যাতে প্রতি মাসে উদ্বৃত্ত অর্থের জোগান থাকে। একই সঙ্গে, এমন এক পরিকাঠামো তৈরি করতে হবে যাতে আমাদের অবসরগ্রহণের পরেও সংসারে নিয়মিত আয়ের ব্যবস্থা নিশ্চিতভাবে বহাল থাকে। এভাবেই আমরা অর্থনৈতিকভাবে স্বাধীন হতে পারি।

আমি বলি, সত্যিই যদি আপনারা অর্থনৈতিকভাবে স্বাধীন হতে চান, এমনভাবে নিজের কাজের ক্ষেত্র বেছে নিন যা নিম্নোক্ত শর্তগুলি মেনে চলবে ঃ

- আপনার ব্যয়ের চাইতে আয়ের পরিমাণ বেশি হলে প্রতি মাসে উদ্বৃত্ত অর্থের জোগান সম্ভব,
- যে কোনো সময়ে নিজের আয়ের পরিমাণ বাড়িয়ে নিতে পারা,
- চক্রবৃদ্ধি হারে আয়ের পরিমাণ বাড়িয়ে নিতে পারা,
- বিকল্প আয়ের পথ

যেহেতু ইতিমধ্যেই আমরা প্রথম তিনটি বিষয়ে আলোচনা করে নিয়েছি, এখন আমরা বিকল্প আয় সম্বন্ধে আলোচনা করব। বিকল্প আয় হচ্ছে এমন একটি স্বয়ংক্রিয় ব্যবস্থা যেখানে আপনি একটি ব্যবসাকে এমনভাবে প্রতিষ্ঠিত করবেন, যাতে পরবর্তীকালে সেই ব্যবসায় প্রত্যক্ষভাবে নিজে জড়িত না থেকেও, সেখান থেকে নিয়মিত অর্থ উপার্জন করা সম্ভব।

বিকল্প আয়ের বিভিন্ন ব্যবস্থা বর্তমান, যেমন ঃ রিয়েল এস্টেট ব্যবসায় অর্থ লগ্নি করা, স্টক মার্কেটের ডিভিডেন্ড, বই-এর রয়াল্টি বাবদ সুনিশ্চিত আয়, সঙ্গীত অথবা চলচিত্রে অর্থলগ্নি করা, ভিডিওর মাধ্যমে অর্থ সমাগম, পারস্পরিক মার্কেটিং ইত্যাদি। কিন্তু এই সমস্ত পথগুলির ক্ষেত্রে একটাই সমস্যা, এগুলিতে বিশাল অঙ্কের অর্থলগ্নি, প্রচুর জ্ঞান ও প্রতিভার প্রয়োজন হয় এবং এই পথ যথেষ্ট ঝুঁকিপূর্ণ। যেহেতু অধিকাংশ গড়পড়তা মানুষের পক্ষে এই সমস্ত পথ অবলম্বন করা যথেষ্ট দুরূহ, তাই বহু বছরের অক্লান্ত পরিশ্রম স্বত্ত্বেও তাঁরা বিকল্প আয়ের পথ সুগম করতে পারেন না।

বহু যুগ ধরে ডাইরেক্ট সেলিং প্রচুর মানুষকে এক সার্থক বিকল্প আয়ের ব্যবস্থা ও অর্থনৈতিক স্বাধীনতার পথ দেখিয়ে চলেছে, এবং সেই সাফল্য এই সমস্ত মানুষের বয়স, শিক্ষাগত যোগ্যতা, আর্থিক অবস্থা, অভিজ্ঞতা, অবস্থান ইত্যাদির উপর নির্ভর করেনি। যদি ঠিকভাবে শুরু করা যায়, ডাইরেক্ট সেলিং হল এক অসাধারণ পরিকাঠামোয় তৈরি ব্যবসা যার মাধ্যমে উন্নতির সম্ভাবনা অপরিসীম।

আসুন, এই ব্যবসার আসল শক্তির কারণ আপনাদের বোঝানো যাক Metcalfe's Law এর মাধ্যমে ঃ

$$\text{Income (I)} = \text{Number of Active Associates (N)}^2$$

যখন আপনি একটি ডাইরেক্ট সেলিং-এর ব্যবসা শুরু করবেন, আপনার দলে আপনিই একমাত্র ব্যক্তি, এবং আপনার আয় (I) হল ১ (N) -এর বর্গ। ক্রমে আপনি যখন সহকর্মীদের সংখ্যা বৃদ্ধি করতে থাকবেন, আপনার N -এর বৃদ্ধি ঘটার সঙ্গে সঙ্গে, আপনার আয়ের পরিমাণেও বৃদ্ধি ঘটবে। ডাইরেক্ট সেলিং-এর দুনিয়ায় প্রতি ডিস্ট্রিবিউটার হলেন একজন প্রধান ফ্র্যাঞ্চাইজার, যিনি নিজের নিজের দলে ইচ্ছামতো ফ্র্যাঞ্চাইজির সংখ্যা বাড়াতে সক্ষম। ক্রমে যখন আপনার সহকর্মীরা তাঁদের দল গঠন করতে শুরু করবেন, আপনার দল স্বয়ংক্রিয়ভাবেই বৃদ্ধি পেতে থাকবে, আর তার সঙ্গে তাল মিলিয়ে বাড়তে থাকবে আপনার N -এর মান। আপনার N -এর মান বৃদ্ধি পেলেই আপনার I অর্থাৎ আয়ের বৃদ্ধি ঘটবে।

এই অত্যাধুনিক নেটওয়ার্ক অত্যন্ত শক্তিশালী। পৃথিবীর ধনীতম মানুষরা এই সমস্ত নেটওয়ার্কের মূলে। বিল গেটস থেকে জেফ বেজোস, মুকেশ আম্বানী থেকে মার্ক জুকারবার্গ প্রত্যেকেই নেটওয়ার্কের সাহায্যে নিজের নিজের সাম্রাজ্য সৃষ্টি করেছেন। কিন্তু আমরা সকলে তো বিল গেটস অথবা মুকেশ আম্বানী হতে পারি না। যে অপরিসীম শক্তির বলে বলীয়ান হয়ে এই সমস্ত শীর্ষস্থানীয় মানুষ আজ দুনিয়ায় রাজত্ব করছেন, ডাইরেক্ট সেলিং আপনাকে সেই শক্তি দেবে যাতে আপনিও নিজের ব্যবসা শুরু করে উন্নতির প্রশস্ত পথে আপনার অভিযান সম্পন্ন করতে পারেন।

আজকের দুনিয়া নেটওয়ার্কের উপর সম্পূর্ণভাবে নির্ভরশীল। গুজব কীভাবে ছড়ায়? একটি ভালো চলচিত্র কীভাবে সাফল্যের শিখরে পৌঁছোয়? একজন ব্যক্তি তাঁর চারপাশের মানুষকে সেটির সম্বন্ধে বললে, তাঁরাও তাঁদের পরিচিতদের মধ্যে সেটি ছড়িয়ে দেন... এইভাবেই মানুষের মুখে মুখে দাবানলের মতো সেটি ছড়িয়ে পড়ে। ডাইরেক্ট সেলিং এই চিন্তাধারাকে সযত্নে লালন করেছে।

শুধু চোখ-কান খোলা রাখলেই হবে না, আপনার মন উন্মুক্ত করে রাখতে হবে প্রতি মুহূর্তে। ইতিমধ্যেই এয়ারবিএনবি, উবের, ফেসবুক, ইউটিউব, সবাই নিজের নিজের ক্ষেত্রে শ্রেষ্ঠত্বের স্বাদগ্রহণ করতে সক্ষম, এই নেটওয়ার্কের অগাধ শক্তিকে ব্যবহার করে।

কিন্তু আপনার দলে প্রচুর মানুষ কাজ করলেই হবে না, আপনাকে তাঁদের প্রত্যেককে সঠিকভাবে প্রশিক্ষণ দিতে হবে। প্রত্যেক সফল ডাইরেক্ট সেলিং ব্যবসার কাজের ক্ষেত্রে অত্যাধুনিক ট্রেনিং এবং ডেভেলপমেন্টের ব্যবস্থা রয়েছে, যা সাধারণ সহকর্মীদের কিছুদিনের মধ্যেই দক্ষ ও সফল ডিস্ট্রিবিউটার হিসেবে প্রতিপন্ন করবে। আপনার ব্যবসায় এই সমস্ত দক্ষ কর্মীর সংখ্যা বৃদ্ধি পাওয়ার সঙ্গে সঙ্গে, আপনার আয় চক্রবৃদ্ধিহারে বাড়তে থাকবে, এবং ক্রমেই এক অসীম শক্তিশালী বিকল্প আয়ের উৎস হিসেবে গড়ে উঠবে।

যখন আমি ২০07 সালে এই ব্যবসা শুরু করি, মনে মনে একটি ভুল ধারণা পোষণ করতাম যে যারা ডাইরেক্ট সেলিং-এর ব্যবসা শুরু করেছেন, তাঁরা প্রত্যেকেই বিকল্প আয়ের ব্যবস্থা করতে সক্ষম হবেন। কিন্তু বাস্তবে, ডাইরেক্ট সেলারদের মধ্যে মাত্র ১ শতাংশ বিকল্প আয়ের মুখ দেখতে পারেন, বাকিদের ব্যবসা চালাতে হয় তাঁদের সরাসরি করা আয়ের থেকেই। কারণটা অতি সোজা—সঠিক প্রণালী ও পদ্ধতি অবলম্বন না করতে পারা। এই বিশেষভাবে গঠিত পদ্ধতি ও প্রণালীর প্রয়োগে আপনার ব্যবসা স্বয়ংক্রিয়ভাবে চালিত হয়ে আপনাকে বিকল্প আয়ের সাফল্য প্রদান করবে।

বাস্তব জীবনের থেকে একটি উদাহরণ দেওয়া যাক। আমার ব্যাঙ্গালোরের দল থেকে একজন ফোন করে জানতে চান যে, কীভাবে আমার প্রতিষ্ঠানের শর্তাবলী আরেকটি বিশেষ প্রতিষ্ঠানের থেকে উৎকৃষ্ট। আমি তাঁর এই প্রশ্নের উত্তর পাঁচ মিনিটেই দিয়ে দিতে পারতাম। কিন্তু আমি তাঁকে আমার বই Be a Network Marketing Millionaire -এর 'Tools' অংশে গিয়ে, 'Universal Framework of Selecting the Best Company' অধ্যায়টি পড়তে বললাম। সেই অধ্যায়টি পড়ার ঠিক পাঁচ মিনিটের মধ্যে সেই ব্যক্তি আমাকে আবার ফোন করে উল্লসিতভাবে জানান যে, এখন তিনি এই সংক্রান্ত সমস্ত প্রশ্নের উত্তর দিতে সক্ষম।

দয়া করে মনে রাখবেন, এই ঘটনার সেরা অংশ এই নয় যে তিনি তাঁর প্রশ্নের উত্তর খুঁজে পেয়েছিলেন, কিন্তু এটা যে তিনি তাঁর সমস্ত প্রশ্নের উওর পাওয়ার একটি উৎস খুঁজে পেতে সফল হয়েছিলেন। সেই কারণেই, পরবর্তীকালে কোনো প্রশ্নের উত্তর পেতে হলে তাঁকে আর আমায় ফোন করতে হবে না, তিনি বইয়ের পাতা উল্টেই সমস্ত সমস্যার সমাধান করতে পারবেন।

এই ক্ষেত্রে আমি কী করতে সক্ষম—আমি একজন স্বাধীন নেতার জন্ম দিতে পেরেছি। আমাদের প্রতিটি ওয়ার্কশপ এবং অনলাইন কোর্সের ক্ষেত্রে আমরা একইভাবে, কর্মক্ষেত্রে স্বাধীন নেতার সৃষ্টি করি। যখন আপনার কাছে এক দল দক্ষ, স্বাধীন সহকর্মী থাকবে, আপনার বিকল্প আয়ের পরিমাণ মাসে মাসে উত্তরোত্তর বৃদ্ধি পেতেই থাকবে।

> *ডাইরেক্ট সেলিং ব্যবসার ক্ষেত্রে, আমাদের প্রধান দায়িত্ব হল কর্মীদের সযত্নে প্রশিক্ষণের মাধ্যমে কর্মক্ষেত্রে সুদক্ষ করে তুলে তাঁদের নিজস্ব ব্যবসার জন্য প্রস্তুত করে তোলা।*
>
> —দীপক বাজাজ

ডাইরেক্ট সেলিং আপনাকে অর্থনৈতিক শিক্ষায় সমৃদ্ধ করে। কোনো কলেজ অথবা বিশ্ববিদ্যালয়ের মাধ্যমে আপনি সম্পূর্ণ আলাদা এই বিশেষ শিক্ষা অর্জন করতে পারবেন না। যে সমস্ত মানুষ অর্থনৈতিকভাবে সাফল্যের পথে উন্নীত হতে পেরেছেন, একমাত্র তাঁরাই আপনাকে পথ দেখাতে সক্ষম।

অর্থনৈতিক শিক্ষা নিম্নলিখিত কয়েকটি প্রশ্নের উত্তর দিতে সক্ষম ঃ

- ✓ আপনি কী ধরনের আয় করতে সক্ষম?
- ✓ কত পরিমাণে অর্থ আপনি সঞ্চয় করতে সক্ষম?
- ✓ কীভাবে আপনি আয়বৃদ্ধি করতে পারেন?
- ✓ কীভাবে আপনি অর্থনৈতিক স্বাধীনতার ছক কষবেন?
- ✓ কীভাবে আপনার অর্থকে লগ্নি করবেন?
- ✓ কীভাবে পরিকাঠামো তৈরি করবেন যাতে আপনার অনুপস্থিতিতেও আপনার আয় সুরক্ষিত থাকবে?
- ✓ আপনার পরবর্তী কত প্রজন্ম এই ব্যবসার ফলভোগ করতে সক্ষম?
- ✓ কীভাবে আপনার আয়বৃদ্ধির নানা পন্থার উদ্ভব ঘটাবেন?

ডাইরেক্ট সেলিং-এর ব্যবসায় আপনার 'আপলাইন' (ব্যবসার ক্ষেত্রে আপনার ওপরতলার সহকর্মীরা) আপনার সঙ্গে কাজ করবেন আপনার অর্থনৈতিক স্বাধীনতার সাফল্যের ক্ষেত্রে। যখন আপনি আমার লাইভ ওয়ার্কশপ অথবা অনলাইন কোর্সগুলিতে অংশগ্রহণ করবেন, আপনার ব্যবসার ক্ষেত্রে প্রথমেই অর্থনৈতিক স্বাধীনতার ক্ষেত্রে জোর দিতে চাইব।

স্টক, ভাড়া করা সম্পত্তি, এবং ব্যবসায় ব্যবহার করার অন্যান্য জিনিসের প্রতিটি আপনার জন্য উপাদেয়, কিন্তু যদি আপনি সেগুলির সঠিক প্রয়োগ

না জানেন, তাহলে সেগুলি আপনার কাছে ঝুঁকির কারণ হয়ে উঠতে পারে। SIP (Systematic Investment Plans) এবং মিউচুয়াল ফান্ড আপাতভাবে নিরাপদ হলেও, আপনি জানেন না কে বা কারা রয়েছে নেপথ্যে এবং সেই কারণে আপনার ভবিষ্যৎ অন্যের আয়ত্তাধীন থেকে যায়।

বহু বছর ধরে, আমার ও আমার মায়ের মধ্যে একটি বিতর্কের বিষয় ঘুরেফিরে আসত—উপার্জিত অর্থ বর্তমানেই ব্যয় করা ভালো, নাকি তা ভবিষ্যতের জন্য সঞ্চয় করা উচিত। মা বলতেন আমাদের উচিত ভবিষ্যতের কথা ভেবে সঞ্চয় করা, কিন্তু আমি বলতাম আগামীদিনের কথা যখন অজানা, কেন আমরা আজকের দিনে কষ্ট করে জীবন নির্বাহ করব? এই বিতর্কের সমাধান সম্ভব হয়নি দীর্ঘদিন ধরে, কিন্তু আজ আমার কাছে এই প্রশ্নের উত্তর আর অজানা নয়, এবং আমি তা আপনার সঙ্গে ভাগ করে নিতে ইচ্ছুক—আয়ের পরিমাণ ততটাই হওয়া উচিত, যাতে আজ জীবনের প্রতিটি মুহূর্ত যথেচ্ছভাবে উপভোগ করার পরেও ভবিষ্যতের জন্য সফলভাবে সঞ্চয় করতে পারেন। আয়বৃদ্ধিই হল একমাত্র সমাধান।

> *ধনী হবার সহজতম পথ হল নিজের ব্যবসার প্রসার ঘটানো। আপনার ব্যবসার গোড়াপত্তনের পরে, যখন আপনি সচ্ছলভাবে আয় করতে সক্ষম, সেই মুহূর্তে আপনি অন্যান্য দিকে অর্থলগ্নি করতে প্রস্তুত।*
>
> —রবার্ট টি কিয়োসাকি

আমার কাছে আপনার জন্য আরেকটি দুর্দান্ত প্রশ্ন রয়েছে ঃ অর্থ না বিত্ত, কীসের জন্য আপনি কাজ করেন? সত্যি কথা বলতে, কয়েক বছর আগে পর্যন্ত আমার এই সম্বন্ধে সঠিক জ্ঞান ছিল না। যদি অর্থ উপার্জনের জন্য কাজ করেন, আপনি সহজেই তা পেতে পারেন, কিন্তু যতদিন পর্যন্ত আপনার অর্থের প্রয়োজন, ততদিন কর্মক্ষেত্রে নিজেকে ব্যস্ত রাখতে হবে। যত বেশি অর্থ আপনার প্রয়োজন, তত বেশি কাজ করতে হবে। এবং সবচেয়ে বিপদের কথা হচ্ছে, কোনো কারণে যে-মুহূর্তে আপনি কাজ বন্ধ করতে বাধ্য হবেন, সেই মুহূর্তে আপনার আয়ের পথ বন্ধ হয়ে যাবে। বয়স বাড়ার সঙ্গে সঙ্গে, এই আতঙ্ক আপনার উপরে আরো চেপে বসবে। এর সারমর্ম দাঁড়ায়, বেশিরভাগ মানুষের যখন এই ব্যাপারটা বোধগম্য হয়, তখন অনেক দেরি হয়ে যায়।

বিত্তের জন্য কাজ করতে শক্তির প্রয়োজন। এই পথ আপনার জীবন বদলে দিতে পারে। কিন্তু এই পথে সাফল্য পেতে গেলে এক আলাদা মননশীলতার প্রয়োজন। প্রথম কয়েক বছরে হয়তো আপনি খুব কম পরিমাণে লাভবান

হবেন, কিন্তু যখন আপনার ব্যবসার পরিকাঠামো তৈরি হয়ে যাবে, তখন আপনার আয়ের পরিমাণ চক্রবৃদ্ধি হারে আসতে থাকবে। সঠিকভাবে ব্যবসার গোড়াপত্তন করা গেলে, আপনি কাজ বন্ধ করে দিলেও আপনার আয়ের পরিমাণ নির্দিষ্ট হারে বাড়তে থাকবে।

আমি বলব, অর্থের চাইতে বেশি, বিত্তশালী হবার জন্য আপনার কাজ করা উচিত, এবং এটি সুনিশ্চিত করার জন্য একাধিক পথ খোলা রয়েছে। আপনার জন্য সঠিক কর্মক্ষেত্র খুঁজে বার করুন। যদি আপনি শুরু করার সঠিক পদ্ধতি না জানেন, তাহলে ডাইরেক্ট সেলিং ব্যবসা দিয়ে শুরু করন। শুধু মনে রাখবেন যে আপনি যেন সঠিক প্রতিষ্ঠানের সঙ্গে কাজটি শুরু করেন, কর্মক্ষেত্রে আপনি যেন সঠিক শিক্ষাগুরু খুঁজে পেতে পারেন, এবং সঠিকভাবে নিজের সফল ব্যবসার গোড়াপত্তন করতে সক্ষম হন। আমি আপনাকে অর্থনৈতিকভাবে সফল দেখতে অত্যন্ত ব্যগ্র।

স্কুল ছাড়ার পরে অর্থনৈতিক কাগজপত্র হলো আপনার যথার্থ রিপোর্ট কার্ড।

—রবার্ট টি কিয়োসাকি

৬

ব্যক্তিত্বের সামগ্রিক উন্নতিসাধন

যখন আপনি নিজের লক্ষ্যে পৌঁছে যান, আপনি কী পেলেন সেটাই মুখ্য নয়, কিন্তু এই লক্ষ্যে পৌঁছোতে আপনার কী সার্বিক উন্নতি হয়েছে সেটাই প্রধান বিষয়।

—দীপক বাজাজ

ডাইরেক্ট সেলিং-এর দুনিয়ায় একটি গোপন সুবিধে রয়েছে—এটি আপনার মধ্যে আমূল পরিবর্তন ঘটিয়ে আপনাকে এক সম্পূর্ণ নতুন মানুষে পরিণত করে। আমি উপলব্ধি করেছি প্রত্যেকে পরিবর্তনের কথা বলতে ভালোবাসলেও, কেউ অন্তর থেকে পরিবর্তিত হতে ইচ্ছুক নন। যারা অবশ্য সত্যি করেই বদলাতে চান, অনেক চেষ্টা সত্ত্বেও তাঁরা নিজেদের বদলাতে পারেন না। আসলে, মানুষ তখনই বদলাতে সক্ষম, যখন তাঁদের বদলানো ছাড়া আর কোনো উপায়ন্তর থাকে না। আমার লাইভ সেশনের মধ্যে, প্রায়ই কিছু মজাদার ও হাস্যকর পরিস্থিতির অবতারণা হয়, যখন আমি মানুষের কাছে তাঁদের জীবনে পরিবর্তন আনার সম্ভাবনার সম্বন্ধে নিজেদের ধারণা সম্পর্কে কথা বলতে বলি। তাঁরা সেই মুহূর্তে বলেন—'দয়া করে আমাদের এই পরিবর্তন অথবা বদল সম্বন্ধে

কিছু বলুন'। মানুষ পরিবর্তিত হওয়ার চাইতে পরিবর্তনের সম্বন্ধে অন্যের বক্তব্য শুনতে বেশি উৎসাহিত!

আমরা প্রত্যেকে সেই সনাতন প্রবাদের কথা শুনেছি— 'যে কাজে তুমি অভ্যস্ত, সেই কাজ যদি তুমি মন দিয়ে করে যাও, তাহলে তুমি এই কাজের জন্য যা পেতে অভ্যস্ত, তাই তুমি পেতে থাকবে।' বেশিরভাগ মানুষ এক জায়গায় আটকে থাকেন তাঁদের জীবনে—বহু বছর ধরে তাঁরা যে কাজে অভ্যস্ত, সেই কাজেই তাঁরা জীবন কাটিয়ে দেন। এক ধরনের কাজ, এক নিয়মে বদ্ধ থাকা, একই ধরনের মানুষের সঙ্গে কাজ করতে থাকা। আসলে, কোনো কলেজ বা বিশ্ববিদ্যালয় থেকে স্নাতক হওয়ার পরে, বেশিরভাগ মানুষ কোনোরকম পেশাদারী শিক্ষায় নিজের যোগ্যতা বাড়াবার কথা চিন্তা করেন না।

> *আপনার জীবনে হঠাৎ করে পরিবর্তন আসা অসম্ভব, সেটির উন্নতি ঘটতে পারে পরিবর্তনের হাত ধরে।*
>
> —জিম রন

ডাইরেক্ট সেলিং-এর ব্যবসা হল একটি অতীব শক্তিশালী স্বপ্নপূরণের হাতিয়ার, যা শুধু আপনার ভিতরেই পরিবর্তন নিয়ে আসে না, সেটি আপনার জীবনে জরুরি বদলগুলি সম্পন্ন করতে আপনাকে বাধ্য করে। এই পরিবর্তনের পথে আপনি প্রভূত উন্নতির সম্ভাবনা দেখে সহজেই নিজেকে বদলাবার পথে চালিত হন। আসলে, এই সম্পূর্ণ প্রক্রিয়াটি—ডাইরেক্ট সেলিং-এর জগতে প্রবেশ করার থেকে সাফল্যের শিখর ছোঁয়া পর্যন্ত—এই পরিকাঠামো এমনভাবে তৈরি যা আপনাকে আমূল বদলে দিয়ে উন্নতির পথে চালিত করতে সক্ষম।

প্রত্যেক উৎকৃষ্ট ডাইরেক্ট সেলিং ব্যবসায় একটি শক্তিশালী ট্রেনিং ও সাপোর্ট টিম থাকে, যা প্রতিনিয়ত আপনার ব্যক্তিত্ব ও মননের বিভিন্ন দিকে উন্মেষ ঘটাতে বদ্ধপরিকর। ডাইরেক্ট সেলিং-এর ব্যবসায় যে অপরিহার্য পরিবর্তনগুলি আপনার জীবন বদলে দিতে পারে, তা হল ঃ

- ✓ সদাহাস্যকর স্বভাব
- ✓ আশাবাদী মনোভাব
- ✓ অন্যদের সম্মান করা
- ✓ ধৈর্য
- ✓ সময়ানুবর্তিতা
- ✓ ব্যক্তিগত শারীরিক সুস্থতা

- ✓ রুচিকর পোশাক-পরিচ্ছদ
- ✓ পরিশীলিত চালচলন
- ✓ মানুষের সঙ্গে ভালো ব্যবহার
- ✓ আত্মবিশ্বাস
- ✓ সঠিক শব্দের চয়ন

তাই, যদি আপনি আপনার ব্যক্তিসত্তার আমূল পরিবর্তন চান, ডাইরেক্ট সেলিং আপনার জন্য শ্রেষ্ঠ উপায়। আর কিছু পাওয়ার জন্য এই ব্যবসা না করতে চাইলেও, নিজেকে পরিবর্তন করতে চাইলে এটি করতে পারেন। আর যদি এই ব্যবসাকে ভালোবেসে করেন, তাহলে দয়া করে একাগ্রচিত্তে শুরু করুন। অর্থ উপার্জন করুন, একজন ভালো মানুষ হয়ে উঠুন এবং নিজের স্বপ্নকে বাস্তবায়িত করে তুলুন।

> *সাফল্যের প্রতিটি নতুন স্তর আপনাকে ব্যক্তিগতভাবে পরিমার্জিত করে তুলবে।*
>
> —দীপক বাজাজ

উপরোক্ত পরিবর্তনগুলি ছাড়াও, আপনার ব্যক্তিত্বের একটি বিশেষ অংশের প্রসার ঘটে না অনেক ক্ষেত্রে। জীবনে সাফল্য ও উন্নতির ক্ষেত্রে এই বিশেষ গুণটির ব্যবহার অনস্বীকার্য—এটিকে বলা হয় আবেগতাড়িত বুদ্ধিমত্তা (Emotional Intelligence)। আমাদের জীবনে এই ক্ষমতার ব্যবহার অপরিসীম হলেও, আমাদের অভিভাবকরা ও সমগ্র শিক্ষাব্যবস্থা এই অত্যন্ত গুরুত্বপূর্ণ গুণের বিকাশ ঘটাতে সার্বিকভাবে উদাসীন থেকে গেছে।

> *নিজের আবেগ তোমার আয়ত্তাধীন না থাকলে, তোমার পক্ষে নিজের সম্পত্তিকে দখলে রাখা অসম্ভব।*
>
> —ওয়ারেন বাফেট

নিজের বুদ্ধিমত্তার বিকাশ ঘটাতে ডাইরেক্ট সেলিং-এর দুনিয়ার জুড়ি মেলা ভার। আপনার ধৈর্য, একাগ্রতা এবং কর্মনিষ্ঠতা এই পরিসরে প্রতিদিন পরীক্ষিত হবে। আপনার আভ্যন্তরীণ গুণগুলি, যার মধ্যে রয়েছে আপনার আশাবাদী মন, সাফল্যের ইচ্ছা, বিশ্বাস ও কৃতজ্ঞতা ও ইত্যাদি, প্রতিনিয়ত শ্রেষ্ঠত্বের পরীক্ষায় উন্নীত হবে। আপনাকে নিজের রাগ, হতাশা, পরাজয়, বিদ্রুপের সম্মুখীন

হওয়া, অকৃতকার্য হওয়ার গ্লানিকে আয়ত্তে আনতে শিখতে হবে। একমাত্র এই পথেই আপনি নিজের আবেগজনিত বুদ্ধিমত্তার বিকাশে সক্ষম হবেন, এবং এই শক্তিতে বলীয়ান হয়ে শ্রেষ্ঠত্বের শিখরে পৌঁছোতে পারবেন।

আসুন আপনাদের বিশ্ববিখ্যাত বৈজ্ঞানিক থমাস আলভা এডিসনের জীবনের থেকে একটি ঘটনা শোনাই। তিনি শুধুমাত্র বিজলি বাতির আবিষ্কারক ছিলেন না, তিনি ছিলেন বিশ্বের অন্যতম শ্রেষ্ঠ সফল বাণিজ্যিক প্রতিষ্ঠান 'জেনারেল ইলেক্ট্রিক'-এর প্রতিষ্ঠাতা। তাঁর সাফল্যের পিছনে অন্যতম কারণ শুধুমাত্র তাঁর বৈজ্ঞানিক মননশীলতা ছিল না, এর পিছনে ছিল তাঁর আবেগজনিত বুদ্ধিমত্তা এবং কর্মনিষ্ঠতার ক্ষমতা। অগণিত উদ্যোগ ও ব্যবসার ক্ষেত্রে তিনি বহুবার অকৃতকার্য হওয়ার পরেও, অদম্য সাহস ও জেদের কারণে তিনি শ্রেষ্ঠত্বের লক্ষ্যে পৌঁছেছিলেন। একবার এক বিধ্বংসী আগুনে তাঁর ল্যাবরেটরি এবং কারখানা প্রায় ধ্বংস হয়ে গিয়েছিল। যখন সেই আগুনের লেলিহান শিখা ধীরে ধীরে তাঁর সর্বস্ব গ্রাস করে নিচ্ছিল, তিনি তাঁর পুত্রকে বলেন তাঁর স্ত্রীকে খবর পাঠাতে। তিনি বলেছিলেন, 'তাড়াতাড়ি তোমার মাকে ডাকো, নইলে কিন্তু এরকম আগুন তিনি আর দেখতে পাবেন না!' আজকের দিনে তাঁর ক্ষতির পরিমাণ প্রায় একশো কোটি টাকার কাছাকাছি, কিন্তু সেদিন নিজের কারখানার ধ্বংসস্তূপের মধ্যে দাঁড়িয়ে তিনি বলেছিলেন, 'আজ এই আগুনের সঙ্গে সঙ্গে আমার যাবতীয় ভুল-ভ্রান্তির বিনাশ ঘটেছে। আমার সামনে নতুন করে শুরু করার এক বিরল সুযোগ এসেছে আবার!' পরবর্তী কয়েক বছরের মধ্যে তিনি একটি অত্যাধুনিক ও উচ্চমানের কারখানা নির্মাণ করতে সক্ষম হয়েছিলেন। এডিসনের কাছ থেকে এই শিক্ষা গ্রহণ করে, তা আমাদের নিজের জীবনে প্রয়োগ করা উচিত।

ডাইরেক্ট সেলিং প্রতি মুহূর্তে আপনাকে উন্নতি করার অসংখ্য সুযোগ দিতে থাকবে, কারণ এই ক্ষেত্রে প্রতি মুহূর্তে আপনি বিভিন্ন ধরনের নতুন মানুষের সঙ্গে পরিচিত হচ্ছেন। তাঁদের মধ্যে কেউ কেউ প্রবল উচ্চাকাঙ্ক্ষী, আবার অনেকে অলস ও অকর্মণ্য— যারা মিথ্যাচার করেন, যারা অল্পতেই হাল ছেড়ে দেন, যাদের চাহিদা আপনার কাছে ক্রমেই বেড়ে যেতে থাকবে এবং ক্রমেই আপনি নিজের অবস্থান থেকে সরে যেতে বাধ্য হবেন। ডাইরেক্ট সেলিং প্রতিদিন আপনার EI (Emotional Intelligence) -এর কড়া পরীক্ষা নিতে থাকবে, এবং প্রতিবারই আপনি উন্নত হতে থাকবেন। আজ যদি আপনাকে আমি গৌরব বাজাজের সঙ্গে পরিচিত করাই, এবং ২০০৭ সালে ব্যবসা শুরু করার সময়ে তিনি কেমন ছিলেন তা জানতে পারেন, আপনি তাঁর পরিবর্তনের পরিমাণ লক্ষ করে আশ্চর্যান্বিত হবেন। মাত্র দুজন মানুষের সঙ্গে কথা বলতে

গেলে তিনি রীতিমতো কাঁপতেন, ঘামতে থাকতেন, আর আজ তিনি দেশের অন্যতম সেরা ডাইরেক্ট সেলারদের মধ্যে অগ্রগণ্য।

আপনার বর্ধিত EI -এর দ্বারা আপনার জীবনের সার্বিক উন্নতি ঘটতে বাধ্য, এবং এই দুনিয়া মানুষ হিসেবে আপনাকে আমূল বদলে দিতে সক্ষম। আপনি অন্যদের সঙ্গে কথাবার্তা বলতে স্বচ্ছন্দ বোধ করবেন, নিজেকে উন্নতভাবে প্রকাশ করতে পারবেন, এবং সঙ্গে সঙ্গেই নিজের আবেগের মাত্রার রাশ নিজের হাতে রাখতে পারবেন। আরো ভালোভাবে অর্থলগ্নি করতে সক্ষম হবেন আপনি, হয়ে উঠবেন এক উন্নত ম্যানেজার ও একজন অসাধারণ নেতা। আপনি দরদস্তুরে হয়ে উঠবেন দক্ষ, সহকর্মী আরো সুসংগঠিত করতে সক্ষম হবেন, আপনার বৈবাহিক জীবনের উন্নতি ঘটবে, হয়ে উঠবেন আপনার সন্তানদের আদর্শ অভিভাবক, এবং আপনার সম্পর্কগুলির উন্নতিসাধন হবে।

> *প্রত্যেক সাফল্যের কাহিনির মুখ্য চরিত্র হচ্ছে অবিরাম মানিয়ে নেওয়ার শক্তি, পরিমার্জনা এবং পরিবর্তন।*
>
> —রিচার্ড ব্র্যানসন

৭

মননশীলতার উত্তরণ

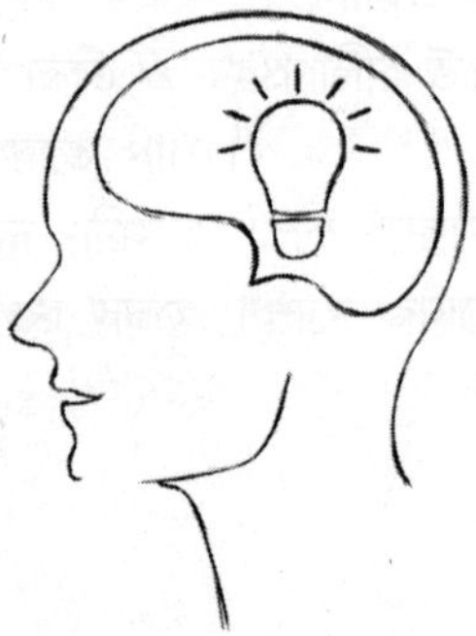

আপনার স্বপ্নকে বাস্তবের চোখে দেখতে চেষ্টা করুন। স্বপ্ন দেখুন, সেটি অনুভব করুন, আপনার স্বপ্নকে বিশ্বাস করুন। সেই অনুযায়ী নিজের মননশীলতার উন্নতি ঘটান।

—রবার্ট কোলিয়ার

আমাদের প্রতিটি হাবভাবে, প্রতিটি কাজে আমাদের আভ্যন্তরীণ সত্তার প্রতিফলন পরিলক্ষিত হয়। সার্বিক কর্মব্যস্ততা, সাফল্য, হাবভাব এবং চালচলন, কীভাবে আমরা বিভিন্ন অবস্থায় বিভিন্ন মানুষের সঙ্গে ব্যবহারে অভ্যস্ত ইত্যাদি হলো আমাদের মননশীলতার প্রতিফলন। একান্ত নিজের বিশ্বাস ও স্বপ্ন দিয়ে গড়া আমাদের নিজস্ব পৃথিবীই হলো আমাদের মননশীলতার জটিল জগৎ। সেই মনন ঠিক করে দেয় আমরা কীভাবে থাকব বা আমাদের পারিপার্শ্বিক সম্বন্ধে কীভাবে ওয়াকিবহাল থাকব। এটি আমাদের জীবনের সমস্ত কিছু ঠিক করে দেয়, আমাদের সাফল্য, আমাদের স্বাস্থ্য, আনন্দ, সম্পর্ক এবং সর্বোপরি, আমাদের আত্মবিশ্বাস।

কারণ ও ফলাফলের নিরিখে বিচার করতে গেলে—আমাদের কর্মকাণ্ডের জন্য নিজের নিজের মননশীলতা দায়ী, এবং আমাদের ব্যবহার হলো তার

ফলাফল। প্রত্যেকের নিজস্ব চিন্তাধারা বর্তমান, এবং সময়ের সঙ্গে সঙ্গে সেই চিন্তাধারার প্রসার ঘটতে থাকে। জীবনে যে সমস্ত অবস্থার সম্মুখীন হয়েছি, বিভিন্ন অবস্থায় বিভিন্ন মানুষের সংস্পর্শে এসেছি, আমাদের পরিবার, বড় হয়ে ওঠা ইত্যাদির একটি চিরস্থায়ী ছাপ পড়ে গিয়েছে আমাদের মননে, যা নিজেরা সবসময় বয়ে বেড়াই আমরা। এই মনন অচিরেই হয়ে ওঠে এক অপরিহার্য গাইডবুক, যা আমাদের জীবনকে গড়ে তোলে, আমাদের কর্মশৈলী এবং সিদ্ধান্ত নেওয়ার ক্ষমতাকে চালনা করে। এটি অত্যন্ত শক্তিশালী এবং আমাদের জীবনকে সঠিকভাবে লক্ষ্যে এগিয়ে যেতে সাহায্য করে অবিরতভাবে।

বেশিরভাগ মানুষের ক্ষেত্রে, তাঁদের দৈনন্দিন জীবনের প্রতিটি ঘটনা এবং অভিজ্ঞতা স্থায়ীভাবে সংগৃহীত হতে থাকে তাঁদের মননে, তাঁদের অগোচরে। মননের প্রতি স্তরে এভাবেই স্মৃতি পুঞ্জীভূত হতে থাকে ক্রমশ। মানুষ তাঁদের সর্বশক্তি দিয়ে নিজের জীবন পরিবর্তন করতে চাওয়া সত্ত্বেও, কী কারণে সেই লক্ষ্যে পৌঁছোতে পারেন না? নতুন সুযোগ সামনে এলে কিছু মানুষ কেন অত্যন্ত উত্তেজিত ও অনুপ্রাণিত হয়ে ওঠেন, আবার কিছু মানুষ কেন স্রেফ চোখ বুজে সেই সুযোগকে হেলায় এড়িয়ে যান? এর একমাত্র উত্তর খুঁজে পাওয়া সম্ভব তাঁদের মনে, তাঁদের চিন্তার জগতের গভীরে। আপনার ব্যবসার জটিল প্রসঙ্গগুলি অন্যদের সঙ্গে আলোচনা করার সময়, তাঁদের পক্ষ থেকে যে ধরনের প্রশ্ন আপনার কাছে আসবে, তার ভিত্তিতে আপনি সহজেই তাঁদের চিন্তাধারা সম্বন্ধে একটি পরিষ্কার ধারণা পেতে সক্ষম। ব্যক্তিগত পরিসরে এই শক্তি কীভাবে প্রতিটি জীবনকে চালনা করতে সমর্থ, বা প্রতি পরিস্থিতিতে আমাদের প্রতিটি অভিব্যক্তিকে চালনা করতে সক্ষম—এ এক অসাধারণ ক্ষমতা।

আপনি যদি এক অসাধারণ জীবনের আনন্দ লাভ করতে চান, আপনার চিন্তাধারা, আপনার মননশীলতাকে অসাধারণভাবে গড়ে তুলতে হবে। আপনার মননশীলতা পরিবর্তন করতে পারলে, আপনার স্বপ্ন অতি সহজেই বাস্তবায়িত হওয়া সম্ভব।

> *ধীরে ধীরে উন্নতি করা ভয়ের কারণ নয়, এক জায়গায় থেমে থাকাই হল আতঙ্কের কারণ।*
>
> —চীনা প্রবাদ

আমি একটি ছোট গ্রামে একটি সাধারণ সরকারি চাকরিজীবীর পরিবারে জন্মগ্রহণ করেছিলাম। আমাদের পূর্ববর্তী দুই প্রজন্ম সরকারি চাকরিজীবী হওয়ার দরুন, আমরা অতি সাধারণভাবে নিম্নমধ্যবিত্ত পরিবারের নিয়ম মেনেই প্রতিপালিত

হয়েছিলাম। তিল তিল করে অর্থ সঞ্চয় করা, অকারণে অনাবশ্যক খরচাপাতি বন্ধ করা, আয় অনুযায়ী ব্যয় করা, ছিল এই জীবনের রোজনামচা। প্রতিটি জিনিস কেনার সময় দরদস্তুর করা সেলের সময় দরকারি জিনিসপত্র বেশি পরিমাণে কিনে রাখা ইত্যাদি ইত্যাদি। প্রতিটি সামগ্রী কেনার সময় দরাদরি করা, বা দাম কম করার অনুরোধ করতে থাকা যেন আমাদের মজ্জায় মজ্জায় ঢুকে গিয়েছিল। সব্জিওয়ালা, মুদির দোকান, অটোরিকশা, ট্যাক্সি, জামাকাপড় ও জীবনের অন্যান্য প্রতিটি ক্ষেত্রে আমরা দরদস্তুরে অভ্যস্ত হয়ে উঠেছিলাম। যে সমস্ত ক্ষেত্রে আমরা ১০ থেকে ২০ টাকার সাশ্রয় করতে সক্ষম হতাম, আমাদের বরাতে জুটত প্রশংসা ও পিঠ চাপড়ানি।

যে কাজে আপনি মন দেবেন, সেই পরিস্থিতির বৃদ্ধি অবশ্যম্ভাবী। আমাদের পরিবারে, আমাদের প্রধান লক্ষ্য ছিল অনাবশ্যক খরচাপাতি এড়িয়ে তিলে তিলে অর্থ সঞ্চয় করা। আপনারা একবার ভেবে দেখুন—কোন পরিস্থিতিতে আপনি এভাবে জীবনযাপন করবেন? যখন আপনি জানেন যে আপনার সংসারে রয়েছে প্রবল অনটন, এবং অদূর ভবিষ্যতে এই পরিস্থিতির পরিবর্তন হবার কোনোরকম আশাই নেই। আপনার এই ব্যবহার বুঝিয়ে দেয় যে আপনি ধরেই নিয়েছেন আপনার জীবন এভাবেই চরম অভাব ও অনটনের মধ্যে দিয়েই শেষ হতে বাধ্য। আগামীদিনে আপনার পরিস্থিতি আরো সঙ্গীন হয়ে উঠতে পারে, এই ভেবে আপনাকে শুধু আজকের জন্য অর্থ সঞ্চয় না করে, ভবিষ্যতের জন্যেও সঞ্চয় করে যেতে হবে। আপনার এই চিন্তাধারার ফলে, আকর্ষণের নিয়ম অনুযায়ী আপনার জীবনে কী আসবে? চরমতম অর্থকষ্ট ও অনটনের ভ্রূকুটি।

অস্বাভাবিক কষ্ট স্বীকার করে জীবনযাত্রার মান অত্যন্ত নগণ্য হওয়া সত্ত্বেও, এই ধরনের জীবনযাপনের প্রধান অভিশাপ হচ্ছে—এখানে আপনার চিন্তাধারা এক জায়গাতেই থেমে থেকে আপনার উন্নতির পথ অবরোধ করে রাখে। নিজের জীবনে আপনি উন্নতির স্পৃহা হারিয়ে ফেলেন, স্বপ্ন রয়ে যায় অধরা কারণ আপনার অবিশ্বাসী মন, চালচলন এবং আচার-ব্যবহার আপনাকে অগ্রসর হতে দেয় না। এ ছাড়াও, পারিপার্শ্বিক মানুষজন, যেমন ঃ বন্ধুবান্ধব, আত্মীয়স্বজন এবং পরিচিত মহলের প্রত্যেকের জীবনদর্শন একরকম হওয়াতে, আপনিও এভাবে জীবনযাপন করতে অভ্যস্ত হয়ে ওঠেন। জীবনের প্রতিমুহূর্তে আপনি তিলে তিলে এই জীবনে অভ্যস্ত হয়ে ওঠার ফলে, কয়েক বছরের ভিতর নিজের প্রতিভা ও কর্মক্ষমতাকে ব্যবহার করার ইচ্ছাশক্তি হারিয়ে ফেলেন ক্রমশ। একটা সময় আসে যখন আপনি অন্যদের বিরুদ্ধে সোচ্চার হয়ে ওঠেন, যারা এই কষ্টকর জীবনধারণের বিরুদ্ধে লড়াই করার যুক্তিসম্মত পথ খোঁজেন।

আমাদের পরিবারে কেউ কখনো স্বপ্ন দেখতেন না। আপনার অবশিষ্ট

জীবনে আপনি কতটুকু অর্থ উপার্জন করবেন আপনার বেতন অথবা পেনশন হিসেবে, এর হিসেব আগে থেকে কষা থাকলে আপনি স্বপ্ন দেখবেন কী করে? মনে হতো সরকারি চাকরিজীবীদের জীবনে 'স্বপ্ন' শব্দটাই এক চরম বিলাসিতা। সরকারি চাকরি পাওয়ার সৌভাগ্য না হওয়া, এবং বেসরকারি চাকরি পাওয়া ছিল এক চূড়ান্ত অসফলতার লক্ষণ। এছাড়া, কীভাবে নিজের কর্মক্ষেত্রে নিজের কর্মক্ষমতা বৃদ্ধি করা সম্ভব, সেই আলোচনায় না গিয়ে এই শ্রেণীর মানুষের আলোচনার মুখ্য বিষয় ছিল কীভাবে কর্মক্ষেত্রে নিজের কাজের ভার লাঘব করা সম্ভব তার উপায় আবিষ্কার করা।

কর্মক্ষেত্রে নিজের অবদানের কথা না ভেবে, মানুষ ভাবতেন কীভাবে সকাল ৯টা থেকে বিকেল ৫টা পর্যন্ত সময় কাটানো সম্ভব। আপনি কীভাবে কাজ করবেন, আপনার বেতন বা তার বৃদ্ধির চিন্তায় তাঁরা নিজের কর্মক্ষেত্রে সুরক্ষিতভাবে বিচরণ করতেন। যখন আপনি নিশ্চিত হয়ে যান যে আপনার উপার্জিত অর্থের পরিমাণ এই অঙ্কের চাইতে বৃদ্ধি পেতে পারে না, স্বভাবতই আপনি সেভাবেই নিজের ভবিষ্যতের কর্তব্য স্থির করতে বাধ্য হন। খেল খতম।

এই ধরনের মননশীলতা আমি বংশগত অধিকারে গ্রহণ করেছিলাম এবং সেভাবেই চালিত হতে শুরু করেছিলাম। আমার কর্মক্ষেত্রে সেই চিন্তাধারা কিছুটা প্রভাবিত হলেও, ডাইরেক্ট সেলিং আমাকে জীবনে ঘুরে দাঁড়াতে সাহায্য করে। আমার প্রশিক্ষক, ডঃ জন গ্রাইন্ডারের ভাষায়, ডাইরেক্ট সেলিং আমার সামনে সমগ্র পৃথিবীর মানচিত্র বদলে দেওয়ার সঙ্গে সঙ্গে আমার জীবনের ছকটার আমূল পরিবর্তন ঘটাতে সমর্থ হয়েছে। আমার ক্ষমতা, আমার পারিপার্শ্বিক, আমাকে ঘিরে থাকা মানুষ, এবং সর্বোপরি নিজের প্রতি আমার ধারণার সম্পূর্ণ পরিবর্তন ঘটে গিয়েছিল। এভাবেই আজকের 'আমি'র জন্ম হয়েছে।

> *কিছু মানুষ ২৫ বছরেই মারা যান কিন্তু ৭৫ বছর পর্যন্ত তাঁদের সৎকার করা সম্ভব হয় না।*
>
> —বেঞ্জামিন ফ্র্যাঙ্কলিন

বহির্জগতে, মনে হতে পারে ডাইরেক্ট সেলিং-এর দুনিয়া আমাকে প্রাসাদোপম অট্টালিকার মতো বাসস্থান দিয়েছে, একাধিক বিলাসবহুল গাড়ি দিয়েছে, দিয়েছে এই বৈভবের জীবন, ২৭টির বেশি দেশে অবসর বিনোদনের সুযোগ, অর্থলগ্নির সুযোগ, নামযশ ও প্রতিপত্তি ইত্যাদি ইত্যাদি। যদিও আমি মনে করি, ডাইরেক্ট সেলিং আমাকে দিয়েছে বিজয়ী হবার সুযোগ, শক্তিশালী হবার ক্ষমতা। আমার আগের চিন্তাধারা 'আমার পক্ষে সম্ভব নয়' থেকে আমি আজ চিন্তা করতে শিখেছি 'আমার পক্ষে কীভাবে সম্ভবপর'? দুটি বাক্যের মধ্যে পার্থক্য লক্ষ্য করুন।

একটি হল বিষাদময় ও হতাশাজনক, অন্যদিকে আরেকটি হল অনুপ্রেরণাদায়ী ও আশা উদ্রেককারী। কিন্তু এই দুটি বাক্যের গুরুত্ব অপরিসীম—এই হচ্ছে জীবনযাপনের সঠিক পথ, এই হলো জীবনের আসল পথ। এই পথ আপনাকে স্বাধীনতা দেয়, আপনার সম্মুখে এমন সমস্ত সুযোগের পথ উন্মোচিত করে, যার সম্বন্ধে আপনার কোনো ধারণা ছিল না। মননশীলতার উত্তরণ আপনার জীবনে পুনর্জন্মের সমকক্ষ, তা আপনার সামনে সম্ভাবনা ও সুযোগের এক নতুন জগৎ খুলে দেবে।

আমার পরিবর্তিত মননশীলতার কিছু বিশেষ ক্ষমতা আপনার সামনে পেশ করছি ঃ

- ✓ আজ আমি যে-কোনো স্বপ্ন দেখতে এবং তা বাস্তবায়িত করতে সক্ষম।
- ✓ একটি লক্ষ্যে পৌঁছতে পারলে, সেই মুহূর্তে আরেকটি লক্ষ্যে দৃষ্টিস্থির করা।
- ✓ নিজের ও পরিবারের জন্য সর্বোৎকৃষ্ট উপাদান সংগ্রহ করতে সক্ষম আমি।
- ✓ যে-কোনো পরীক্ষার জন্য আমি প্রস্তুত এবং বিশ্বাস করি আমি সফল হতে বদ্ধপরিকর।
- ✓ সমগ্র দুনিয়া আমার পক্ষে থেকে প্রতিটি প্রয়োজনে আমাকে সাহায্য করে।
- ✓ শিক্ষা ও বৃদ্ধির পরিসমাপ্তি ঘটে না কখনো।
- ✓ অন্যদের উন্নতিসাধনে আমার অবদান রাখা ও তাঁদের জন্য সুযোগ তৈরি করা আমার কর্তব্য।
- ✓ কর্মক্ষেত্রে ভুল করা একান্ত বাঞ্ছনীয়। অকৃতকার্য হওয়া আমার অন্যতম পুরস্কার।
- ✓ আমার সাফল্যের সংখ্যা আমার অসফল কাজের সংখ্যার সঙ্গে ওতপ্রোতভাবে জড়িত।
- ✓ প্রতিকূলতা আমাকে ভাঙতে পারে না, তা আমাকে আরো শক্তিশালী করে।
- ✓ পরিস্থিতি নয়; যে-কোনো পরিস্থিতিতে আমার কর্মপ্রক্রিয়া নির্ধারণ করে আমার জীবনের মান।
- ✓ আমি জীবনধারণ করছি না, জীবন আমাকে কেন্দ্র করে অনুঘটিত হচ্ছে।
- ✓ ধৈর্য, সহনশীলতা এবং লেগে থাকার ক্ষমতা জীবনের অমূল্য সম্পদ

ডাইরেক্ট সেলিং-এর দুনিয়া আমার অন্তরে এই আধুনিক মনস্কতার জন্ম

দেওয়ার ফলে, আমি অসাধ্য সাধনে সিদ্ধহস্ত হতে সক্ষম—আজ আমি সারা পৃথিবীসহ নিজেকেও মাঝেমধ্যে নিজের কর্মক্ষমতা দিয়ে চমকে দিতে পারি। এই নবগঠিত মননের ফলে, আমি প্রতিদিন একটি অসাধারণ জীবনযাপনে অভ্যস্ত হয়ে উঠছি, যা আমাকে ক্রমশ উন্নত থেকে উন্নততর পরিস্থিতিতে উন্নীত করতে সক্ষম। আমার সমস্ত ওয়ার্কশপ এবং অনলাইন কোর্সের মাধ্যমে, আমি আমার ছাত্রদের মননশীলতার উত্তরণ ঘটাতে অবিরাম চেষ্টা করে চলেছি।

আমাদের প্রত্যেকের অন্তরে দুটি সত্তা রয়েছে—একটি সত্তা আমাদের স্বপ্ন দেখতে ক্রমাগত উৎসাহিত করে চলে, অন্যদিকে আমাদের দ্বিতীয় সত্তা প্রতিনিয়ত আমাদের নিরাশ করে, পিছন থেকে টেনে ধরে অগ্রসর হতে বাধাপ্রদান করতে থাকে। এই দুটি সত্তাই অত্যন্ত শক্তিশালী, এবং বেশিরভাগ মানুষ যারা নিম্ন মধ্যবিত্ত কিংবা দুস্থ পরিবার থেকে এসেছেন, তাঁরা এই দ্বিতীয় সত্তার কথা অনুযায়ী চলতে চলতে নিজের জীবনে চরম পরাজয়ের গ্লানিতে তলিয়ে যেতে থাকেন। ডাইরেক্ট সেলিং আপনার ভিতর থেকে সেই বিজয়ী, সেই কর্মক্ষম 'আপনাকে' বার করে আনার ক্ষমতা রাখে। আপনার ওপরমহলের আধিকারিকরা এবং ব্যবসার সমগ্র পরিকাঠামো অনবরত স্বপ্নকে বাস্তবায়িত করার পথে আপনার ক্ষমতার প্রসার ঘটাতে থাকে। আপনার মনকে এমনভাবে চিন্তা করতে শেখায়, যা আপনার জীবনের সমস্তটাই ধীরে ধীরে বদলে দিতে থাকে।

> *আপনার জীবনকে গড়ে তুলুন একটি মাস্টারপিসের মতো; শক্তি, সমৃদ্ধি ও করণীয় কোনো কিছুর উপরে যেন কোনো বাধ্যবাধকতার কথা নিজের কল্পনাতেও আনবেন না।*
>
> —ব্রায়ান ট্রেসি

আমাদের জীবনে স্বপ্ন দেখা অথবা নির্দিষ্ট কোনো লক্ষ্যের প্রয়োজনীয়তা কোথায়? এর কারণ হল প্রতিটি স্বপ্ন বাস্তবায়িত করতে নিজেকে উন্নত করতে হবে, এবং আমার মতে, উন্নতি হল আপনার জীবিত থাকার একমাত্র প্রমাণ। স্বপ্নকে বাস্তবে রূপান্তরিত করতে এক অসাধারণ পথ পাড়ি দিতে হয়, যা আপনাকে আমূল বদলে দিতে থাকে। যখন আপনার স্বপ্ন সত্যি হবার কাছাকাছি, ততক্ষণে আপনি এক সম্পূর্ণ পরিবর্তিত মানুষ। আপনার স্বপ্ন যখন ঘোর বাস্তব, আপনি কী পেলেন তা মুখ্য নয়, মুখ্য হচ্ছে এই প্রক্রিয়ায় আপনার জীবন কীভাবে উন্নততর হয়ে উঠেছে।

সেই কারণেই আমি বলি, যে মুহূর্তে একটি লক্ষ্যে পৌঁছে যাওয়ার সঙ্গে

সঙ্গে পরবর্তী লক্ষ্যে অগ্রসর হবার জন্য নিজেকে প্রস্তুত করবেন আপনি। মহাত্রিয় রা বলেন ঃ 'কোন পরিস্থিতি থেকে কোথায় যাওয়া উচিত সেটা মুখ্য নয়, মুখ্য হচ্ছে এই পরিস্থিতি থেকে কোথায় যাব আমরা?' যখন আপনি নিজের লক্ষ্য অভিমুখে যাত্রা শুরু করেছিলেন, তখন আপনার ক্ষমতা ও মনন ছিল অন্যরকম, কিন্তু এই মুহূর্তে, একটি নতুন লক্ষ্যে পৌঁছানোর দূরদৃষ্টি, নতুন চিন্তাধারা ও নতুন ক্ষমতার শক্তিতে, আপনাকে কল্পনা করতে হবে এই দুনিয়ায় সবকিছুই সম্ভব, এবং সেই জায়গায় পৌঁছোতে আপনি সক্ষম...

একটি প্রাসাদোপম অট্টালিকা অথবা একাধিক বিলাসবহুল বিদেশি গাড়ির মালিকানা কিছুই প্রমাণ করে না। সেই জায়গায় পৌঁছোতে পারাই আপনার আসল যোগ্যতা। নতুনভাবে আপনার মননশীলতাকে গড়ে তুলতে প্রয়োজন আপনার কর্মক্ষমতা, নিত্যনতুন পরিকল্পনা, প্রতিকূল অবস্থা কাটিয়ে ওঠা, নতুন কিছু শেখা, নিজের ক্ষমতাকে প্রশ্ন করা, মানসিক বাধাকে নস্যাৎ করা, অসফলতা ও বিদ্রুপকে এড়িয়ে চলতে শেখা, এবং অন্যরা যাকে অসম্ভব বলেন, তা করে দেখানো। কল্পনা করুন, এই সমস্ত কাজ যদি আপনি অবলীলায় মুখের হাসি ও মনে আনন্দ অটুট রেখে করতে সক্ষম হতে পারেন, তা কত সুখের হবে! কারো কারো ক্ষেত্রে, এটি অভিশাপ হয়ে অবস্থান করতে পারে, কিন্তু অনেকের কাছে, জীবনে এর চাইতে আনন্দের আর কিছু হতে পারে না— এবং তাঁদের মননশীলতা এই কাজে সাফল্য পেতে অনর্গলভাবে ইন্ধন জুগিয়ে যায়।

একটি স্বপ্ন আপনাকে আপনার নিজের সঙ্গে পরিচয় করিয়ে দেয়। আমার উচ্চতম আন্তর্জাতিক শিক্ষাপ্রদানের সার্টিফিকেট নেওয়ার সময় যখন আমি ইউরোপে ছিলাম, জন গ্রাইন্ডার আমাদের বলেছিলেন যে মানুষ হচ্ছে পেঁয়াজের মতো। আমাদের উভয়ের মধ্যে একাধিক স্তর বর্তমান। দুঃখের বিষয় হয় হচ্ছে বেশিরভাগ মানুষ তাঁদের জীবনে কতটা উন্নতি করা সম্ভব তা দেখার আগেই পৃথিবী ছেড়ে চলে যান। তাঁরা জানতে পারেন না, জীবনে তাঁরা কতদূর অগ্রসর হতে পারতেন! যখন আপনি নিজের স্বপ্নকে সাকার করতে ব্যস্ত, আপনাকে ঘিরে থাকেন অসংখ্য মানুষ যারাও আপনার মতোই বড় বড় স্বপ্ন দেখতে অভ্যস্ত। সেক্ষেত্রে আপনি আপনার ভাবনার প্রসার ঘটান, এবং আপনার মনন একবার এই উন্নত পরিস্থিতিতে পৌঁছে গেলে, আপনাকে আর পিছনে ঘুরে তাকাতে হয় না। যখন আপনি একাগ্রচিত্তে, অত্যন্ত মনোযোগ সহকারে নিজের স্বপ্নকে বাস্তবায়িত করতে ব্যস্ত, আপনি হতে থাকেন আরো উন্নত, আরো পরিশীলিত, আরো পরিমার্জিত, এবং আমার মতে সেটাই হল আপনার জীবনের অন্যতম লক্ষ্য ও উদ্দেশ্য।

যে বাড়িতে আমার ছেলেবেলা কেটেছে, সেই বাড়ির তুলনায় আমার

বর্তমান বাড়ির আয়তন প্রায় ১০ গুণের বেশি। আমার বাড়ির দুটি স্তর আমি সেভাবে ব্যবহারও করি না। আমার পরিবারের সদস্য সংখ্যার চেয়ে আমার বিদেশি, বিলাসবহুল গাড়ির সংখ্যা বেশি। ইতিমধ্যেই আমি ২৭টি বিভিন্ন দেশ ভ্রমণ করে ফেলেছি। আমার পরিবারের পক্ষে আমার উপার্জিত বিকল্প আয়ের পরিমাণের একাংশ ব্যয় করা সম্ভব হয় না। প্রতিনিয়ত আমার ব্যবসায়িক সাম্রাজ্য বড় হয়ে উঠছে, এবং আমি মনে করি যে আমি সবে শুরু করেছি। ২০১৯ সালে এই বইটি লেখার সময় পর্যন্ত আমি ইতিমধ্যেই ৭ লক্ষের বেশি মানুষকে প্রশিক্ষণ দিয়েছি সফলভাবে। আমার ১১ মাসের ইউটিউব চ্যানেল আজ সারা দুনিয়ার ১০০টিরও বেশি দেশে সাদরে গৃহীত ও সমাদৃত, এবং ক্রমেই জনপ্রিয়তার শিখর স্পর্শ করতে সক্ষম। আমার প্রথম বই, Be a Network Marketing Millionaire, তার প্রকাশের প্রথম দিন থেকে বেস্টসেলারের তালিকার উপরিভাগে রয়েছে, এবং প্রতিটি সফল ডাইরেক্ট সেলিং ব্যবসার ক্ষেত্রে এক অমূল্য গাইডবই হিসেবে পরিগণিত। প্রকাশের মাত্র এক বছরের ভিতরে, বইটি ইতিমধ্যেই ৬টি ভাষায় অনূদিত হয়েছে, এবং প্রতিদিন মানুষের উন্নতির অন্যতম কারণ হিসেবে প্রতীয়মান। দিনের শেষে আমি মনে করি আমার কাজের দ্বারা, আমি মানুষের জীবনে যে পরিবর্তন ও উন্নতির প্রসার ঘটাতে পেরেছি, সেই আমার সবচেয়ে বড় পুরস্কার।

কিন্তু পিছনে ফিরে দেখলে আমার মনে হয়, আজ আমি যতটুকু সাফল্য পেয়েছি, তা আগামী পাঁচ বছরে আমার সাফল্যের ১ শতাংশের থেকেও কম। আমি ও আমার দলের প্রত্যেকে নিরবছিন্ন একাগ্রতায় কাজ করে চলেছি, যাতে আমাদের কাজের দ্বারা সারা জগতের মানুষের জীবন উন্নতির পথে চালিত করতে পারি। বিশ্বাস করুন, এই ব্যবসার ফলে আপনি জীবনে কী পেলেন তার চেয়েও বড় কথা হল, এর ফলে আপনার জীবনে কীভাবে উন্নতি হল সেটাই মুখ্য। এই পরিসরে আমি আমার স্বপ্নকে প্রসারিত করতে পারি, এবং নিজের উপর এই বিশ্বাস রাখতে পারি যে আমার দ্বারা সবকিছু ও সমস্ত কিছু করা সম্ভব। আমি বুঝি, যে কারণে আজ এখানে আসতে পেরেছি, এর দ্বারাই আরো উন্নতি সম্ভব। আর এই উন্নতির পথে চলতে চলতে আমি ব্যক্তি হিসেবে আরো কত পরিমার্জিত হতে পারি, সেটা দেখার জন্য আমি সাগ্রহে অপেক্ষা করে রয়েছি।

বিক্রির তালিকায় এক নম্বরে থাকা আমার বই—Be a Network Marketing Millionaire—যা ডাইরেক্ট সেলিং-এর দুনিয়ায় এক বহুপঠিত ও অপরিহার্য পাঠ্যপুস্তক হিসেবে সম্মানিত, সেখানে আমি সাফল্যের চূড়ায় পৌঁছোবার সহজ উপায় সম্বন্ধে একটি বিশেষ অধ্যায় লিখেছি। আপনার এটি পড়া একান্ত

প্রয়োজনীয়। সাফল্যের চূড়ায় চড়ার ব্যাপারটা এতই অভিনব, যে এই পথে চলতে চলতে আপনি হয়ে উঠবেন এক সম্পূর্ণ নতুন মানুষ। আশা রাখি, আমি এখানে যে কথাটির উপর জোর দিতে চাইছি তা আপনি বুঝতে পারছেন— সেটি সাফল্য সম্বন্ধে নয়, সেটি আপনার সম্বন্ধে, আপনার উন্নতির ও মননশীলতার পক্ষে। আমার লাইভ ইভেন্টে এই কথাটি আমি প্রায় বলে থাকি— আসল কথা হল নিজের ক্ষমতা দিয়ে নিজেকেই অবাক করে দেওয়া।

বিলম্বে সম্পূর্ণতা পাওয়ার চাইতে অবিরাম উন্নতির পথই শ্রেয়।

—মার্ক টোয়েন

আসুন, অবিরাম বৃদ্ধির চক্র (Cycle of Continuous Growth) -এর মাধ্যমে আপনার মননশীলতার পরিবর্তনের উপায়গুলি দেখে নেওয়া যাক। আমাদের কাজ অতি সামান্য—নিজের সামনে একটি লক্ষ্যকে স্থির করুন। সেটিকে সফল করতে কাজ করুন, লক্ষ্যে পৌঁছে যান, কর্মপদ্ধতি থেকে শিক্ষা নিন, পরমুহূর্তে নতুন লক্ষ্য স্থির করুন, এবং আগের পদ্ধতি মেনেই কাজ করে যান।

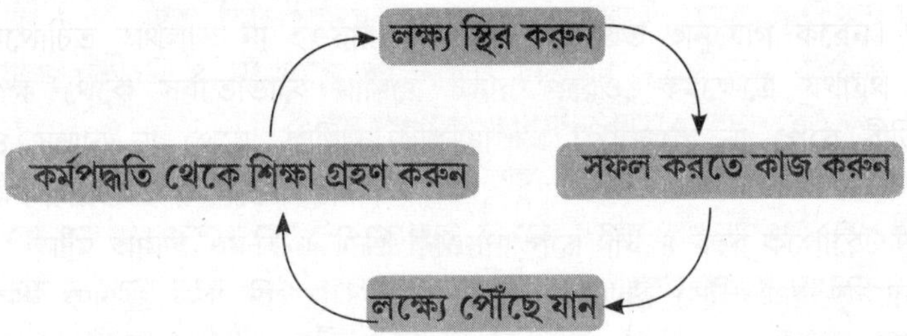

যদি আমি ডাইরেক্ট সেলিং-এর সঙ্গে পরিচিত না হতাম, আমি কখনোই আমার পুরোনো মানসিকতাকে প্রশ্ন করতাম না, স্বভাবতই আজকের সফল ব্যক্তি হিসেবে উত্থান ঘটা সম্ভব হতো না আমার পক্ষে। মনে রাখতে হবে, আমার উত্থান কিন্তু এখনো অব্যাহত।

আশা কোরো না তোমার কাজ সহজ ছিল, বিশ্বাস করো তুমি হলে উৎকৃষ্ট।
আশা কোরো না অবস্থা তোমার অনুকূলে থাকবে, বিশ্বাস রাখো তোমার দক্ষতার ওপরে।
প্রতিকূলতার ভয় কোরো না, নিজের জ্ঞান প্রসারিত করার স্বপ্ন দেখো।

—জিম রন

৮

স্বপ্ন ছোঁয়ার সহজ পথ

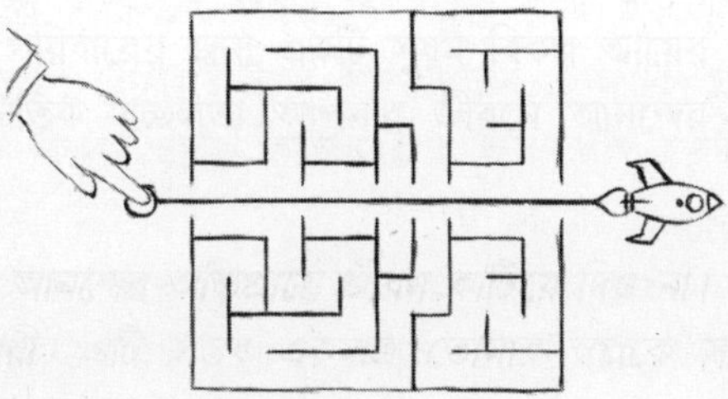

স্বপ্নহীন ও লক্ষ্যহীন জীবনের অর্থ হচ্ছে স্রেফ বেঁচে থাকা। সেই জীবন আমাদের কাম্য নয়, কারণ এভাবে বাঁচার জন্য আমরা পৃথিবীতে আসিনি।

—মার্ক টোয়েন

স্বপ্ন আসলে কী? সরাসরি বলতে গেলে, একটি সফল সুরক্ষিত ও সচ্ছল জীবনযাপনের মনোগত বাসনাকেই আমরা স্বপ্ন বলে থাকি। সারা পৃথিবীর সমগ্র প্রাণীজগতের মধ্যে, একমাত্র মানুষের স্বপ্ন দেখার অসাধারণ এই ক্ষমতা বর্তমান। একমাত্র মানুষের আছে জ্ঞান ও কর্মক্ষমতা, যার প্রয়োগে ইচ্ছেমতো সে তার পারিপার্শ্বিক ও পরিস্থিতির পরিবর্তন ঘটাতে সক্ষম। এই ইচ্ছাশক্তি ও ক্ষমতা আমাদের উন্নতি করতে সাহায্য করে, নিজেদের জীবন আরো সুন্দর করে তুলতে সাহায্য করে, এবং এইগুলি আমাদের জীবনে ভগবানের দান। আমাদের এগুলিকে সযত্নে রক্ষা করা উচিত।

আমাদের এই জীবন হল ঈশ্বরের দান এবং আমাদের প্রতিভার দ্বারা যা যা লাভ করব, তাই হল ঈশ্বরের কাছে আমাদের শ্রদ্ধাঞ্জলি।

—দীপক বাজাজ

প্রত্যেকে ছাত্রজীবনে অসংখ্য স্বপ্ন ও লক্ষ্য নিয়ে তাদের স্কুলজীবন ও কলেজজীবন শেষ করে। বিশ্বাস করে, যে কাজেই তারা হাত দেবে তাতেই তারা সাফল্যের মুখ দেখবে। প্রত্যেকে নিজের মতো করে নিজের জীবন গড়ে তুলতে চায়। কিন্তু যখন তারা পেশাদারী জীবনে প্রবেশ করে তাদের স্বপ্ন অধরা থেকে যায়, এবং অসহায়ভাবে কর্মক্ষেত্রে পরিস্থিতি অনুযায়ী নিজেদের মানিয়ে নিতে বাধ্য হয়। আমার মতে, এই হচ্ছে সবচেয়ে বড় পরাজয়, ঈশ্বরের প্রতি এ চরম অবমাননাকর। আপনার জীবনে যে পরিস্থিতিই আসুক না কেন, নিজের প্রতি এইটুকু বিশ্বাস থাকা একান্ত প্রয়োজন যে আপনি কোনো অবস্থাতেই নিজের স্বপ্নকে বিসর্জন দিতে প্রস্তুত হবেন না। আপনার জীবনে বাকি সমস্ত কিছু নিয়ে দরদস্তুর করলেও, নিজের স্বপ্ন নিয়ে টালবাহানা চলবে না। সবসময় মনে রাখবেন—ঈশ্বর আপনাকে স্বপ্ন সাকার করার ক্ষমতা না দিয়ে কোনো স্বপ্ন দেখিয়ে প্রলোভিত করেন না।

ডাইরেক্ট সেলিং-এর ব্যবসা আমাকে আবার স্বপ্ন দেখার শক্তি দিয়েছে। নেপোলিয়ান হিলের এই উদ্ধৃতি আমি বহুবার পড়েছি—'মানুষের মন যখন বিশ্বাস করতে শুরু করে যে একটি বিশেষ কাজ করতে সে সক্ষম, সে সহজেই তাতে সফল হয়ে ওঠে।' —কিন্তু আমি সত্যি করে এই কথা কখনো বিশ্বাস করিনি। ডাইরেক্ট সেলিং আমার মনকে নিজের উপর সম্পূর্ণভাবে বিশ্বাস ও নির্ভর করতে শিখিয়েছে, যে স্বপ্ন অথবা লক্ষ্য নিয়ে চলব, তাতে সফল হতে আমি বাধ্য।

মানুষের কাছে পর্যাপ্ত অর্থ না থাকার দরুন তাঁরা তাঁদের স্বপ্নকে সফল হয়ে উঠতে দেখতে পারেন না। নিজের স্বপ্নকে সফল করতে হলে আপনার কাছে বাড়তি অর্থ থাকতে হবে। আপনার প্রত্যেকদিনের জীবনে প্রয়োজনীয় অর্থ এবং ভবিষ্যতের জন্য কিছু সঞ্চয় জমিয়ে রাখার পরে, যদি আপনার কাছে অর্থ উদ্বৃত্ত থাকলে, সেটাই আপনার বাড়তি অর্থ।

বাড়তি অর্থ = আয় – ব্যয় – ভবিষ্যতের জন্য প্রয়োজনীয় সঞ্চিত অর্থ

বেশিরভাগ মানুষের ক্ষেত্রে, বাড়তি অর্থের সংগতি থাকে না। সবচেয়ে খারাপ হল, বর্তমানে তাঁদের কাছে বাড়তি অর্থ নেই, এবং তাঁরা যেভাবে কাজ করে চলেছেন সেভাবেই চালিয়ে গেলে, ভবিষ্যতেও তাঁরা বাড়তি অর্থের মুখ দেখবেন না। অনেক মানুষ ভুল ধারণার বশবর্তী হন, যে কর্মক্ষেত্রে পরবর্তী আয়বৃদ্ধির সময়ে তাঁরা বাড়তি অর্থের সুফল ভোগ করতে সক্ষম হবেন, এবং নিজের স্বপ্নপূরণ করতে পারবেন। কিন্তু বাস্তবে একজন সাধারণ কর্মীর আয় বছরে মাত্র ৪-৭ শতাংশ হারে বৃদ্ধি পায়, এবং সেই যৎসামান্য অর্থ এই

দুর্মূল্যের বাজারে এবং উন্নত জীবনধারণের চাহিদায় স্রেফ কর্পূরের মতো উবে যায়। বাড়তি অর্থের মুখ দেখতে না পারার জন্য, জীবনধারণের মানোন্নয়ন হওয়া সম্ভব হয় না। স্বভাবতই, সচ্ছলভাবে জীবনযাপনের লোভে বিশাল অঙ্কের অর্থ ধার করতে বাধ্য হন, এবং পরবর্তীকালে, দেনার দায়ে নিজেদের জীবন দুর্বিষহ করে তোলেন।

> *আপনার আয়ের উপর আয়ত্ত না থাকলে, নিজের জীবনের স্বপ্ন বাস্তবে রূপান্তরিত করতে পারবেন না।*
>
> —দীপক বাজাজ

ডাইরেক্ট সেলিং-এর ব্যবসা আপনাকে নিজের আয়ের উপর সম্পূর্ণ আয়ত্ত কায়েম করার ক্ষমতা প্রদান করে।

এই ব্যবসা সম্পূর্ণ আপনার, এবং এখানে আয়ের পরিমাণ ও তার বৃদ্ধির সমস্ত পরিকল্পনা আপনার। কর্মক্ষেত্রে আপনার উপরতলার আধিকারিক মহল বা এইচ আর ডিপার্টমেন্ট আপনার বেতন ধার্য করে, কিন্তু ডাইরেক্ট সেলিং-এ আপনি ঠিক করবেন নিজের আয়ের পরিমাণ ঠিক কতটা হওয়া উচিত। অবশ্যই সেই পরিমাণ অর্থ উপার্জন করার জন্য পর্যাপ্ত শ্রমদান করতে হবে, কিন্তু সবচেয়ে সুখের কথা হচ্ছে, নিজের কর্মপদ্ধতি ও আয়ের পরিমাণ ধার্য করার সার্বিক ক্ষমতা থাকবে আপনার নিজের হাতে।

যখন ডাইরেক্ট সেলিং-এর ব্যবসা শুরু করি, নিজের আয়ের পরিমাণ ইচ্ছানুযায়ী বৃদ্ধি করতে পারার অভিনব ক্ষমতা হাতে পেয়ে আমি অত্যন্ত উৎসাহিত বোধ করি। আমি এমন একটি কোম্পানির সঙ্গে কাজ শুরু করি যারা সাপ্তাহিক আয়ের ভিত্তিতে কাজ করতেন। সেই সময় এতোটাই উত্তেজিত হয়ে থাকতাম, যে প্রায় প্রতি মিটিংয়েই আমার উচ্চস্বর শোনা যেত—'যখন প্রতি সপ্তাহে নিজেদের কাজের মাধ্যমে আমরা আরো বেশি উপার্জন করতে সক্ষম, কেন আমরা বার্ষিক আয়বৃদ্ধির অপেক্ষায় থাকব?'

একটি চাকরির মাধ্যমে সুরক্ষা ও সচ্ছলতার নির্ভরতা পেতে পারেন, কিন্তু একটি ব্যবসা আপনাকে দেবে উন্নতি করার জন্য প্রচুর সুযোগ ও সম্ভাবনা। ডাইরেক্ট সেলিং-এর ব্যবসায় আয়ের সম্ভাবনা প্রকৃত অর্থে অপরিসীম, কারণ এটি একটি দলভিত্তিক প্রচেষ্টা যেটি চক্রবৃদ্ধি হারে বাড়তে থাকে। যে-কোনো মানুষ ইচ্ছামতো নিজের বাণিজ্যিক সাম্রাজ্য গড়ে তুলতে পারেন, এবং তাতে তাঁদের শিক্ষাগত যোগ্যতা, অর্থনৈতিক পরিস্থিতি, লিঙ্গ, বয়স, অবস্থান এবং অন্যান্য কিছুর প্রয়োজন পড়ে না।

আপনি যদি নিজের স্বপ্ন অনুযায়ী জীবনযাপন করতে রাজি থাকেন, আমি একটি সরল, সহজে সম্ভব এবং প্রমাণিত সমাধানের কথা বলতে পারি। এই সমাধান আমার জীবনে সম্পূর্ণ কার্যকর হওয়ার সঙ্গে সঙ্গে, লক্ষাধিক মানুষের জীবন বদলে দিয়েছে—যারা গত এক যুগের চেয়ে বেশি সময় ধরে আমার কাছে প্রশিক্ষণপ্রাপ্ত হয়েছেন।

আপনার পেশাগত কর্মক্ষেত্রে কাজ করার সঙ্গে সঙ্গে, নিজের ডাইরেক্ট সেলিং-এর ব্যবসা শুরু করে দিন পার্ট টাইমের ভিত্তিতে, প্রতিদিন অফিসের পরে সন্ধেবেলায় বা সপ্তাহের শেষে। যখন এই ব্যবসার মাধ্যমে আয় করতে শুরু করবেন আপনি, সেই অর্থ আস্তে আস্তে অন্যান্য লাভজনক ব্যবসায় লগ্নি করতে থাকুন। এই পদক্ষেপ অত্যন্ত জরুরি এবং গুরুত্বপূর্ণ, কারণ কর্মক্ষেত্রে উপার্জন করা অর্থের সাহায্যে আপনি নিজের জীবনধারণ করার পাশাপাশি, ব্যবসা আপনাকে এনে দিচ্ছে ইপ্সিত বিকল্প আয়ের সংস্থান।

আস্তে আস্তে অর্থ উপার্জনের তিনটি পথ খুলে যাবে—এক আপনার কর্মক্ষেত্র, দুই পার্ট টাইমের ব্যবসা, এবং তিন সেই সমস্ত জায়গা যেখানে আপনি অর্থ লগ্নি করেছেন। কর্মক্ষেত্র সামলে নিজের ব্যবসা বাড়াতে থাকুন, কারণ এই পরিসরে অপরিসীম অর্থ উপার্জনের সম্ভাবনা রয়েছে। অন্যদিকে, আপনার বাড়তি উপার্জন অন্যান্য লাভজনক ব্যবসায় লগ্নি করতে থাকুন। এভাবে আপনি বিত্তশালী হয়ে উঠে নিজের স্বপ্নকে বাস্তবায়িত করতে সফল হবেন।

আপনার জীবনের স্বপ্নপূরণ করার সুচারু পরিকল্পনা

স্তর	কর্মপদ্ধতি ও প্রণালী
১	চাকরি / পেশা + পার্ট টাইম ভিত্তিতে ব্যবসা
২	চাকরি / পেশা + নিজের ব্যবসাকে শক্তিশালী করা + ব্যবসার আয় থেকে পুঁজি সঞ্চয় করা
৩	চাকরি / পেশা + নিজের ব্যবসাকে শক্তিশালী করা + লাভজনক ব্যবসায় অর্থ লগ্নি করা
৪	চাকরি / পেশা + নিজের ব্যবসাকে শক্তিশালী করা + একাধিক লাভজনক ব্যবসায় অর্থ লগ্নি করা
৫	চাকরি / পেশা ইচ্ছানুযায়ী + ব্যবসা চলবে স্বয়ংক্রিয়ভাবে + আরো লাভজনক ব্যবসায় লগ্নি করার সঙ্গে সঙ্গে নিজের স্বপ্নের জীবনযাপন করতে শুরু করা

এই হচ্ছে একটি সহজ সরল পরিকল্পনা। যে কেউ এই পন্থা অনুসরণ করে তাঁদের স্বপ্ন অনুযায়ী জীবনধারণ করতে সক্ষম। আমাদের সমাজের নিম্নবিত্ত ও দারিদ্রসীমার নীচে থাকা মানুষের জীবনে সবচেয়ে বড় সমস্যা হল, তাঁরা সারাজীবন ধরে পরিশ্রম করেন এবং তাঁদের আয়ের পথ মাত্র একটি, এবং সেই অর্থ উপার্জন করা একান্ত সম্ভব যদি তাঁরা নিয়মিত কাজে যোগ দিতে সক্ষম হন। এই সমস্ত মানুষের জন্য, ডাইরেক্ট সেলিং একমাত্র সঠিক এবং প্রমাণিত বিকল্প আয়ের পথ, যা প্রায় অর্ধশতাব্দী ধরে মানুষের স্বপ্ন সাকার করার এক অপরিহার্য পথ হিসেবে প্রমাণিত হয়ে চলেছে।

ডাইরেক্ট সেলিং-এর দুনিয়ায় আপনার স্বপ্নকে বাস্তবায়িত করার একটি গোপন, কিন্তু প্রগতির একটি অনন্য প্রক্রিয়ার কথা বলা যাক আপনাদের। আপনার পরিচিত এমন কেউ কি রয়েছেন, যিনি জীবনে বড় হওয়ার স্বপ্ন দেখেন, কিন্তু অনেক চেষ্টা সত্ত্বেও এখনো পর্যন্ত জীবনে সেভাবে কিছু করে উঠতে পারেননি? নীচে দেওয়া ছবিটির মাধ্যমে আসুন বুঝে নেওয়া যাক, স্বপ্নপূরণ করতে গেলে কোন কোন শর্ত মেনে এগিয়ে যেতে হবে ঃ

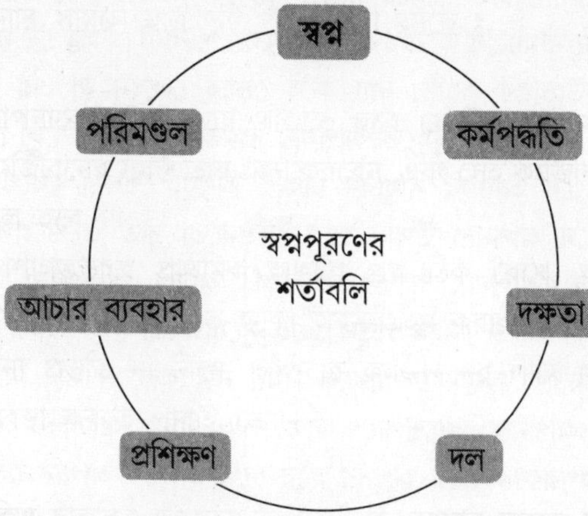

শুধুমাত্র সঠিক পরিকাঠামোর সাহায্যে, ডাইরেক্ট সেলিং আপনাকে এই সমস্ত কিছু সুষমভাবে সাজিয়ে দেয়। ডাইরেক্ট সেলিং-এর দুনিয়ার সংস্কৃতি এমন, যা আপনার অন্তরে নিজের স্বপ্নকে সত্যি করার তাড়না জাগিয়ে তোলে। আপনার আপলাইনে থাকা সহকর্মীরা ব্যবসার গতি সঠিক রাখতে নিজেদের উন্নত করতে থাকবেন অবিরাম, তার ফলে প্রত্যেক মিটিংয়ে আপনি সুযোগ পাবেন বহু মানুষের সঙ্গে পরিচিত হওয়ার, যারা আপনার মতোই সাফল্যের সিঁড়ি বেয়ে উপরে উঠছেন। স্বয়ংক্রিয়ভাবে আপনার নিজের স্বপ্নের আকার ও

আয়তন বৃদ্ধি পেতে শুরু করবে। আপনি সর্বদা একটি আশাবাদী পরিমণ্ডলে, সঠিক প্রশিক্ষণে এবং বিশেষজ্ঞদের সান্নিধ্যে থাকতে অভ্যস্ত হয়ে উঠবেন, যা আপনাকে অভীষ্টের পথে চালিত করবে অবিলম্বেই।

যখন আপনি আমার অনলাইন ক্লাসে অথবা বিশ্ববিখ্যাত লাইভ ওয়ার্কশপগুলিতে যোগ দেবেন, আমি আপনার সঙ্গে ঠিক এই সাতখানি উপায় সম্বন্ধে বিস্তারিতভাবে আলোচনা করব।

এক যুগের উপরে এই দুনিয়ায় থাকার ফলে, আমি ব্যক্তিগতভাবে বিশ্বাস করি, এবং আমার অভিজ্ঞতাও বলে যে ডাইরেক্ট সেলিং সম্ভবত পৃথিবীর অন্যতম সর্বোৎকৃষ্ট সাফল্যের উপায়। আপনার স্বপ্ন যাই হোক না কেন—গাড়ি, বাড়ি, বিদেশ ভ্রমণ, বিলাসিতার সমস্ত উপকরণ, অর্থনৈতিক স্বাধীনতা, দ্রুত অবসর, সমাজের প্রতি দায়িত্ব, সারা দুনিয়ায় নামযশ ও প্রতিপত্তি—ডাইরেক্ট সেলিং হচ্ছে একমাত্র উপায় যার দ্বারা আপনি নিজের জীবন বদলে ফেলতে পারবেন।

যে কেউ এই অসাধারণ ব্যবসা পার্ট টাইমের ভিত্তিতে হলেও পেশা হিসেবে বেছে নিতে পারেন, যাতে রয়েছে অনন্ত সুযোগ-সুবিধা। সেই কারণেই আমি এই ব্যবসার নতুন নামকরণ করেছি—স্বপ্নপূরণের শর্টকাট। কিন্তু যে মুহূর্তে আমি 'শর্টকাট' শব্দটি উচ্চারণ করছি, দয়া করে ভেবে নেবেন না এই কাজ অতি সহজ। যদিও এই কাজ প্রতি মুহূর্তে আপনার দক্ষতার কঠিন পরীক্ষা নেবে, তাও আমি মনে করি যে অন্যান্য সাধারণ চাকরি অথবা পেশার থেকে, ডাইরেক্ট সেলিং-এর মাধ্যমে আপনার উত্থান হবে রীতিমতো দ্রুত ও উল্লেখযোগ্য।

বানিয়ে ফেলুন আপনার স্বপ্নের তালিকা। আজই পরিকল্পনা ছকে, সেই পরিকল্পনা অনুযায়ী কাজে নেমে পড়ুন। এই সুযোগ আপনার প্রাপ্য। দয়া করে জীবনে ম্যাজিক ঘটার জন্য বসে থেকে সময় নষ্ট করবেন না। নিজেই তৈরি করুন ম্যাজিক! আপনার আশেপাশে লক্ষ লক্ষ মানুষ প্রতিদিন একটু একটু করে নিজের স্বপ্নপূরণের পথে অগ্রসর হয়ে চলেছেন — আপনি কেন পিছিয়ে থাকবেন? এখনই নয় কেন?

আমাদের প্রতিটি স্বপ্ন সত্যি হতে পারে, যদি আমাদের সেই স্বপ্নকে বাস্তব করার সাহস থেকে থাকে।

—ওয়াল্ট ডিজনি

৯

অভিভাবকত্ব ও উত্তরাধিকার সূত্র

প্রশ্নটা এরকম নয়, যে আপনি কি সঠিকভাবে সন্তানদের প্রতি অভিভাবকত্ব পালন করছেন?
প্রশ্ন হচ্ছে, আপনি কি সেই সাবালকত্ব অর্জন করেছেন যা অনুকরণ করে আপনার সন্তান সাবালক হবে?

—ব্রিন ব্রাউন

'অভিভাবকত্ব' ভূমিকাটি এক অত্যন্ত পছন্দের ভূমিকা যা প্রতিটি মানুষের হৃদয় ছুঁয়ে যায়। আমরা প্রত্যেকে আমাদের বাবা মায়েদের যতটা ভালোবাসি, নিজের সন্তানদের একইভাবে ভালোবাসি। এই ভালোবাসার বন্ধন মানুষের জীবনে চিরন্তন।

আমরা প্রত্যেকে সেরা অভিভাবক হতে চাই, এবং সন্তানদের ভালোর জন্য প্রতি মুহূর্তে আমাদের সেরাটা দিতে চেষ্টা করি। আমি নিজের জীবনে আমার বাবা ও মাকে এভাবে দেখেছি, এবং আমি নিশ্চিত প্রত্যেকের স্মরণেই রয়েছে প্রতিটি ঘটনা, যখন আপনাদের অভিভাবকরা নিজেদের ক্ষমতার বাইরে গিয়েও সন্তানদের জন্য প্রাণপণ চেষ্টা করে গিয়েছেন।

অভিভাবকরা সবসময়েই সন্তানদের জন্য নিজের জীবনের সেরাটুকু তুলে রেখে দেন। নিজের ক্ষমতার বাইরে গিয়েও তাঁরা সন্তানদের জন্য জীবন উৎসর্গ করেন। ডাইরেক্ট সেলিং এমন একটি ব্যবসা যার অন্যতম স্তম্ভ হল মনুষ্যত্ব। সেই কারণেই এই বইটিতে যদি আমরা অভিভাবকের সঙ্গে সন্তানের এই মধুর সম্পর্ক সম্বন্ধে আলোচনা না করি, তাহলে এই বই অসমাপ্ত হয়ে থেকে যাবে।

আপনি আপনার সন্তানের জন্য কী কী করেছেন সেটা মুখ্য নয়, আপনি তাদের জীবনে সাফল্য পাওয়া ও সফল মানুষ হিসেবে বড় হয়ে ওঠার জন্য কী কী শিক্ষা দিয়েছেন তার মূল্য অপরিসীম।

—অ্যান ল্যান্ডারস

আমার বাবা ও মায়ের সন্তান হিসেবে, অন্যদিকে আমার পরিবারে পাঁচ সন্তানের অভিভাবক হিসেবে, অভিভাবকত্ব সম্বন্ধে অমূল্য জ্ঞান আহরণ করতে সক্ষম হয়েছি, যেগুলি এখানে আলোচনা করতে চাই।

সবচেয়ে প্রথমে একটা কথা বলতে চাই—কখনো আপনার সন্তানকে শিক্ষা দিতে যাবেন না। শিক্ষা দেওয়ার দায়িত্ব স্কুলের। কখনোই তাদের শিক্ষক হয়ে ওঠার চেষ্টা করবেন না, কারণ তারা তাদের শিক্ষকদের কখনোই পছন্দ করে না। আপনি শিক্ষক না হয়ে তাদের অভিভাবক হয়ে উঠুন, বাড়িটা বাড়ির মতো করে রাখুন—দয়া করে বাড়িকে আরেকটা স্কুল বানিয়ে ফেলবেন না। ছোটরা যত না সচেতনভাবে শেখে, তার চাইতে অনেক বেশি পরিমাণে অবচেতনে শিখতে পারে। বিভিন্ন পরিস্থিতি ও মানুষের সংস্পর্শে এসে তারা নতুন জিনিস শেখে, এবং তাদের এই পর্যবেক্ষণকে বিশ্লেষণ করে তাদের মস্তিষ্ক। এই পদ্ধতিকে বলা হয় অবচেতনে জ্ঞান আহরণ করা।

ইউরোপে একটি ট্রেনিং সেশনে আমি এই তত্ত্বের গুরুত্ব ও জটিলতা সম্বন্ধে জানতে পারার সময় থেকে, এই পদ্ধতিতে শিক্ষালাভ করার ব্যাপারে আমি চমৎকৃত হয়েছি। এই পদ্ধতিতে শিক্ষাদানের প্রসার ঘটাতে আমি নিরন্তর গবেষণার মাধ্যমে নিত্যনতুন প্রণালীর উদ্ভাবনে ব্যস্ত। আমার লাইভ ওয়ার্কশপগুলিতে অধিকাংশ সেশনে বিভিন্ন খেলাধুলা এবং গঠনমূলক কাজের মারফত শিক্ষাপ্রদান করা হয়, যেগুলির দ্বারা অবচেতনে অংশগ্রহণকারীদের চালচলন ও আচার ব্যবহারে আমূল পরিবর্তন আসে। আপনার অগোচরে আমরা আপনার মানসিক ও আবেগজনিত ব্যবহারে পরিবর্তন নিয়ে আসতে সক্ষম। আমার অনলাইন প্রোগ্রামগুলির সাফল্যের অন্যতম কারণ হচ্ছে, গোপনে আপনার মানসিক ও আবেগজনিত ব্যবহার পরিবর্তন করার পদ্ধতি, যা আমার প্রত্যেক অডিও ও ভিডিও টুলে অন্তর্ভুক্ত করা রয়েছে।

আমাদের জীবনে অধিকাংশ জটিল শিক্ষা আমরা আহরণ করেছি এই 'অবচেতনে জ্ঞান আহরণ'-এর পদ্ধতির মাধ্যমে। একবার ভেবে দেখুন—কোন স্কুল অথবা কলেজ আমাদের কথা বলতে শিখিয়েছে? কে শিখিয়েছে সঠিক শব্দ চয়ন করা, কীভাবে আমরা দাঁড়াবো বা হাঁটাচলা করব, বিভিন্ন মানুষ ও পরিস্থিতির সম্মুখীন হওয়া, আমাদের সার্বিক আচার-ব্যবহারের খুঁটিনাটি, আমাদের ভয়, আমাদের মেজাজ, আমাদের ঝুঁকি নেওয়ার ক্ষমতা এবং আরো অনেক কিছু যার কোনো শেষ নেই? ভালো করে ভেবে দেখুন তো—শুধুমাত্র সঠিকভাবে দাঁড়াবার জন্য আমাদের শরীরে হাজার হাজার প্রক্রিয়া, শতাধিক পেশীর ব্যবহার জড়িত থাকে—কে শিখিয়েছে আমাদের এই সব?

যদি আমরা এই সমস্ত জিনিস আমাদের স্কুল, কলেজ বা আমাদের শিক্ষকদের কাছ থেকে না শিখে থাকি, তাহলে কী করে জানলাম এই সব? আমাদের স্বতন্ত্র স্বভাব কে তৈরি করে দিয়েছে? এর একমাত্র উত্তর হল 'অবচেতনে জ্ঞান আহরণ'। এই পদ্ধতির আরো একটি অসাধারণ দিক হল, এর মাধ্যমে শেখা সমস্ত জিনিস আমাদের জীবনের বাকি অংশ পর্যন্ত আমাদের সঙ্গে থেকে যায়। অবচেতনে তৈরি হওয়া আমাদের অধিকাংশ চারিত্রিক ব্যবহার ও চালচলন, বহু সময় ধরে পরিবর্তন করতে চাইলেও আমরা পেরে উঠি না।

আমার এই কথাটি বুঝে থাকলে, আগামী কয়েকটি অনুচ্ছেদের মাধ্যমে আপনি উপলব্ধি করবেন আমার জীবনে অভিভাবকত্বের কোন দর্শন সম্বন্ধে পরিচয় করিয়ে দিতে চলেছি।

> *অভিভাবকের কণ্ঠস্বর তাঁদের সন্তানদের কাছে ঈশ্বরের কণ্ঠস্বরের সমকক্ষ, কারণ সন্তানদের কাছে তাঁরাই হলেন স্বর্গের সেনাপতি।*
>
> —শেক্সপিয়ার

অভিভাবক হিসেবে আপনার প্রাথমিক লক্ষ্য হল সন্তানকে আপনি যে ধরনের মানুষ হিসেবে গড়ে উঠতে দেখতে চান, নিজেকে সেইভাবে গড়ে তোলা। এই কাজটি করতে পারলে আপনি সফল। যে জীবনদর্শন, চারিত্রিক ব্যবহার, চালচলন আপনি নিজের সন্তানের মধ্যে গড়ে তুলতে চান, সেগুলি নিজের মধ্যে প্রথমে গড়ে তুলুন। দয়া করে মনে রাখবেন, আপনার সন্তানদের আপনি যা করতে বলবেন, তা কিন্তু তারা করবে না—তারা আপনাকে অনুকরণ করবে। তাহলে আপনার দায়িত্ব হল নিজের চারিত্রিক ও ব্যবহারিক স্বভাবে ক্রমাগত উন্নতি করতে থাকা। আপনি হবেন আপনার সন্তানদের জীবনের নায়ক।

এবার আসল প্রশ্নে আসা যাক—বাবা মায়েরা যখন জানেন যে সন্তানের

কাছে নিজেদের পথিকৃৎ হয়ে ওঠা একান্ত প্রয়োজন, তাহলে কেন সবসময় তাঁরা সন্তানদের প্রতি জ্ঞানবর্ষণ করেন, নিয়মিত চিৎকার করতে থাকেন? প্রতিনিয়ত অনুযোগ করতে থাকেন যে তাঁদের সন্তানরা কথা শোনে না। এর কারণ অতি সাধারণ। নিজেকে উন্নত করার চেয়ে অন্যদের প্রতি জ্ঞানবর্ষণ করা অথবা চিৎকার করা অনেক সহজ। জানি না আমার কথা আপনার বিশ্বাস হবে কি না, যেদিন থেকে আপনি সঠিকভাবে নিজের স্বভাবচরিত্রের উন্নতি করে একজন উন্নত মানুষে রূপান্তরিত হবেন, সন্তানের প্রতি জ্ঞানবর্ষণ ও অহেতুক চিৎকার করার প্রয়োজন হবে না আপনার। এবং সেদিন থেকে সন্তানেরা আপনার প্রতিটি কথা শুনে ও মেনে চলতে শুরু করতে বাধ্য। আমার ওপর ভরসা রেখে আগামী কয়েকদিন এভাবে চলার চেষ্টা করে দেখুন, আপনি নিজেই পার্থক্যটুকু টের পাবেন।

একবার এই পদ্ধতি সম্বন্ধে অবগত হলে, ডাইরেক্ট সেলিং-এর ব্যবসা কীভাবে আপনাকে আদর্শ অভিভাবক হয়ে উঠতে সাহায্য করবে তা আপনি অতি সহজেই উপলব্ধি করতে পারবেন।

১. ডাইরেক্ট সেলিং-এর মূল কেন্দ্রে কার অবস্থান—আপনার। ডাইরেক্ট সেলিং-এর প্রতিটি ট্রেনিং সেশন এবং অন্যান্য কর্মকাণ্ড একটি বিশেষ উদ্দেশ্য নিয়ে সাজানো হয়েছে—জীবনের প্রতিটি ক্ষেত্রে উন্নতিসাধন করে আপনাকে একজন উন্নততর মানুষে পরিবর্তন করা। ব্যক্তিগতভাবে আমি হাজার হাজার মানুষকে চিনি যারা ডাইরেক্ট সেলিং-এর দুনিয়ায় এসে সম্পূর্ণ অন্য মানুষে পরিণত হয়েছেন। আমি নিজে তাঁদের মধ্যে একজন। যখন আপনার সন্তানরা দেখবে যে নিজেকে উন্নত করতে আপনি সর্বদা সঠিক জীবনদর্শন ও আদর্শ মেনে চলছেন, তারা স্বয়ংক্রিয়ভাবে আপনার কাছ থেকেই সঠিক শিক্ষার পাঠ নিতে শুরু করবে, যা এক আদর্শ অভিভাবক হওয়ার পথে আপনার প্রথম পদক্ষেপ।

২. ডাইরেক্ট সেলিং-এর অন্যতম সেরা দান হল এর অসাধারণ প্রশিক্ষণ পদ্ধতি। ডাইরেক্ট সেলিং-এর প্রাণভোমরা হল কিছু বিশেষ ট্রেনিং সেশন। যখন আপনার সন্তানরা এই ট্রেনিংয়ে অংশগ্রহণ করবে, তা ক্রমেই তাদের শক্তিশালী করে তুলতে সক্ষম হবে। জীবনের প্রতি ক্ষেত্রে জয়লাভ করার আনন্দ এবং সঠিক সহবত শিক্ষার পাঠ শিশুবয়স থেকেই গ্রহণ করবে তারা। কল্পনা করুন আপনার সন্তানেরা নেতৃত্ব, যোগাযোগ দক্ষতা, জনগণের সামনে নিজের বক্তব্য পেশ করা, বিপণন

ক্ষমতা, সম্পর্কের উপকারিতা, বাণিজ্যিক পরিকাঠামো, সহকর্মীদের সামলাতে শেখার উপরে প্রশিক্ষণ গ্রহণ করবে, এবং সেই প্রশিক্ষণ তাদের দেবেন সেই সমস্ত বিশেষজ্ঞরা, যারা এই সমস্ত কাজ সাফল্যের সঙ্গে করে দেখিয়েছেন। আপনার আফশোস হবে কেন নিজের শৈশবে এই প্রশিক্ষণ পাননি। কিন্তু এই মুহূর্তে, সঠিক বয়সে আপনার সন্তান তা পেতে পারে। এই সমস্ত ইভেন্টে, তারা সান্নিধ্য পাবে বহু সফল ব্যক্তির সঙ্গে যাদের জীবন বদলে গিয়েছে এই ডাইরেক্ট সেলিং-এর দুনিয়ায় এসে। এই সমস্ত বিশেষজ্ঞদের সঙ্গে নিয়মিতভাবে থাকতে পেরে তাদের বিশ্বাস, আশাবাদী মনোভাব, আত্মবিশ্বাস, উদ্যম এবং স্বপ্ন দেখার এক অতীন্দ্রিয় ক্ষমতা গড়ে উঠবে।

যেহেতু এই বইয়ের এই অংশটুকু আপনি পড়ে ফেলেছেন ইতিমধ্যেই, আমি আশা রাখি অচিরেই আপনি একজন অসাধারণ অভিভাবক হয়ে উঠে আপনার সন্তানকে সঠিক পথে চালিত করতে সক্ষম হবেন, যারা আগামী পৃথিবীর ধারক ও বাহক।

উত্তরাধিকার সূত্র অন্যদের জন্য স্রেফ কিছু রেখে যাওয়া নয়। মানুষের অন্তরে সঠিক ভাবনার প্রসার ঘটানোই আসল কাজ।

—পিটার স্ট্রপল

যদি আপনি এর চাইতে বেশি কিছু হতে চান, নিজেকে সঠিকভাবে গড়ে তুলুন এবং নিজের উত্তরণের ক্ষেত্রে সাফল্যের এক উজ্জ্বল দৃষ্টান্ত হয়ে উঠুন। আমি মনে করি, এভাবেই আপনার সন্তানদের সামনে এবং সমগ্র পৃথিবীর সামনে এক সফল উত্তরাধিকার সূত্র রেখে যেতে পারবেন। মানুষ হিসেবে নিজের উত্তরণকে জীবনের ব্রত হিসেবে দেখুন। নিজেকে উন্নত করার কাজে এতোটাই নিমগ্ন হয়ে থাকুন, যাতে পরবর্তীকালে যখন নিজের পরিবর্তন ও সাফল্য নিজে দেখবেন, আপনি হতবাক হয়ে চিন্তা করবেন যে কোথায় শুরু করে আজ কোথায় এসে পৌঁছেছেন আপনি।

আপনার পারিপার্শ্বিকের মানুষ কী কারণে একজন নায়কের দেখা পেতে উন্মুখ হয়ে থাকবেন? চাইলে আপনি নিজেই তাঁদের কাছে সেই স্বপ্নের নায়ক হয়ে উঠতে পারেন। অবশ্য, অন্যান্য নায়কদের কথা আলোচনা করা, অথবা অন্যদের নায়ক হতে বলার চেয়ে নিজে নায়ক হয়ে ওঠার কাজটা মোটেই সহজসাধ্য নয়। আপনার পক্ষে অপেক্ষাকৃত সহজ হবে প্রতিনিয়ত উন্নতির

দর্শন অনুসরণ করে চলা, এবং যে সমস্ত নিয়ম আপনি অন্যদের মেনে চলতে বলেন, সেই নিয়ম পালন করে অন্যদের পথ দেখানো।

আপনি যদি গর্ব করার মতো উত্তরাধিকার সূত্র তৈরি করতে চান, আমি আপনাদের আমন্ত্রণ জানাই আমার ত্রিস্তরীয় PLC Test -এ অংশগ্রহণ করতে—Primary Legacy Creator Test। এই পরীক্ষায় অংশগ্রহণ করার জন্যে নিম্নোক্ত প্রশ্নগুলির উত্তর দিন দয়া করে ঃ

১. আপনার কথা ভাবলে মানুষের মনে প্রথম কোন তিনটি শব্দ আসতে পারে?
২. একান্ত সৎভাবে এক তৃতীয় ব্যক্তির অবস্থান থেকে নিজেকে দেখুন। সেখান থেকে মনে করুন প্রথম কোন তিনটি শব্দ, যা নিজেকে সেই তৃতীয় ব্যক্তির অবস্থান থেকে দেখে আপনার মনে আসছে?
৩. যদি দ্বিতীয় প্রশ্নের উত্তরের তিনটি শব্দ আপনার প্রথম প্রশ্নের উত্তরের তিনটি শব্দের সঙ্গে না মিলে থাকে, দয়া করে নিজের জীবনের জন্য একটি কার্যকারী কর্মসূচী বানান। সেই অনুযায়ী পথ চলে, আপনি নিজের জীবনকে এমনভাবে গড়ে তুলতে পারবেন, যাতে আপনার সম্বন্ধে মানুষের ধারণা আপনার প্রথম দেওয়া উত্তরের সঙ্গে একেবারে মিলে যায়।

এই পরীক্ষাটি আপনি নিজের ডায়েরিতে করতে পারেন, অথবা পরের পৃষ্ঠায় দেওয়া শূন্যস্থানেও পূরণ করতে পারেন।

এই ডাইরেক্ট সেলিং-এর ব্যবসা একান্ত এক সুদূরপ্রসারী ব্যবসা, এবং আপনার জীবদ্দশায় আপনি যে বাণিজ্যিক সাম্রাজ্য গড়ে তুলবেন তা স্বয়ংক্রিয়ভাবেই আপনার সন্তানদের জন্য উত্তরাধিকার সূত্র হিসেবে রয়ে যাবে। কিন্তু মনে রাখবেন, এই ব্যবসার গোড়াপত্তন করতে যে সমস্ত মানুষের সংস্পর্শে এসেছেন, তাঁরা কিন্তু তাঁদের জীবনে আপনার অবদানের কথা চিরকাল মনে রেখে দেবেন। আপনার ব্যক্তিগত পরিবর্তন মানুষকে উন্নতি করতে উদ্বুদ্ধ করে তুলবে এবং ভবিষ্যতেও অনেক মানুষ আপনার কথা, আপনার নাম ও আপনার অবদানের কথা স্মরণে রাখবেন। একে আমি যথার্থ উত্তরাধিকার সূত্র হিসেবে অভিহিত করে থাকি।

> *অভিভাবকদের উচিত নিজের সন্তানদের দুটি অত্যন্ত প্রয়োজনীয় শক্তি দেওয়া—একটি সুদৃঢ় শিকড়, এবং আরেকটি হল সাফল্যের উড়ানের জন্য ডানা।*
>
> —জনৈক

Primary Legacy Creator (PLC) Test

১. আপনার কথা ভাবলে মানুষের মনে প্রথম কোন তিনটি শব্দ আসতে পারে?

১. ________________

২. ________________

৩. ________________

২. একান্ত সৎভাবে এক তৃতীয় ব্যক্তির অবস্থান থেকে নিজের দিকে তাকান। এখন উত্তর দিন ঃ সেই তিনটি শব্দ কী কী, যা আপনার মনে আসছে নিজেকে সেই তৃতীয় ব্যক্তির অবস্থান থেকে দেখে?

১. ________________

২. ________________

৩. ________________

৩. যদি দ্বিতীয় প্রশ্নের উত্তরের তিনটি শব্দ আপনার প্রথম প্রশ্নের উত্তরের তিনটি শব্দের সঙ্গে না মিলে থাকে, দয়া করে নিজের জীবনের জন্য একটি কার্যকারী কর্মসূচী বানান। সেই অনুযায়ী পথ চলে, আপনি নিজের জীবনকে এমনভাবে গড়ে তুলতে পারবেন, যাতে আপনার সম্বন্ধে মানুষের ধারণা আপনার প্রথম দেওয়া উত্তরের সঙ্গে একেবারে মিলে যায়।

____

____

____

____

____

____

____

____

____

____

এ ছাড়াও এই পদ্ধতিকে সুদূরপ্রসারী করে তুলতে, নিজের স্বপ্নপূরণের জন্য আমার অব্যর্থ ও শক্তিশালী হাতিয়ার—PDA, ব্যবহার করতে পারেন। এর উল্লেখ আমার সর্বাধিক বিক্রীত বই, Be a Network Marketing Millionaire -এ পাবেন। এই PDA পদ্ধতির সাহায্যে পরবর্তী স্তরে পৌঁছোবার জন্য সঠিক প্রশিক্ষণ পাবেন, যার সাহায্যে স্বপ্নপূরণ ও লক্ষ্যে পৌঁছোতে পারবেন অনায়াসেই।

১০

জীবনের দুই বিশেষ গুণ— যোগাযোগ ও বিপণন ক্ষমতার পরিমার্জন

যোগাযোগ— মানুষের জীবনের যোগসূত্র— ব্যক্তিগত ও পেশাদারী জীবনে আপনার সাফল্যের চাবিকাঠি।

—পল জে. মেয়ের

মানুষের অস্তিত্বের একটি মুখ্য কারণ হল যোগাযোগ করার ক্ষমতা। আমি একে বেঁচে থাকার জন্য অপরিহার্য একটি ক্ষমতা হিসেবে দেখি। জীবনে আপনার অস্তিত্ব বজায় রাখতে এবং উন্নতি করতে যোগাযোগের ক্ষমতা একান্ত প্রয়োজন। হয়তো আপনি লক্ষ করেননি, জন্ম থেকে আমৃত্যু আমরা প্রতিনিয়ত এই একটা কাজ করে চলেছি নিরন্তর—প্রত্যেকের সঙ্গে যোগাযোগ রেখে চলা। মানুষের প্রতিটি আবেগ হল তার যোগাযোগ করার ক্ষমতার বহিঃপ্রকাশ। এমনকী প্রার্থনা করার জন্যেও যোগাযোগ করার ক্ষমতা অপরিহার্য। কোনোভাবে নিজের অন্তরের ভাবপ্রকাশ করতে পারাকেই যোগাযোগের ক্ষমতা বলে ধরা যায়, এবং কথার মাধ্যমে মনের ভাব প্রকাশ করাও তাদের মধ্যেই পড়ে। পেশাদারী জীবনে আমি এই শিক্ষা অর্জন করতে পেরেছি যে, কথা না বলে যে যোগাযোগ করার ক্ষমতা, তা হল সর্বোৎকৃষ্ট।

যখন অন্যের সঙ্গে যোগাযোগ স্থাপন করেন, আপনার কোনো না কোনো উদ্দেশ্য থাকে। কিছু কিছু সময়ে, সেই উদ্দেশ্যে কোনো গোপনীয়তা থাকে না,

আবার কখনো সেই উদ্দেশ্য হয় অত্যন্ত গোপনীয়। আপনি চান যে আপনার সামনের মানুষটি আপনার যোগাযোগের উদ্দেশ্য বুঝে নিয়ে কাজ করুক। সেই সামনের মানুষটি আপনার সন্তান, স্ত্রী, বন্ধু, সহকর্মী, দর্শক বা অন্য কেউ হতে পারেন যার সঙ্গে আপনি যোগাযোগ স্থাপন করছেন।

মনে হতে পারে যে আপনার বক্তব্য শেষ হয়ে গেলেই আপনাদের মধ্যে যোগাযোগ বিছিন্ন হয়ে গেল, কিন্তু আমি মনে করি যতক্ষণ সামনের মানুষটি আপনার বক্তব্য বুঝে নিয়ে সেই অনুযায়ী আপনাকে সাড়া না দিচ্ছেন, ততক্ষণ আপনাদের মধ্যে যোগাযোগের সূত্র ছিন্ন হয়নি। যোগাযোগ তখনই সাফল্য লাভ করে, যখন সেটি হয় ফলদায়ী, সেটির মাধ্যমে একটি সাড়া পাওয়া যায়। এই কাজে সফল হতে গেলে নিজের যোগাযোগ করার ক্ষমতাকে উন্নত করতে হবে। যদিও এই ক্ষমতা মানুষের জীবনে অপরিহার্য, স্কুল ও কলেজ স্তরে এই ক্ষমতার বিকাশ ঘটাতে প্রয়োজনীয় শিক্ষা প্রদান করা হয় না। জীবনে যত তাড়াতাড়ি এই ক্ষমতার উপকারিতা সম্বন্ধে ওয়াকিবহাল হয়ে এর চর্চা শুরু করবেন, তত দ্রুত আপনি নিজের জীবনে ও পেশাদারী জীবনে উন্নতির পথে অগ্রসর হতে পারবেন। চাকরির ইন্টারভিউ থেকে শুরু করে পেশাদারী জীবনে উন্নতি পর্যন্ত, আপনার সহকর্মী, দোকানদার, ওপরমহলের আধিকারিক, দলের কর্মী, খদ্দের, সরবরাহকারীদের প্রত্যেকের সঙ্গে সুচারুভাবে যোগাযোগ স্থাপনের জন্য আপনার প্রয়োজন অত্যন্ত উন্নত যোগাযোগের দক্ষতা। অত্যন্ত দক্ষ হওয়া সত্ত্বেও যদি পৃথিবীর সামনে নিজের মনের ভাবপ্রকাশ না করতে পারেন, তাহলে আপনার মূল্য কোথায়?

দয়া করে মনে রাখবেন— জন্মের সময় আপনার কাছে যা থাকে তা হল মনের ভাবপ্রকাশ করার একটি উপায়, কিন্তু সেটির সাহায্যে নিজের যোগাযোগের ক্ষমতাকে উন্নত করতে প্রয়োজন সময় এবং প্রচুর অনুশীলনের। আমার মনে হয় এই ক্ষমতার উন্নতিসাধন ঘটাতে আমাদের সম্পূর্ণ জীবন কেটে যায়। সাফল্যের জন্যে নিজের যোগাযোগ করার ক্ষমতাকে তুঙ্গে নিয়ে যাওয়ার প্রয়োজনীয়তা অপরিসীম, এবং সেই কারণেই আমি একটি বিশেষ ওয়ার্কশপের ব্যবস্থা রাখি যেখানে শুধুমাত্র যোগাযোগের ক্ষমতার উপর একটি স্বতন্ত্র কোর্স করানো হয়।

> *যোগাযোগ করার ক্ষমতা হল এমন একটি গুণ যা আপনাকে শিখতে হবে। এটি সাইকেল চালানো অথবা টাইপ করতে শেখার মতোই একটি বিদ্যা। যদি আপনি এটিকে সঠিকভাবে নিজের আয়ত্তে আনতে পারেন, অচিরেই নিজের জীবনে এক অভাবনীয় পরিবর্তন নিয়ে আসতে সক্ষম।*
>
> —ব্রায়ান ট্রেসি

আপনার যোগাযোগ করার ক্ষমতার উন্নতির জন্য সবচেয়ে উৎকৃষ্ট পথ হচ্ছে এমন একটি পরিসরে অবস্থান করা, যেখানে প্রতিনিয়ত আপনি প্রচুর মানুষের সঙ্গে যোগাযোগ স্থাপন করতে সক্ষম হতে পারেন। ডাইরেক্ট সেলিং-এর দুনিয়া আপনাকে এই অমূল্য সুযোগ করে দিতে পারে। ডাইরেক্ট সেলিং-এর ব্যবসায় মানুষই হল আপনার প্রকৃত মূলধন, এবং সর্বক্ষণ আপনি প্রচুর মানুষের সঙ্গে যোগাযোগ স্থাপন করতে সক্ষম। আমি জানি আপনাদের মধ্যে বেশিরভাগ মানুষ এই অজুহাতেই ডাইরেক্ট সেলিং-এর ব্যবসাকে এড়িয়ে গিয়েছেন— আপনাদের মনে হয়েছে যে এখানে প্রচুর মানুষের সঙ্গে যোগাযোগ করতে হয়।

এই সত্যকে আমি জীবনের মন্ত্র হিসেবে মেনে থাকি—যখন আপনি একটি সুবর্ণ সুযোগ পান, এবং প্রবল অনীহার সঙ্গে সেই সুযোগকে কোনো অজুহাতের দ্বারা এড়িয়ে যান, মনে রাখবেন যে অজুহাত দেখিয়ে আপনি এই সুযোগ হারাচ্ছেন, চাইলে একে ব্যবহার করেই সেই সুযোগ দুহাতে গ্রহণ করতে পারেন আপনি। প্রচুর মানুষের সঙ্গে কাজ করার প্রবল অনিচ্ছা যদি আপনার ক্ষেত্রে ডাইরেক্ট সেলিং-এর দুনিয়ায় প্রবেশ করার পথে অন্তরায় হয়ে দাঁড়ায়, দয়া করে সেই ভ্রান্ত ধারণা ছুড়ে ফেলে দিয়ে বলুন ঃ আমার ক্ষেত্রে ডাইরেক্ট সেলিং-এর ব্যবসা শুরু করার একমাত্র কারণ হল নিজের যোগাযোগ করার ক্ষমতাকে আমি উন্নততর করতে চাই।

ডাইরেক্ট সেলিং প্রতিদিন আপনার সামনে হাজার হাজার মানুষের সঙ্গে যোগাযোগ স্থাপন করার সুযোগ করে দেওয়া ছাড়াও, তৎক্ষণাৎ নিজের যোগাযোগ ক্ষমতার উন্নতির পরিসংখ্যান আপনার চোখের সামনে মেলে ধরার সুযোগ করে দেয়। এর জন্য নিয়মিত প্রশিক্ষণের ব্যবস্থা আমাদের কাছে রয়েছে, এবং পথপ্রদর্শক হিসেবে আপনি সঙ্গে পাবেন সেই সমস্ত বিশেষজ্ঞদের, যারা সবসময় সাহায্য করতে প্রস্তুত, এবং তাঁরাই উন্নতির পরিসংখ্যান আপনার সামনে তুলে ধরবেন। যোগাযোগ করার ক্ষমতার উন্নতির সঙ্গে সঙ্গে পাল্লা দিয়ে ডাইরেক্ট সেলিং-এর দুনিয়ায় আপনি সাফল্যের মুখ দেখতে পারবেন। এই ক্ষমতা শুধুমাত্র ডাইরেক্ট সেলিং-এর ব্যবসায় আপনার আয়বৃদ্ধি করবে তাই না, কর্মক্ষেত্রে আপনার দক্ষতা এবং প্রতিটি সম্পর্কের মান ক্রমশ উন্নত করে তুলবে অতি অল্প সময়ে।

> *বিপণন করতে শিখুন। ব্যবসার ক্ষেত্রে, আপনাকে সবসময় বিপণন করতে হবে— লগ্নিকারীদের কাছে, ক্রেতার কাছে, বিপণনের বিষয়ে আগ্রহীদের কাছে। সর্বশ্রেষ্ঠ বিপণনকারী হতে হলে, ক্রেতার জায়গায় নিজেকে বসান। তাঁদের কাছে আপনার সামগ্রী বিপণন না করে, চেষ্টা করুন তাঁদের সমস্যার সমাধান করতে।*
>
> —মার্ক কিউবান

বিপণন হল আরো এক ধরনের যোগাযোগ স্থাপনের প্রক্রিয়া যেখানে আপনার লক্ষ্য হচ্ছে নির্দিষ্ট কোনো সামগ্রী, কোনো ভাবনা অথবা কোনো পরিষেবা বিক্রয় করা। আজকের জীবনে সুস্থ ও সচ্ছলভাবে বেঁচে থাকার জন্য বিপণন হল একটি অপরিহার্য আঙ্গিক। প্রত্যেক ব্যবসায় বিপণনের ভাবনা হল মুখ্য। প্রতিষ্ঠানের অন্যান্য বিভাগ থেকে ব্যবসার কারণে অর্থব্যয় হলেও, একমাত্র বিপণনের সাফল্যের মাধ্যমে সেই প্রতিষ্ঠানে অর্থের অন্তর্ভুক্তি হয়। সারা পৃথিবীর সেরা সামগ্রী তৈরির তাৎপর্য কোথায়, যদি আমরা সেই সামগ্রী বিপণনের মাধ্যমে মানুষের কাছ থেকে অর্থ সংগ্রহ করতে না পারি? জীবনের প্রতিটি দিনে, আপনাকে প্রতিটি মানুষকে বোঝাতে হয়, রাজি করাতে হয়, দরদস্তুর করতে হয়, এবং মানুষের বিশ্বাস জয় করতে হয়— এগুলো সমস্তই বিপণন ক্ষমতার মধ্যেই পড়ে।

বিভিন্ন প্রতিষ্ঠানে প্রতি স্তরে নিজের কর্মক্ষেত্রে যোগ্য মানুষদের উন্নতির পথে অন্তরায় হয়ে দাঁড়ায় এই বিপণন ক্ষমতার অভাব, আমার সুদীর্ঘ অভিজ্ঞতায় এ জিনিস দেখেছি আমি বহুবার। বহু নতুন উদ্যোগ সাফল্যের ডানা মেলার আগেই মুখ থুবড়ে পড়ে, কারণ তাদের মালিকপক্ষের বিপণনের অক্ষমতা। বিপণনের মূল্য অপরিসীম। যদি আপনি বিক্রয় করতে অসফল হন, আপনি কোনোভাবেই একজন সফল ব্যবসায়ী হয়ে উঠতে পারবেন না। স্বভাবতই যে পেশাতেই যান না কেন, আপনি সাফল্যের শিখরে পৌঁছোতে পারবেন না।

প্রত্যেক স্বনামধন্য সফল ব্যক্তিত্ব হচ্ছেন একজন উৎকৃষ্ট বিপণনকারী। মহাত্মা গান্ধী, মার্ক জুকারবার্গ, স্বামী বিবেকানন্দ, নরেন্দ্র মোদী, ধীরুভাই আম্বানী— এরা হলেন অন্তর থেকে অসাধারণ বিপণনকারী। তাঁরা নিজেদের দক্ষতাকে এমন স্তরে নিয়ে গিয়েছেন যে একসঙ্গে কোটি কোটি মানুষের মন জয় করতে বেগ পেতে হয় না তাঁরা। তাঁদের বক্তব্যের মাধ্যমে মানুষকে অনুপ্রেরণা দিতে সক্ষম। এর একমাত্র কারণ হচ্ছে, তাঁদের মধ্যে সেই শক্তি রয়েছে যার মাধ্যমে সরাসরি মানুষের হৃদয়ে পৌঁছে যেতে পারেন।

আসুন এই কথাটি আমরা অন্যদিক থেকে বিশ্লেষণ করে দেখি। একবার ভেবে দেখুন সেই সমস্ত মানুষের কথা যারা নিজের জীবনে সফল হতে পারেননি — আসলে তাঁরা কারা? তাঁরা হলেন সেই সমস্ত মানুষ যাদের বক্তব্য কারো কাছে পৌঁছোয় না। তাঁদের বিপণন ক্ষমতা একেবারেই শূন্য। কোনো সামগ্রী বিক্রয় করতে তাঁরা ভয় পান, এবং বিপণনের দুনিয়া সম্বন্ধে তাঁদের মনে এক আতঙ্ক কাজ করে। সেই কারণেই তাঁরা নিজের জীবনে উন্নতি করতে সক্ষম হতে পারেন না, এক জায়গায় থেমে থাকতে বাধ্য হন।

বিপণন হল আমাদের সর্বশ্রেষ্ঠ ক্ষমতা। নিজের পসরা বিপণনের দায়িত্ব থেকে পিঠ বাঁচিয়ে পালাবেন না। জানবেন, আপনি বিপণনে যত দক্ষ হতে পারবেন, আপনার শিক্ষা ততই সম্পূর্ণতা পাবে।

—জেমস ক্যাশ পেনি

বেশিরভাগ মানুষের কাছে, ডাইরেক্ট সেলিং-এর ব্যবসা বিপণনের অনীহা অথবা অনাসক্তি দূর করার ক্ষেত্রে এক অসামান্য সমাধান হিসেবে কাজ করে। বিপণন মোটেই ক্লাসরুমে বসে শেখা বিজ্ঞান বা অঙ্কের মতো কোনো বিষয় নয়, যা আপনি পাঠ্যপুস্তক থেকে পড়ে পড়ে শিখতে পারবেন। এই দক্ষতার শিক্ষা হয় বাস্তবের পৃথিবীতে। যখন আপনি প্রতিদিন নিয়মিতভাবে আপনার সামগ্রীর বিপণনে যান, তখনই আপনার অনুশীলন শুরু হয়। ডাইরেক্ট সেলিং-এর ব্যবসা আপনাকে দেয় এক অসামান্য প্রশিক্ষণ যার সাহায্যে যে কেউ সময়ের সঙ্গে সঙ্গে হয়ে উঠতে পারেন এক সুদক্ষ বিপণনকারী।

একটি সাধারণ সেলসের চাকরিতে, নিজের সামগ্রী সঠিকভাবে বিপণন করতে না পারলে আপনাকে সেই চাকরি থেকে বরখাস্ত করা হয়। কিন্তু ডাইরেক্ট সেলিং-এর দুনিয়ায়, যখন আপনি একইভাবে নিজের সামগ্রীর বিপণনে অকৃতকার্য হন, আপনার সহকর্মীরা, আপনার আপলাইনের আধিকারিকরা আপনাকে ঘিরে দাঁড়াবেন, বাড়িয়ে দেবেন সহযোগিতার হাত। বিপণনের স্বার্থে তাঁরা আপনাকে সঙ্গ দেবেন, ক্লাসের ভিতরে ও বাস্তবেও তাঁরা আপনাকে প্রশিক্ষণ দেবেন অক্লান্তভাবে। তাঁদের কাছ থেকে আপনি পাবেন সহমর্মিতা ও সহযোগিতার সাহচর্য। ডাইরেক্ট সেলিং-এর অসাধারণ পরিকাঠামো একজন সাধারণ ব্যক্তিকে বদলে দিতে পারে এক সুদক্ষ বিপণনকারীতে।

অনেক মানুষ জানেন যে ডাইরেক্ট সেলিং-এর ব্যবসায় মানুষের সঙ্গে যোগাযোগ স্থাপন করা, বিপণন করা এবং একাধিকবার অকৃতকার্য হওয়ার সম্ভাবনা ওতপ্রোতভাবে জড়িত। এই সমস্ত আতঙ্কের ফলে তাঁরা নিজেদের ডাইরেক্ট সেলিং-এর ব্যবসা শুরু করতে দ্বিধাগ্রস্ত হন, যদিও তাঁদের আসল কারণ জিগ্যেস করা হলে তাঁরা অন্য অজুহাত দেবেন। নিজেদের অন্তরে কিন্তু বোঝেন যে ডাইরেক্ট সেলিং তাঁদের কাছে অন্তরায় নয়, সমস্যা রয়েছে তাঁদের আতঙ্কগ্রস্ত মননে। এনারা হচ্ছেন সেই নিম্নবিত্ত এবং দারিদ্রসীমার নীচে থাকা মানুষ, যাদের জীবন এক জায়গায় থেমে রয়েছে। আগামী পাঁচ বছর পরেও যদি আপনার সঙ্গে এঁদের দেখা হয়, দেখবেন পাঁচ বছর আগে এঁদের যেখানে দেখেছিলেন, তাঁরা সেখানেই রয়ে গেছেন। আতঙ্ক, অনাসক্তি এবং এই ব্যবসায়

আসার প্রবল অনীহা তাঁদের অভাব অনটনের জীবনধারণে কোনো উন্নতি নিয়ে আসতে দেয়নি।

বিপণন ক্ষমতাকে বৃদ্ধি করার জন্য ডাইরেক্ট সেলিং-এর ব্যবসার প্রশিক্ষণের জুড়ি মেলা ভার। আপনি সবসময় একটি আশাব্যঞ্জক পরিমণ্ডলের মধ্যে থেকে নিজের বিপণন ক্ষমতা বাড়াবার জন্য পূর্ণ সহযোগিতা পাবেন, শিখবেন কীভাবে অকৃতকার্য হবার আতঙ্ক থেকে নিজেকে বাঁচিয়ে রাখা সম্ভব, নিজের খামতি কীভাবে ঢেকে রাখা যায়, এবং নিজের ধ্যানধারণাগুলি কীভাবে সাফল্যের সঙ্গে অন্যান্য ব্যক্তি অথবা দলের সঙ্গে বিনিময় করা সম্ভব।

বিপণন ক্ষমতার উন্নতি আপনার অন্তর থেকে একজন সফল মানুষের নবজন্ম ঘটায়। জানবেন, পৃথিবীতে সফলতম ব্যক্তিরা এক সময়ে নিজের জীবনে ছিলেন সবচেয়ে অসফল। পৃথিবীর মধ্যে ভারতবর্ষ সর্ববৃহৎ প্রজাতান্ত্রিক রাষ্ট্র, এবং আমাদের দেশের জনসংখ্যা ১৩০ কোটি মানুষের চেয়েও বেশি। এই বিশাল দেশের শ্রেষ্ঠতম সরকারি পদ, আমাদের প্রধানমন্ত্রীর পদে এমন একজনের অভিষেক হয়, যিনি দেশের ৪৯ শতাংশ মানুষের অপছন্দের তালিকায় রয়েছেন। এর অর্থ হল, আপনিও দেশের প্রধানমন্ত্রীর পদে উন্নীত হতে পারেন, যদি আপনাকে কোটি কোটি মানুষ বর্জন করেন। যার অর্থ দাঁড়ায়, আপনি যে পরিমাণে মানুষের কাছে বর্জিত হবেন, ততই বড় হবে আপনার সাফল্যের পরিমাণ!

তাই আমরা অকৃতকার্য হওয়াকে অসম্মান করি না। দয়া করে মনে রাখবেন যে অকৃতকার্য হলেই সাফল্যের শুরু হয়। যখনই আপনার জীবনে কোনো প্রতিকূল পরিস্থিতির আবির্ভাব ঘটবে, কখনো আক্ষেপ করবেন না—'আমি কেন?' বরং বুক ফুলিয়ে বলবেন—'আমি পরীক্ষা দিতে প্রস্তুত!'

সাফল্যের এই অমোঘ মন্ত্র সবসময় মনে রাখবেন ঃ

অকৃতকার্য হওয়া এবং উন্নতি = বৃদ্ধি ও সিদ্ধি

সাফল্যের পথ অত্যন্ত সহজ ও সরল। প্রতিবার অকৃতকার্য হবার পরে, নিজেকে প্রশ্ন করুন কোন জায়গায় আপনার ভুল হয়েছিল, এবং তৎক্ষণাৎ সেই ভুলের সংশোধন করুন। প্রতিবার অসফল হওয়ার পরেই আপনার উন্নতি বৃদ্ধি ও সিদ্ধির পথে অগ্রসর হতে সাহায্য করবে। যত বেশিবার আপনি অকৃতকার্য হবেন, ততই উন্নতি করতে পারবেন নিজের জীবনে।

প্রত্যেক সাফল্যের আড়ালে থাকে অগণিত বিফলতার ইতিহাস। যতবার পরাজয়ের স্বাদ পাবেন, পরের সুযোগেই সেই গ্লানি কাটিয়ে উঠে সাফল্যের ছোঁয়া পেতে আপনি হবেন বদ্ধপরিকর। এর থেকে কী শিক্ষা পাওয়া যায় —যদি

জীবনে সফল হতে চান, বেরিয়ে পড়ুন বহির্জগতে, চেষ্টা করুন, অকৃতকার্য হতে থাকুন। আরো কাজের মাধ্যমে চেষ্টা করুন যাতে ক্রমাগত অসফল হতে পারেন আপনি। জানবেন যতবার অসফল হবেন, উন্নতির পথ ততই প্রশস্ত হতে থাকবে আপনার জীবনে। ডাইরেক্ট সেলিং-এর দুনিয়া আপনাকে ঠিক এই অমূল্য সুযোগ প্রদান করে, যেখানে এক সহযোগিতা ও বন্ধুত্বপূর্ণ বাতাবরণে আপনি দিনের পর দিন অকৃতকার্য হতে শেখেন। জীবনের তিন থেকে পাঁচ বছর যদি এই পরিসরে কাটিয়ে দিতে পারেন, আপনার সামনে খুলে যাবে এক অবিশ্বাস্য জীবনের দরজা, যেখানে সাফল্য থাকবে আপনার নাগালের ভিতর, এবং আপনার জীবন হবে অর্থনৈতিক প্রাচুর্যে ভরপুর।

> *হতোদ্যম না হয়ে প্রতিবার অকৃতকার্য হওয়ার ক্ষমতা আপনাকে সাফল্যের সঙ্গে পরিচয় করাতে সক্ষম।*
>
> —উইন্সটন চার্চিল

ডাইরেক্ট সেলিং-এর ব্যবসায় প্রথম সপ্তাহে, আমি ১৪৮ বার বিফল হয়েছিলাম। কিন্তু তার সঙ্গেই ২৫ জন আমার বক্তব্য স্বীকার করেছিলেন। এর ফলে আমি ৫১,০০০ টাকা উপার্জন করতে সমর্থ হই। ২০০৭ সালের নিরিখে, যখন সবে আমার ব্যবসা শুরু করেছিলাম, এই অর্থ যথেষ্ট ছিল। কিন্তু এই অঙ্কের অর্থ উপার্জনের নেপথ্যে ছিল আমার ১৪৮ বার অকৃতকার্য হবার পরাজয়। আগামী ৪ সপ্তাহ এইভাবেই চলতে লাগল। প্রথম মাসে পেলাম ৫০০টির বেশি প্রত্যাখ্যান, কিন্তু তা সত্ত্বেও প্রথম মাসে আমি ২,০০,০০০ টাকা উপার্জন করতে সমর্থ হলাম। কিন্তু সিংহভাগ মানুষ এই পরিমাণ অর্থ উপার্জনের জন্য এই চেষ্টাটুকু করতে অনিচ্ছুক, কারণ তাঁরা কোনোভাবেই এই পরিমাণ প্রত্যাখ্যান ও বর্জন সহ্য করতে পারবেন না।

নিরন্তর স্বপ্ন দেখা, নতুন জিনিস নিয়ে কাজ করতে থাকা, অকৃতকার্য হওয়া, নিজের উন্নতিসাধন করা, এবং পরমুহূর্তেই নতুন লক্ষ্যে দৃষ্টিনিক্ষেপ করা আমার জীবনের অঙ্গ হয়ে উঠেছে। আমি নতুন কর্মকাণ্ডের জন্ম দিই। আমি নতুন নতুন ব্যবসার গোড়াপত্তন করি। আমি নতুন নতুন ক্ষেত্রে কাজ শুরু করতে গিয়ে বারবার বিফল হতে থাকি। এবং প্রতিবার অকৃতকার্য হবার সঙ্গে সঙ্গে আমার সাফল্যের হার ক্রমশ বৃদ্ধি পেতে থাকে। কিন্তু ২০০৭ সালের আমি, আর আজকের আমির মধ্যে একটাই পার্থক্য, আগে আমি অসফল হতে ভয় পেতাম, আর আজ কোনো কাজে অসফল হলে আমি বিদ্রুপের হাসি হাসতে থাকি। কিন্তু এখন আপনি জানেন—মনের গভীরে আপনি যতটাই আতঙ্কিত,

যতটা ভয় আপনাকে ত্রস্ত করে রাখুক, সাহস করে এগিয়ে যান। আতঙ্কের মুখে এই অকুতোভয় ও অনমনীয় মনোভাব আপনাকে এক দৃষ্টান্ত হিসেবে দুনিয়ার সম্মুখে তুলে ধরবে।

ঠিক এই কারণেই ডাইরেক্ট সেলিং-এর প্রশিক্ষকরা অন্যান্য সমস্ত প্রশিক্ষকদের তুলনায় উৎকৃষ্ট ও শক্তিশালী। তাঁরা প্রত্যেকে অসফলতার স্বাদ পেয়েছেন নিজের জীবনে, এবং ক্রমাগত উন্নতির ফলে আজ এই মঞ্চে উত্তীর্ণ হতে পেরেছেন প্রত্যাখ্যান ও বর্জনের গ্লানিকে জয় করে। আজ যে প্রত্যাখ্যান ও বিদ্রুপ সহ্য করছেন, এর ১০০ গুণ প্রশংসা ও সাফল্য আপনার জন্য অপেক্ষা করে রয়েছে যখন আপনি এই কষ্টার্জিত সাফল্যের হাত ধরে জীবনের মঞ্চে উঠে আসবেন।

নাম যশ ও প্রতিপত্তির জন্য আমার মন্ত্র অতি সহজ ও সরল ঃ

ভবিষ্যতে প্রাপ্য প্রশংসা ও সাফল্য = ১০০ × প্রত্যাখ্যান ও বিদ্রুপ যা আজ আপনি সহ্য করছেন।

বিপণনকারী থেকে উদ্যমকে বাদ দিলে পড়ে থাকে এক সামান্য কেরানি।

—হ্যারি এফ. ব্যাংক্স

ডাইরেক্ট সেলিং শুধু বিপণনের ক্ষেত্রেই প্রশিক্ষিত করে না, তা জীবনে সফল হবার শিক্ষা প্রদান করে। প্রত্যাখ্যান সহ্য করার অনমনীয় শক্তি একটি অসাধারণ ক্ষমতা, এবং জীবনের প্রতি ক্ষেত্রেই এই ক্ষমতা অপরিহার্য। একবার যদি আপনি এই ক্ষমতা আয়ত্ত করতে পারেন, আপনার জীবনে সাফল্য আসতে বাধ্য।

প্রত্যাখ্যান প্রতিরোধ করার ক্ষমতা, বর্জনের বিরুদ্ধে আমার টিকে থাকার শক্তি, এবং প্রবল প্রতিকূলতার বিরুদ্ধে আমার অনমনীয় মনোভাব হচ্ছে এই অসাধারণ ব্যবসা থেকে আমার পুরস্কার। ১৩ বছর ধরে প্রতিনিয়ত আমি এই তিনটি কাজ করে চলেছি সাফল্যের সঙ্গে—বিপণন, উন্নতি করা এবং প্রশিক্ষণ দেওয়া। এই সুদীর্ঘ সময় ধরে চক্রাকারে ঘটে চলা এই বিপণন, উন্নতি ও প্রশিক্ষণের আবর্তে থাকা, এর ফলে আরো সাফল্যের সঙ্গে বিপণন ক্ষমতার উন্নতি সাধন, এবং মানুষকে প্রশিক্ষণ দেওয়ার মধ্যে দিয়ে আমি পৌঁছে গিয়েছি এক অসাধারণত্বের স্তরে, যেখানে প্রতিদিন উন্নত থেকে উন্নততর হয়ে চলেছি সিদ্ধির পথে।

আজ যদি আপনি আমার সঙ্গে দেখা করেন, তারপর যদি কয়েক সপ্তাহ পরে আমাদের আবার দেখা হয়, আপনি এক নতুন 'আমি'-কে খুঁজে পাবেন। হ্যাঁ, আমি এভাবেই এগিয়ে চলেছি, এবং প্রতিদিন আমি আমার কাজকে আরো ভালোবেসে ফেলছি।

ডাইরেক্ট সেলিং থেকে উপার্জিত অর্থ ≈ কর্মক্ষেত্রে আপনার প্রত্যাখ্যানের সংখ্যা

আসুন, একটি সাধারণ ঘটনার মধ্যে দিয়ে সাফল্যের নেপথ্যে বিফলতার ভূমিকা সম্বন্ধে বোঝানো যাক।

'দীপক আচার' নামে একটি আচারের প্রতিষ্ঠান ছিল, যারা অসাধারণ মানের আচার বানিয়ে প্রতি মাসে ১০০০ বোতল আচার বিক্রয় করত। তাদের বিক্রয়ের পরিমাণ দ্বিগুণ করার পরিকল্পনা করেছিল, তাই কেউ তাদের পরামর্শ দিয়েছিলেন একটি অপেক্ষাকৃত নতুন এলাকায় খবরের কাগজে সংস্থার একটি বিজ্ঞাপন দিতে। দ্বিধাগ্রস্তভাবে হলেও, অনেক চিন্তাভাবনার পরে তারা সেই পরামর্শ অনুযায়ী কাজ করল। এই বিশেষ খবরের কাগজটির বিক্রি ছিল দিনে প্রায় ১,০০,০০০-এর কাছাকাছি। এই ১,০০,০০০ মানুষের মধ্যে যারা এই খবরের কাগজ হাতে পেলেন, মাত্র ১০,০০০ মানুষ (মাত্র ১০ শতাংশ মানুষ) এই বিজ্ঞাপনটি দেখলেন। এই ১০,০০০ মানুষ যারা বিজ্ঞাপনটি দেখেছিলেন, তাঁদের মধ্যে ৯০ শতাংশ মানুষ ঠিক করলেন এই আচার তাঁরা কিনবেন না। তাই মাত্র ১০০০ মানুষ দীপক আচারের বোতল একটি করে কিনলেন।

দীপক আচারের এই বিজ্ঞাপনটি সে ক্ষেত্রে ৯৯ শতাংশ অসফল হল কারণ ১,০০,০০০-এর মধ্যে মাত্র ১০০০ জন এই আচার কিনলেন। কিন্তু এই প্রতিষ্ঠান অতি সহজে তাদের লক্ষ্যে ১০০ শতাংশ সফল হল, এবং অনায়াসেই তাদের বিপণনের পরিমাণ দ্বিগুণ হয়ে গেল। তাদের লক্ষ্য ছিল বাড়তি ১০০০ বোতল আচার বিক্রয় করা, এবং অনায়াসেই তারা এই কাজে সাফল্য পেল।

নিজের লক্ষ্য স্থির রাখুন এবং দয়া করে অকৃতকার্য হবার ভয়ে পিছিয়ে যাবেন না। আপনার যোগাযোগ ও বিপণন ক্ষমতার উন্নতিসাধন করুন এবং সাফল্যের শিখরে বিরাজ করুন।

বিপণনের দক্ষতার মতো অনুশীলন সমান গুরুত্বপূর্ণ। বিপণন আপনার জীবনধারণের মান সুনিশ্চিত করতে পারে, কিন্তু সেই দক্ষতা আপনার জীবন গড়ে দেবে।

—জিম রন

১১

ঝুঁকিহীন ব্যবসার গোড়াপত্তন

জীবনে প্রতিপত্তিবান হতে চাইলে, আপনাকে নিজের ব্যবসা শুরু করতে হবে।

—জন গেট্টি

বেশিরভাগ মানুষ নিজের ব্যবসা শুরু করতে ইচ্ছুক হলেও, প্রধানত দুটি কারণের জন্য তাঁরা পিছিয়ে যান ঃ

১. পরিকাঠামো নির্মাণের জন্য পর্যাপ্ত মূলধন
২. সমস্ত কিছু হারিয়ে ফেলার আতঙ্ক

সিংহভাগ সাধারণ ব্যবসা সফলভাবে চালাবার জন্য, নিম্নলিখিত শর্তগুলি আপনাকে মেনে চলতে হবে ঃ

১. অফিসের বা কারখানার জন্য জমি
২. কর্মকাণ্ড চালিয়ে যাওয়ার জন্য সঠিক পরিকাঠামো
৩. যদি আপনি কোনো সামগ্রী উৎপাদনের ব্যবসা করেন, তা মজুদের ব্যবস্থা

৪. নির্ভরযোগ্য সরবরাহকারী অথবা বিক্রয়কারী
৫. কর্মকাণ্ড চালাবার জন্য পর্যাপ্ত মূলধন
৬. উৎকৃষ্ট কর্মীদল
৭. ভবিষ্যতে প্রয়োজনের জন্য যথেষ্ট বাড়তি অর্থ
৮. বিপণন অথবা বিজ্ঞাপনের জন্য পর্যাপ্ত অর্থ ও জ্ঞান
৯. আয়কর এবং আইন সংক্রান্ত কাজকর্ম সামলাবার জন্য সঠিক পরিকাঠামো
১০. কর্মীদের জন্য সুযোগ্য প্রশিক্ষণ ও উন্নতির সুব্যবস্থা

উপরোক্ত এই প্রতিটি ব্যবস্থা অত্যন্ত খরচসাপেক্ষ, এবং এইগুলি সুষ্ঠভাবে পালন করার জন্য সুদক্ষ ম্যানেজমেন্ট একান্ত প্রয়োজন, যার উপর নির্ভর করবে কী ধরনের ব্যবসা আপনি শুরু করতে চলেছেন। সিংহভাগ মানুষের কাছে এই সমস্ত উপকরণগুলি পর্যাপ্ত পরিমাণে না থাকার দরুন, তাঁরা ব্যবসা শুরু করতে পারেন না।

আপনার পক্ষে এক অত্যন্ত সুখবর যে ডাইরেক্ট সেলিং-এর ব্যবসা শুরু করতে গেলে আপনার এগুলির কোনোটাই প্রয়োজন পড়বে না। এ সম্পূর্ণ এক ঘরোয়া ব্যবসা যেখানে আপনার অফিস অথবা কারখানা, কর্মীদল, পরিকাঠামো, ব্যবসার মূলধন, বিজ্ঞাপন ইত্যাদির প্রয়োজন হবে না। যাতে নির্বিঘ্নে নিজের ব্যবসা শুরু করতে পারেন, তার জন্য প্রথম থেকেই আপনার সাহায্যার্থে একটি স্বয়ংসম্পূর্ণ প্রশিক্ষণ ও উন্নতির ব্যবস্থা বর্তমান। সেই জন্য আপনি প্রায় নিখরচায় নিজের ব্যবসার গোড়াপত্তন করতে পারেন।

যদি আপনার ব্যবসাকে সাফল্য এনে দিতে কেউ উপরোক্ত দশটি শর্তের ব্যবস্থা করে দিতে পারেন, তাও জানবেন সবচেয়ে বড় পরীক্ষা হল ব্যবসার মাধ্যমে আয়ের ব্যবস্থা করা এবং বিপণন শুরু করা। যদি আপনি সফলভাবে বিপণনের মাধ্যমে নিজের আয় বৃদ্ধি না করতে পারেন, তাহলে এই দশটি শর্ত কার্যত নিষ্ফল হয়ে যায়। ব্যবসার একাধিক স্তরের বিভিন্ন কর্মকাণ্ড সামলাতে এতটাই সময় খরচ হয়ে যায়, যে নতুন ব্যবসা শুরু করা মানুষরা বিপণনের প্রতি যথেষ্ট মনোযোগ দিতে পারেন না।

ডাইরেক্ট সেলিং ব্যবসার ক্ষেত্রে, প্রতিষ্ঠানের প্রধান পরিচালন ব্যবস্থা এই দশটি শর্ত সম্পর্কিত সমস্ত দায়িত্ব বহন করে, আর আপনার দায়িত্ব হয় শুধু বিপণনের ব্যবস্থা করা, এবং একটি সফল কর্মীদল গঠন করা, যারা সামগ্রীর বিপণন করতে পারেন বিভিন্ন বিজ্ঞাপনের সাহায্যে। যখন আপনার প্রচেষ্টার ও সময়ের ১০০ শতাংশ বিপণনের প্রতি দিতে পারেন, সাফল্যের সম্ভাবনা স্বভাবতই প্রবল হয়ে ওঠে।

যদি আপনি নিজের জীবনের সঠিক ছক না সাজাতে পারেন, তাহলে অন্য কারো সাজানো ছকের মধ্যে পড়ে যেতে পারেন। এবং অন্যরা আপনার জীবনকে সফল করার জন্য কীভাবে আপনার চাইতে ভালো ছক সাজাতে পারেন? তা অসম্ভব।

—জিম রন

আপনাদের মধ্যে যাদের মনে ডাইরেক্ট সেলিং-এর ব্যবসার প্রতি কোনোরকম সন্দেহের অবকাশ রয়েছে, দয়া করে মনে করুন যে-কোনো ব্যবসার ক্ষেত্রে কোন প্রধান জিনিসগুলি মাথায় রাখতে হয় ঃ

- ✓ একজন উৎপাদক
- ✓ একজন বিপণনকারী
- ✓ একজন ক্রেতা
- ✓ একটি সঠিক সামগ্রী অথবা পরিষেবা যা একটি বিশেষ নিয়মের মধ্যে দিয়ে বিপণন হয়
- ✓ লাভ অথবা কমিশন শুধুমাত্র সামগ্রীর বিক্রয়ের উপরেই নির্ভরশীল
- ✓ সরকারি নিয়ম মেনে সমস্ত রকমের কর দেওয়া

ডাইরেক্ট সেলিং-এর দুনিয়ায় এই সমস্ত জিনিসগুলি বর্তমান। আয় সংক্রান্ত সমস্ত নিয়মাবলী মেনে, সঠিক সামগ্রী অথবা পরিষেবা বিপণনের মাধ্যমে সঠিক কমিশন প্রদান করা হয়ে থাকে। কারখানা থেকে একটি সাধারণ সামগ্রী মধ্যবর্তী সমস্ত স্তরগুলি না পেরিয়ে সরাসরি ক্রেতার কাছে পৌঁছোবার কোনো উপায় নেই। সনাতন বাণিজ্যিক মডেলে আছে Carrying & Forwarding (C & F), একজন হোলসেলার, একজন ডিস্ট্রিবিউটার, রিটেলার, বিক্রেতা ইত্যাদি, কিন্তু ডাইরেক্ট সেলিংয়ে আছেন শুধুমাত্র ডিস্ট্রিবিউটার। বেশিরভাগ ডিস্ট্রিবিউশন ভিত্তিক প্রতিষ্ঠানগুলি একাধিক ফ্র্যাঞ্চাইসির মাধ্যমে কাজ করেন, ডাইরেক্ট সেলিং-এর ব্যবসায় কাজ করেন বহুসংখ্যক ফ্র্যাঞ্চাইসি ভিত্তিক মানুষ যাদের কোনো কোনো লেখক 'ব্যক্তিগত ফ্র্যাঞ্চাইসি' হিসেবে উল্লেখ করে থাকেন।

এই ব্যবসায়িক মডেল সারা পৃথিবীতে প্রায় ৫০ বছরের বেশি সময় ধরে বিভিন্নভাবে পরীক্ষিত হয়েছে, এবং প্রতিবার সাফল্য অর্জন করতে সক্ষম হয়েছে। যে মানুষ তাঁর ব্যবসা প্রতিষ্ঠিত করার জন্য মাথার ঘাম পায়ে ফেলতে রাজি থাকবেন, এই ব্যবসার মডেল অনুসরণ করে তিনি সাফল্যের শিখরে পৌঁছোতে সমর্থ হবেন।

—ব্রায়ান ট্রেসি

ডাইরেক্ট সেলিং-এর ব্যবসার সৌন্দর্য হল, সেটি আপনার আমার মতো সাধারণ মানুষের জন্য সহজেই উপলব্ধ, যাতে আমরা সফলভাবে ব্যবসা গড়ে তোলার সঙ্গে সঙ্গে হয়ে উঠতে পারি সফল উদ্যোগপতি।

ডাইরেক্ট সেলিং সম্বন্ধে আরেকটি প্রচলিত ভুল ধারণা হল, মানুষ এটিকে একটি সাধারণ ব্যবসা হিসেবে গণ্য করেন। আমরা প্রত্যেকে এই বিশ্বাস নিয়ে বড় হয়েছি, যখন আপনি একটি ব্যবসা শুরু করেন, তখন সেখানে নিজের সমস্ত সঞ্চয়, নিজের সম্পত্তি লগ্নি করেন। কিন্তু এই ধারণা আজ ইতিহাস হয়ে গেছে। অবশ্যই, প্রত্যেক ব্যবসাতে অর্থের প্রয়োজন সবথেকে বেশি, কিন্তু অর্থের চেয়েও ব্যবসার ক্ষেত্রে অত্যন্ত মূল্যবান আপনার দূরদর্শিতা ও অন্তর্দৃষ্টি। সারা পৃথিবীতে ফেসবুক হচ্ছে সবচেয়ে বড় কন্টেন্ট সৃষ্টিকারী, কিন্তু এই সুবিশাল কন্টেন্টের একটি বাক্য তাঁরা লেখেন না। এয়ারবিএনবি সারা পৃথিবীর অন্যতম বৃহৎ Accommodation Provider কিন্তু তাঁদের কাছে একটি সামান্য ঘরের মালিকানাও নেই। উবের সারা পৃথিবীর সর্ববৃহৎ ট্যাক্সি সার্ভিস, যাদের বেশিরভাগ গাড়ির মালিকানা তাঁদের হাতে নেই।

প্রতিটি মানুষের কাছে ডাইরেক্ট সেলিং হল একটি অসাধারণ সুযোগ যার সাহায্যে কোনো ঝুঁকি ছাড়া, সম্পূর্ণ নিখরচায় নিজেদের ব্যবসা শুরু করতে পারেন। এই অতুলনীয় ব্যবসায় আপনি সম্পূর্ণ স্বাধীনভাবে, নিজের মনের মতো করে নিজের বাণিজ্যিক সাম্রাজ্য গড়ে তুলতে সক্ষম।

> *যদি কেউ আপনাকে একটি অপূর্ব সুযোগ প্রদান করে, কিন্তু মানসিকভাবে তা করার জন্য আপনি প্রস্তুত নন, প্রথমেই হ্যাঁ বলুন। পরবর্তীকালে সেটি আয়ত্ত করার প্রচেষ্টায় ডুবে যান।*
>
> —রিচারড ব্র্যান্সন

১২

দেশের উন্নতিসাধন

আপনার দেশ আপনাকে কী দিয়েছে এই প্রশ্ন কখনো করবেন না—বরং ভাবুন আপনি দেশের জন্য কী কী করতে পারেন।

—জন এফ. কেনেডি

দেশকে সফল করে দেশবাসী। যদি কোনো শিল্প উদ্যোগ অথবা বাণিজ্যব্যবস্থা তার কর্মকাণ্ডের মাধ্যমে মানুষকে দেশের প্রতি কর্তব্য পালনে ব্রতী করতে পারে, তাহলে বলা যায় সেই ব্যবসা দেশের মহান উন্নতিসাধনে সক্ষম হয়েছে। ডাইরেক্ট সেলিং-এর ব্যবসা এই মহান কাজে ইতিমধ্যেই তার সাফল্যের স্বাক্ষর রাখতে পেরেছে ঃ

- সরলভাবে শিল্প উদ্যোগের দিশা প্রদর্শন করে দেশে শিল্প ও উদ্যোগের এক সফল বাতাবরণ তৈরি করা।
- অনবরত প্রশিক্ষণ ও উন্নতিসাধনের মাধ্যমে মানুষের দক্ষতা বাড়িয়ে যাওয়া
- প্রত্যেককে সমানভাবে সুযোগ দিয়ে দেশে কর্মসংস্থান বৃদ্ধি করা
- সময়মতো কর প্রদান করা — ডাইরেক্ট সেলিং-এর ব্যবসায় প্রতিটি

পদক্ষেপ সংরক্ষিত হয়, এবং তার উপর নির্ভর করে সরকারের কাছে সঠিকভাবে কর জমা করা হয়।

- মানুষকে এমনভাবে প্রশিক্ষণ দেওয়া হয়, যাতে তাঁদের দ্বারা অন্যদের সঙ্গে একটি নির্ভেজাল আত্মিক সম্পর্ক গড়ে ওঠে।
- মানুষের গড়পড়তা আয়ের পরিমাণ বৃদ্ধি পেতে সাহায্য করা।

২০১৬ সালে ভারতে প্রকাশিত FICCI এবং KPMG -এর যৌথ রিপোর্ট — DIRECT ২০১৬র ভিত্তিতে জানা গেছে, দেশের অগ্রগতির ক্ষেত্রে ডাইরেক্ট সেলিং পাঁচটি বিশেষ ক্ষেত্রে উল্লেখযোগ্য অবদান রেখেছে ঃ স্কীল ইন্ডিয়া, মেক ইন ইন্ডিয়া, স্টার্ট আপ ইন্ডিয়া, ওম্যান এম্পাওয়ারমেন্ট এবং ডিজিটাল ইন্ডিয়া। এই রিপোর্টের ভিত্তিতে ডাইরেক্ট সেলিং কোন কোন ক্ষেত্রে কী বিশেষ বিশেষ অবদান রেখেছে তার পুঙ্খানুপুঙ্খ হিসেব দেওয়া রয়েছে।

FICCI এবং KPMG -এর অন্য একটি রিপোর্টের মাধ্যমে জানা গিয়েছে যে, আগামী ২০২৫ সালের মধ্যে আশা করা যাচ্ছে ১.৮ কোটি ভারতীয়র এই ডাইরেক্ট সেলিং-এর দুনিয়ায় অন্তর্ভুক্তি ঘটবে। এঁদের মধ্যে সিংহভাগ মানুষ ব্যবসায় নেতৃত্ব, বিপণন, ব্যক্তিগত উন্নতি, মানসিকতা, যোগাযোগের ক্ষমতা, চারিত্রিক উন্নতিসাধন, আর্থিক ব্যবস্থাপনা এবং আরো অনেক বিষয়ের ওপরে সর্বাধুনিক প্রশিক্ষণ লাভ করবেন। এই সমস্ত ডিস্ট্রিবিউটররা যে পরিমাণ অর্থ উপার্জন করবেন, তা উপযুক্ত করপ্রদান করার পর তাঁদের হাতে আসবে। আমি মনে করি, এই ব্যবস্থা আমাদের দেশের উন্নতিসাধনে এক অন্যতম ফলদায়ী প্রচেষ্টা হয়ে উঠবে।

গণতান্ত্রিক দৃষ্টিভঙ্গিতে দেখলে, আমার মতে, ডাইরেক্ট সেলিং-এর ব্যবসা হল, বিত্তশালী হবার পক্ষে এক অত্যন্ত সুন্দর পথ। একজন ধনী, বিশেষজ্ঞ ও সফল নেটওয়ার্ক বিপণনকারী আরো হাজার হাজার সফল ও ধনী নেটওয়ার্ক বিপণনকারী সৃষ্টি করতে সক্ষম। একজন সফল উদ্যোগপতি হয়ে উঠতে এ এক অনন্য সুযোগ, যা আমাদের সমাজে এক অসাধারণ অর্থনৈতিক স্বাধীনতার প্রাচুর্য এনে দিতে পারে।

> *সারা পৃথিবীর সমস্ত ঐশ্বর্য একটি ছোট গ্রামের উন্নতিসাধন করতে অকৃতকার্য হবে, যদি গ্রামবাসীদের নিজের কাজ করতে না শেখানো যায়। আমাদের একমাত্র কর্তব্য হবে শিক্ষার প্রসার-মানসিকতা ও বুদ্ধিমত্তার ক্ষেত্রে।*
>
> —স্বামী বিবেকানন্দ

১৩
নিজস্ব স্বাধীনতা

স্বাধীনতা আমাদের আত্মার কাছে একরাশ তাজা বাতাসের সমান।

—মোশে ডায়ান

আমার ক্ষেত্রে ডাইরেক্ট সেলিং-এর ব্যবসা শুরু করার প্রধান কারণ ছিল অর্থ উপার্জন। ব্যবসা শুরু করার প্রথম কয়েক বছরে যখন অন্যদের সঙ্গে নিজের অভিজ্ঞতা বিনিময় করতাম, তখন এই ব্যবসা শুরু করার পিছনে পাঁচটি প্রধান কারণের কথা ঘুরিয়ে-ফিরিয়ে উল্লেখ করতাম ঃ অর্থ, আরো বেশি পরিমাণে অর্থ, এবং তার চেয়েও বেশি পরিমাণে অর্থ উপার্জন করার উপায়। শুরুর কয়েক বছর ধরে আমি প্রবল অর্থকষ্টের সম্মুখীন হয়েছিলাম। আমার পড়াশোনার খরচ চালাবার জন্য অর্থঋণের প্রয়োজন হয়েছিল, এবং পর্যাপ্ত পরিমাণে অর্থ না থাকার কারণে আমার জীবনের সমস্ত স্বপ্নকে অনির্দিষ্টকালের জন্য স্থগিত করে রাখতে হয়েছিল। আমার পছন্দের জামাকাপড় বা খেলনা বেছে নিতে হলে, আমি অনেকগুলির মধ্যে থেকে মাত্র একটিতেই সন্তুষ্ট থাকতে অভ্যস্ত হয়ে গিয়েছিলাম। তখনই মনের ভিতর নিজের ও পরিবারের জন্য অর্থনৈতিক সাচ্ছল্যের স্বপ্ন দেখতে শুরু করেছিলাম আমি।

আমি চাইতাম, যে-কোনোভাবে সমস্ত ঋণ পরিশোধ করে নিজের জীবনের

স্বপ্নকে সফল করতে। মাথার উপরে কোনোরকম ঋণের বোঝা থাকবে না এবং পর্যাপ্ত অর্থের মালিক হতে পারব আমি, এই ছিল একমাত্র লক্ষ্য। কিন্তু ব্যবসার গোড়াপত্তনের সময় থেকে আমি উপলব্ধি করতে শিখলাম যে এখানে অর্থ উপার্জন একটি উপলক্ষ মাত্র, এর মূল পুরস্কার হল নিজের স্বাধীনতা। আজ এই ব্যবসায় দীর্ঘ ১৩ বছর কাটিয়ে দেওয়ার পরে, আমি ডাইরেক্ট সেলিং-এর দুনিয়ায় আগের থেকেও অনেক বেশি রোমাঞ্চ খুঁজে পাই, এবং এর মূলে রয়েছে নিজের স্বাধীনতা—যা একমাত্র ডাইরেক্ট সেলিং আপনাকে দিতে পারে।

প্রতিবার যখন আমার লাইভ ইভেন্টগুলিতে অংশগ্রহণ করি, আমি অগণিত মানুষের সংস্পর্শে আসি যারা সগর্বে বলেন তাঁরা আমার দলের হয়ে লক্ষ লক্ষ টাকার কাজ করে আসছেন মাসের পর মাস ধরে—কল্পনা করুন আমার মানসিক রোমাঞ্চের কথা! ভেবে দেখুন আমার এই ব্যবসার পরিকাঠামোর অভিনবত্বের কথা, যেখানে প্রতিদিন আমার কর্মীদলের সংখ্যা বৃদ্ধি পেতে থাকে, যাদের আমি চিনি না, যাদেরকে আমি কেনো বিপণন ঘটিত ভাষণের মাধ্যমে অনুপ্রাণিত করিনি। হয়তো আমি বাহামা দ্বীপপুঞ্জের কোথাও বিলাসবহুল জাহাজে জলবিহার করছি বা ব্যক্তিগত চার্টার্ড বিমানে করে আমি পরিবারের সঙ্গে গ্র্যান্ড ক্যানিয়নের উপরে উড়ে বেড়াচ্ছি, কিন্তু আমার ব্যবসার কাজ স্বয়ংক্রিয়ভাবে বৃদ্ধি পেয়েই চলেছে। বিশ্বাস করুন, আমি কখনো দুঃস্বপ্নেও ভাবতে পারিনি আমি এইভাবে জীবনধারণে অভ্যস্ত হয়ে যাব, কিন্তু ডাইরেক্ট সেলিং সেটিকে ঘোর বাস্তবে রূপান্তরিত করতে পেরেছে।

> *জীবনে নিজের অবস্থান সম্পর্কে অসন্তুষ্ট হলে, অবস্থান পরিবর্তন করুন, কারণ আপনি উদ্ভিদের জীবনযাপন করেন না।*
>
> —জিম রন

সর্বপ্রথমে দেখতে হবে যে এই ব্যবসা আপনাকে সম্পূর্ণ স্বাধীনতার স্বাদ দিতে সক্ষম, কারণ যে-কেউ এই ব্যবসা শুরু করতে পারেন। শুরু করতে মাত্র তিনটি জিনিসের প্রয়োজন এখানে ঃ

১. স্বপ্ন
২. শেখার ইচ্ছে
৩. স্বপ্নপূরণের জন্য নিয়মানুযায়ী কাজ করার ইচ্ছে

একটি ডাইরেক্ট সেলিং-এর ব্যবসা আপনি কী করবেন, কেমন করে করবেন, কখন করবেন ইত্যাদি সমস্ত পরিসরে আপনাকে সম্পূর্ণ স্বাধীনতা প্রদান করে। নিম্নোক্ত প্রতিটি শর্তের পরিপূরক আপনি নিজে ঃ

- আপনি কখন কাজ করবেন এবং কতটুকু সময় এই কাজের জন্য ব্যয় করবেন?
- আপনি কার সঙ্গে কাজ করবেন?
- নিজের ব্যবসার গোড়াপত্তন কোথায় করবেন?
- এই ব্যবসা কীভাবে নিজের কর্মশৈলী অনুযায়ী গড়ে তুলবেন?
- প্রতি মাসে আপনি কী পরিমাণ অর্থ উপার্জন করতে ইচ্ছুক?
- উপার্জিত অর্থ আপনি কীভাবে ব্যয় করবেন?

এই শর্তগুলি সত্যি অনন্য এবং এগুলির মাধ্যমে আপনার স্বপ্ন সত্যি হওয়া সম্ভব। আপনি ঠিক করবেন আপনি কতক্ষণ কাজ করবেন, কাদের সঙ্গে কাজ করবেন, আপনার ব্যবসার পরিসর, আপনি কোন পদ্ধতি মেনে কাজ করবেন, এবং কী পরিমাণ অর্থ উপার্জন করবেন। আমি নিশ্চিতভাবে বলতে পারি এই ব্যবসা আপনার কথা ভেবে, আপনাকে কেন্দ্র করেই পরিকল্পিত হয়েছে।

একবার এই ব্যবসা সাফল্যের সঙ্গে গোড়াপত্তন করতে পারলে, আপনি সহজেই নিজের পরিবারের সঙ্গে সময় কাটাবার পরিকল্পনা করতে সক্ষম। ইচ্ছেমতো নিজের জীবনের সমস্ত ভালোবাসা ও ভালোলাগার শখগুলি পূরণ করতে পারবেন, আপনার জীবনযাপনের শৈলী, আপনার গাড়ি, আপনার ভ্রমণ এবং সর্বোপরি, কার সঙ্গে আপনি নিজের জীবন কাটাতে চান, তাও বেছে নিতে পারবেন। বর্তমানে, অগণিত বাণিজ্যিক মডেলের উদ্ভাবন হচ্ছে প্রতিদিন, যেখানে আপনি সম্পূর্ণ স্বাধীনতা নিয়ে কাজ করতে সক্ষম।

এই ব্যবসা শুরু করতে হলে প্রাথমিকভাবে প্রয়োজন আপনার বিশ্বাসের, এবং তারপর ভরসা করে এই কাজে নেমে পড়ার মানসিকতা। আমাদের মধ্যে বেশিরভাগ মানুষ ইচ্ছানুযায়ী নিজেদের পেশা বেছে নেননি; আমাদের অভিভাবক, শিক্ষক, বয়োজ্যেষ্ঠরা, পাড়া প্রতিবেশী, বুদ্ধিজীবী এবং সর্বোপরি, পরিস্থিতি ঠিক করে দিয়েছে আমরা কোন পেশায় কাজ করব। কিন্তু এই সনাতন রীতি ইতিহাসের পাতায় উঠে গিয়েছে। আপনি আজ নিজের মর্জিমতো পেশা বেছে নিতে সক্ষম। আজ নিজের পেশা বেছে নিতে সৌভাগ্যবশত, কারো অনুমতি নেওয়ার প্রয়োজন পড়ে না। শুধুমাত্র নিজের ইচ্ছার বশবর্তী হয়ে সঠিক চয়নের মাধ্যমে সিদ্ধান্ত নিতে হয় বাকি জীবনটুকু কীভাবে কাটাতে চাই আমরা।

> *হয় আমি আমার পথ খুঁজে নেব, নয়তো আমাকে নিজের পথ তৈরি করে নিতে হবে।*
>
> —ফিলিপ সিডনি

২০০৮ সালে, আমি ভারতবর্ষের চন্ডীগড়ে একজন বিখ্যাত চার্টার্ড অ্যাকাউন্টেন্টের

সঙ্গে ব্যবসার সম্বন্ধে আলোচনা করার জন্যে দেখা করতে যাই। তিনি তাঁর পেশাদারি জীবনে চূড়ান্ত সাফল্যের শিখরে উন্নীত এক ব্যক্তিত্ব, এবং আমার সঙ্গে কথোপকথনে তাঁর বিন্দুমাত্র আগ্রহ ছিল না। ঠিক সেই সময়ে, তাঁর ষোলো বছরের পুত্র সেই ঘরে এসে তার মস্তিষ্কপ্রসূত কোনো ধারণার কথা উত্থাপন করতেই, তিনি সঙ্গে সঙ্গে তাকে নস্যাৎ করে দেন। আমি তাঁকে সরাসরি প্রশ্ন করি, 'আপনি কী কারণে আপনার পুত্রের ধারণা অগ্রাহ্য করলেন?' তিনি আমাকে উত্তর দিয়েছিলেন, 'একটি সামান্য ষোলো বছরের ছেলে জীবন সম্বন্ধে, পেশা ও সিদ্ধান্ত নেওয়ার ব্যাপারে কতটা জানতে পারে? তার সেই সাবালকত্ব আসেনি এখনো।'

আমি অত্যন্ত স্বাভাবিকভাবেই তাঁকে প্রশ্ন করেছিলাম কোন বয়সে তিনি চার্টার্ড অ্যাকাউন্টেন্ট হবার সিদ্ধান্ত গ্রহণ করেছিলেন। তিনি উত্তর দিয়েছিলেন, যখন তিনি মাধ্যমিক পরীক্ষায় উত্তীর্ণ হয়েছিলেন, তখন থেকেই এই স্বপ্ন দেখেছিলেন। আমার পরবর্তী প্রশ্ন ছিল সেই সময়ে তাঁর বয়স কত ছিল। 'পনেরো বছর,' তিনি বলেছিলেন। তখন আমি তাঁকে প্রশ্ন করি, 'নিজের ষোলো বছরের ছেলেকে একটি সামান্য সিদ্ধান্ত নিতে বাধা দিচ্ছেন, কিন্তু কল্পনা করুন তিরিশ বছর আগে যখন আপনি চার্টার্ড অ্যাকাউন্টেন্ট হবার সিদ্ধান্ত নিয়েছিলেন, তখন আপনার বয়স ছিল মাত্র পনেরো বছর! সেই বয়সে জীবন ও পেশাদারি দুনিয়া সম্পর্কে আপনার জ্ঞান কতটুকু ছিল? সেই সময়টুকুর জন্য আপনার সেই সিদ্ধান্ত একেবারে সঠিক ছিল, কিন্তু তার উপর নির্ভর করে আপনার অবশিষ্ট জীবনের অন্যান্য সিদ্ধান্ত নেওয়ার প্রয়োজন পড়ে না। সেই সময়ে হয়তো আপনার কাছে বিকল্প কোনো সুযোগ অথবা উপায় ছিল না, কিন্তু আজ আপনার জ্ঞানের পরিধি, সাবালকত্ব ও অভিজ্ঞতা আপনাকে আরো ভালোভাবে সিদ্ধান্ত নিতে সক্ষম করে তুলেছে, যাতে জীবনে আপনি শ্রেষ্ঠতার স্বাদ উপভোগ করতে পারেন।'

তাই বলি, সম্পূর্ণ স্বাধীনভাবে যারা নিজের জীবনকে গড়ে তুলতে চান এবং বাকি জীবন সুখে কাটাতে চান, তাঁদের মধ্যে আপনি যদি একজন হয়ে থাকেন, ডাইরেক্ট সেলিং-এর দুনিয়া আপনার জন্য যথার্থ পেশা। মনে রাখবেন, অর্থই একমাত্র লক্ষ্য নয়। আপনার লক্ষ্য হল স্বাধীনতা।

জীবনে স্বতন্ত্র হতে পারাই হল স্বাধীনতার চরম স্তর। নিজেকে সেই স্বাধীনতা দিন এবং জীবনে সেই সমস্ত মানুষকে চয়ন করুন যারা আপনার যথার্থতাটুকু সম্পূর্ণ স্বচ্ছভাবে আপনার সামনে তুলে ধরবেন।

—ডো জান্তামাতা

১৪

ছাত্রদের সাফল্যের সেরা শিক্ষা পদ্ধতি

কলেজে যা শিখবেন তা আপনাকে একটি পেশায় যুক্ত করতে সক্ষম, কিন্তু বাস্তব জীবনে আপনি যা শিখবেন তা আপনার স্বপ্নপূরণ করে জীবন বদলে দেবে।

—দীপক বাজাজ

আমাদের শিক্ষাব্যবস্থা আস্তে আস্তে সার্বিক শিক্ষাপ্রদানের দিকে আবর্তিত হচ্ছে, কিন্তু প্রাথমিকভাবে তারা ছাত্রদের অতি আটপৌরে, সনাতন বিষয়গুলির শিক্ষার উপরেই গুরুত্ব দিয়ে চলেছে। পেশাদারি জীবনে চূড়ান্ত সফল হবার জন্য, শুধুমাত্র এই সমস্ত বিষয়গুলির উপরে দক্ষতা অর্জন করাই শেষ কথা নয়। আপনার প্রয়োজন কার্যকারী দক্ষতা, যা পেশাদারি জীবনে সাফল্য ও প্রতিপত্তি এনে দিতে পারে। এই সমস্ত কার্যকারী দক্ষতার সঙ্গে সঙ্গে, আপনার প্রয়োজন চারিত্রিক দক্ষতার, এবং মজার কথা হল, পৃথিবীর কোনো শিক্ষা প্রতিষ্ঠান, স্কুল, কলেজ বা বিশ্ববিদ্যালয় এই জিনিসের প্রশিক্ষণ দেয় না।

ডাইরেক্ট সেলিং আপনাকে এই পরিসরে শিক্ষিত করে তুলতে এক গুরুত্বপূর্ণ ভূমিকা নেয়। ডাইরেক্ট সেলিং কলেজ জীবনের প্রশিক্ষণের সঙ্গে এই সমস্ত কার্যকারী দক্ষতা ও চারিত্রিক দক্ষতার প্রশিক্ষণের মেলবন্ধন ঘটিয়ে আপনাকে

আরো শক্তিশালী করে তুলতে পারে, যাতে ভবিষ্যতে আপনার জীবন হয়ে ওঠে সার্থক।

ডাইরেক্ট সেলিং-এর প্রশিক্ষণের দ্বারা ছাত্ররা কীভাবে উপকৃত হতে পারেন, তার ১০টি উপায় নীচে দেওয়া হল ঃ

১. **ছাত্রদের অর্থনৈতিকভাবে স্বাবলম্বী করে তোলা।**
ছাত্ররা নিজেদের ব্যয়বহন করতে পারেন, এবং অল্প বয়স থেকেই আত্মনির্ভর হতে সক্ষম হন।

২. **বাস্তব জীবনে অভিজ্ঞতা লাভের সুযোগ, যা তাঁদের ভবিষ্যৎ জীবন আরো সমৃদ্ধ করে তুলবে।**
শিক্ষাগত যোগ্যতার থেকে বাস্তব জীবনের অভিজ্ঞতা একজনকে অন্যদের তুলনায় স্বতন্ত্র করে করে তোলে। একজন অভিজ্ঞ ছাত্র পেশাদারি জীবনে সবসময় অন্য ছাত্রদের থেকে উপাদেয়, এবং ডাইরেক্ট সেলিং ছাত্রদের এই সুযোগ দিতে সক্ষম, যা তাঁদের সামনে একাধিক সুযোগের উন্মেষ ঘটাবে।

৩. **আত্মবিশ্বাস**
নিজের মধ্যে আত্মবিশ্বাসের উত্তরণ ঘটানো একটি জটিল পদ্ধতি, এর দ্বারাই একজন ছাত্রের চারিত্রিক দক্ষতার উন্মেষ ঘটে— নতুনভাবে শেখা, উপার্জন করা, নিত্যনতুন মানুষের সঙ্গে পরিচয়, অন্যান্যদের সঙ্গে কাজ করার সুযোগ ইত্যাদি। ডাইরেক্ট সেলিং-এর প্রত্যেকটির প্রশিক্ষণ দেয়, এবং অন্যান্য সুযোগের ব্যবস্থা করে দেয় যাতে নিজের ব্যক্তিত্ব ও আত্মবিশ্বাসের উন্নতিসাধন ঘটে।

৪. **সময়ানুবর্তিতা এবং স্ব-শৃঙ্খলা**
যেভাবে আপনি নিজের প্রতিদিনের ২৪ ঘন্টা সময়কে কাজে লাগান, তার উপরে নির্ভর করে আপনার সাফল্যের প্রসার। ডাইরেক্ট সেলিং-এর ব্যবসা একজন ছাত্রকে শেখায় কীভাবে তাঁরা সময় অনুযায়ী সমস্ত দায়িত্ব পালন করতে পারবেন।

৫. **বাস্তব জীবনে ব্যবসা, বাণিজ্য ও উদ্যোগ সম্পর্কিত শিক্ষা ও অভিজ্ঞতা**
এ এক অমূল্য সম্পদ, এবং এই সম্পর্কে যথার্থ জ্ঞান ও অভিজ্ঞতা না থাকার কারণে অনেক শিল্পপতি ও উদ্যোগপতি প্রচুর সময় ও অর্থের জলাঞ্জলি দিতে বাধ্য হয়েছেন। বিশেষ কোনো অর্থলগ্নি বা ঝুঁকি ছাড়াই, ছাত্ররা বাস্তব জীবনে একজন উদ্যোগপতির মতো করে অভিজ্ঞতা সঞ্চয় করে প্রশিক্ষণ পেতে পারেন এই ব্যবসায়।

৬. **নিজের পুঁজি সঞ্চালনের সঠিক প্রশিক্ষণ**
যখন আপনি অর্থ উপার্জন করতে শুরু করেন, অর্থের প্রতি আপনার দৃষ্টিকোণের পরিবর্তন ঘটে। আপনি সেদিকে আরো ভালোভাবে নজর দিতে শুরু করেন। প্রথম জীবনে এই অভিজ্ঞতা সংগ্রহ করতে পারলে ভবিষ্যতে ছাত্ররা স্বোপার্জিত অর্থ সঠিকভাবে সঞ্চালন করতে সমর্থ হবেন।

৭. **মানুষের সঙ্গে ব্যবহারিক দক্ষতার উত্তরণ**
ছাত্রদের পেশাদারি জীবনে মানুষের সঙ্গে ব্যবহারের উন্নতি ঘটানোর জন্য তাঁদের কর্মক্ষেত্রে, ব্যবসায়িক ক্ষেত্রে, এবং ডাইরেক্ট সেলিং-এর ব্যবসার মাধ্যমে এই প্রশিক্ষণ একান্তই অপরিহার্য।

৮. **সিদ্ধান্ত গ্রহণ করার ক্ষমতা**
জীবনের প্রতিটি ক্ষেত্রে সঠিক সময়ে সঠিক সিদ্ধান্ত গ্রহণ করার ক্ষমতা এক অত্যন্ত উপকারী ক্ষমতা, এবং ডাইরেক্ট সেলিং-এর দুনিয়া আপনাকে সেই সিদ্ধান্ত নেওয়ার যথার্থ প্রশিক্ষণ দিতে পারে।

৯. **নিজের পেশাদারি নেটওয়ার্ক তৈরি করা**
আপনার নেটওয়ার্ক হল আপনার শক্তির পরিচয়। ডাইরেক্ট সেলিং ছাত্রদের সামনে পেশাদারি ক্ষেত্রে তাঁদের নেটওয়ার্কের প্রসার ও বিস্তার ঘটাবার অফুরন্ত সুযোগ করে দিতে সক্ষম। এই নেটওয়ার্ক পেশাদারি ক্ষেত্রে হয়ে উঠবে তাঁদের শ্রেষ্ঠ হাতিয়ার।

১০. **আধুনিক প্রযুক্তি সম্বলিত কর্মপদ্ধতি প্রশিক্ষণের সুযোগ**
ডাইরেক্ট সেলিং-এর ব্যবসায় প্রতিদিন আপনি নতুন নতুন জিনিস শিখতে পারেন। শিক্ষা প্রতিষ্ঠান আপনাকে শিক্ষিত করতে সক্ষম, কিন্তু ডাইরেক্ট সেলিং আপনাকে জীবনের ও কর্মক্ষেত্রে দক্ষতা অর্জন করতে প্রস্তুত করে তুলবে। এই সামগ্রিক দক্ষতা আপনার পেশাদারি জীবনকে এক অন্য স্তরে উন্নীত করবে।

আমি প্রত্যেক ছাত্রকে জোর দিয়ে বলতে চাই, পড়াশোনার পাশাপাশি তাঁরা যেন অবিলম্বেই একটি ডাইরেক্ট সেলিং-এর ব্যবসা শুরু করেন নিজের উন্নতিকল্পে। ডাইরেক্ট সেলিং-এর দুনিয়ায় কয়েক বছর টিকে থাকতে পারলেই একজন সাধারণ ছাত্রের ভবিষ্যৎ জীবন সম্পূর্ণভাবে বদলে যেতে পারে, এবং নিজেদের পছন্দসই পেশার তুলনায় অত্যন্ত দ্রুতগতিতে তাঁরা অগ্রসর হতে পারেন। আজকের ছাত্রদের মধ্যে তাঁদের ব্যবহারে ও মননশীলতায় এক উল্লেখযোগ্য অগ্রগতি লক্ষ করি আমি। তাঁদের মধ্যে উল্লেখযোগ্য সংখ্যায় ছাত্ররা আমার লেখা বই পড়ছেন এবং আমার সোশ্যাল মিডিয়ার চ্যানেলগুলি অনুসরণ করছেন।

সেই কারণেই প্রচুর ছাত্র তাঁদের সাধারণ শিক্ষার সঙ্গে সঙ্গে আমার ওয়ার্কশপে এসে অনলাইন কোর্সে অন্তর্ভুক্ত হচ্ছেন প্রতিনিয়ত। নিজেদের উন্নতিসাধনে এ এক অত্যন্ত গুরুত্বপূর্ণ পদক্ষেপ, এবং আমাদের ছাত্রজগতকে সাধ্যমতো সাহায্য করতে পেরে আমি যারপরনাই খুশি ও সন্তুষ্ট।

> *জ্ঞান আহরণ প্রশিক্ষণের একমাত্র ফল নয়। প্রকৃত শিক্ষা হল ছাত্রদের কর্মকাণ্ডের ফলাফল।*
>
> —জন হোল্ট

১৫
আপনার পরিবারের আসল সুরক্ষা ও বিমাকরণ

দিনের শেষে, আপনার দুটি প্রধান লক্ষ্য ঃ সুরক্ষা ও সাবধানতা অবলম্বন।

—জোডি রেল

যখন আমার বয়স মাত্র ৬ বছর, আমার বাবা একটি দুরারোগ্য রোগে অসুস্থ হয়ে পড়েছিলেন। পরের দুই বছরের অধিকাংশ সময় ধরে হাসপাতাল ছিল তাঁর স্থায়ী ঠিকানা। তাঁর জন্য আমার মা তৎকালীন সেরা চিকিৎসার ব্যবস্থা করেছিলেন। সেই দুই বছরের শেষে, আমরা বাবাকে চিরদিনের জন্য হারিয়েছিলাম, এবং তাঁর সঙ্গে আমরা হারিয়েছিলাম তাঁর সরকারি চাকরিজীবনের সমস্ত সঞ্চয় ও সম্পত্তি। রাতারাতি আমাদের সমস্ত আত্মীয়স্বজন চোখের সামনে থেকে অদৃশ্য হয়ে গেলেন। একটি নতুন চাকরির ব্যবস্থা করতে আমার মায়ের দীর্ঘ দুই বছর সময় লেগেছিল। সেই দুই বছর ছিল আমাদের জীবনের সবচেয়ে কঠিন সময়, এবং সেই সময়ে আমরা জীবনের রূঢ়তা সম্বন্ধে অনেক শিক্ষা লাভ করেছিলাম।

বাবা আমার কাছে ছিলেন এক সর্বোৎকৃষ্ট মানুষের দৃষ্টান্ত। তিনি ছিলেন

এক অসাধারণ সমাজকর্মী, এবং গ্রামের সমস্ত মানুষ যে-কোনো সমস্যার সমাধান করতে তাঁর কাছে নির্দ্বিধায় আসা যাওয়া করত। বাবা কিন্তু কখনো এই পরিস্থিতির বিন্দুমাত্র সুযোগ নেননি; হয়তো অন্য কেউও নেন না। যতদিন তিনি জীবিত ছিলেন, ততদিন আমাদের জীবন সর্বাঙ্গসুন্দর ছিল, কিন্তু তিনি চলে যাওয়ার সঙ্গে সঙ্গে আমাদের পরিবারের মাসিক আয়, সম্পত্তি এবং তার সঙ্গে আমাদের সমস্ত বন্ধুবান্ধব ও আত্মীয়পরিজনের অস্তিত্বের পরিসমাপ্তি ঘটল। সেই প্রতিটি দিনের কষ্টকর স্মৃতি হৃদয়ে আজও বয়ে নিয়ে বেড়াচ্ছি। কর্মজীবনে শেখানো হয়েছিল, আমাদের এমন একটি পরিকাঠামো গড়ে তুলতে হবে যা পরিবারকে নিয়মিত আয়ের জোগান দিতে থাকবে, এমনকী যখন আমরা আর কোনোভাবেই কর্মক্ষম থাকব না বা আমরা এই পৃথিবীতে থাকব না।

সিংহভাগ পরিবারে মাত্র একজন উপার্জনশীল ব্যক্তিই বর্তমান, এবং নিজের ক্ষমতার শীর্ষে থাকতে, তাঁরা মানতেই রাজি হন না যে ভবিষ্যতে কোনো শারীরিক বা দুর্ঘটনাজনিত কারণে তাঁদের কর্মক্ষমতা চলে যেতে পারে। সেক্ষেত্রে তাঁরা যখন আর কাজ করতে পারবেন না, তাঁর পরিবারের জীবনধারণ কীভাবে সম্ভব হতে পারে? জীবনের সমস্ত পরিস্থিতি যখন আমাদের অনুকূলে থাকে, তখন সচ্ছলভাবে জীবনযাপন করা অত্যন্ত সহজ, কিন্তু কখনো নিজের জীবনে অভ্যাসে দাঁড়িয়ে যাওয়া বিভিন্ন সামগ্রী যদি আমাদের কাছে আর উপলব্ধ না হয়, জীবন হয়ে ওঠে অত্যন্ত দুর্বিষহ।

যা করার আজকেই করে ফেলুন। কারণ কালকের কথা সবার অজানা।

—ওয়েন ডায়ার

বিমা সংস্থার কর্মীরা আমাদের বিভিন্নভাবে ভয় দেখিয়ে নিজেদের পলিসি কিনতে বাধ্য করেন, কিন্তু আসল ঘটনা হল বিমা থেকে পাওয়া এককালীন অর্থ সারাজীবনের জন্য একটি সম্পূর্ণ পরিবারের দায়িত্ব নিতে পারে না। আমি কিন্তু একবারও বিমা পদ্ধতির বিপক্ষে বলতে চাইছি না। আপনারা অবশ্যই যথাযথ বিমাকরণের দ্বারা নিজেদের জীবন সুরক্ষিত রাখার ব্যবস্থা করে রাখবেন। আমি যা বলতে চাইছি তা হল, শুধুমাত্র বিমাকরণ আপনার জীবনের সুরক্ষার জন্য যথেষ্ট নয়। আপনার চাই একটি বিরামহীন আয়ের পথ, যা আপনার উপস্থিতি বা অবর্তমানেও একটি নিশ্চিত আয়ের উৎস হিসেবে কাজ করতে থাকবে নিরন্তর। আপনার প্রয়োজন এমন একটি ব্যবসার, যা সর্বদা আপনার অনুপস্থিতিতেও বৃদ্ধি পেতে থাকবে, প্রজন্মের পর প্রজন্ম ধরে ডালপালা বিস্তার করতে থাকবে। যত তাড়াতাড়ি আপনি এই সত্যিটা উপলব্ধি করতে পারবেন,

তত তাড়াতাড়ি আপনি এর সমাধান খুঁজতে ব্যস্ত হয়ে পড়বেন। এবং আমার কাজ হল, আপনার জীবনে এইরকম কোনো প্রতিকূল পরিস্থিতির উদ্গাম হওয়ার আগেই, এই ব্যবসার গুরুত্ব সম্বন্ধে অবহিত করে দেওয়া।

এই সমস্যার হাত থেকে নিষ্কৃতি পাওয়ার একটি পথ হল সনাতনী ধারার অন্তর্ভুক্ত একটি ব্যবসার গোড়াপত্তন করা। কিন্তু এই ব্যবসায় যুগের পর যুগ ধরে কাজ করে যাওয়ার পরেও, হাতেগোনা মানুষ তাঁদের ব্যবসাকে এই উচ্চতায় নিয়ে যেতে সফল হতে পারেন। একটি সাধারণ ব্যবসা শুরু করতে যে সমস্ত শর্তগুলি মেনে চলতে হয়, তা আমরা আগেই আলোচনা করেছি। যদি আপনি সফলভাবে একটি সাধারণ ব্যবসা শুরু করতেও পারেন, সেটির ক্ষেত্রে প্রভূত দক্ষতা, অভিজ্ঞতা ও চালিকাশক্তির প্রয়োজন হয়। ফলে সেটি এতোই জটিল হয়ে দাঁড়ায়, যে আপনার অবর্তমানে আপনার স্ত্রী অথবা সন্তানদের পক্ষে সুষ্ঠভাবে ও লাভজনকভাবে তা চালিয়ে যাওয়া একান্ত অসম্ভব হয়ে পড়ে।

আমি নিশ্চিত আপনারা গরম জল আর ব্যাঙের গল্পটির সঙ্গে পূর্বপরিচিত। যদি একটি ব্যাঙকে হঠাৎ করে একটি গরমজলের গামলায় ছুড়ে ফেলা হয়, সেটি পরমুহূর্তেই সেই গামলা থেকে এক লাফে ছিটকে উঠে পালিয়ে যাবে। কিন্তু সেই ব্যাঙকে যদি হাল্কা গরম জলে ছাড়া হয়, তখন সে আরো বেশিক্ষণ সেই জলে থাকতে পারে। কম গরম জলে থাকতে থাকতে সে নিজের আসন্ন বিপদের কথা বুঝতে না পেরে আস্তে আস্তে সিদ্ধ হতে হতে মারা যায়। দ্বিতীয় ক্ষেত্রে, ব্যাঙটি উপলব্ধি করে যে এই জলে থেকে সে তার সর্বশক্তি প্রয়োগ করলে বেঁচেও যেতে পারে, এবং সে সেই কাজে নিমগ্ন হয়। সেই কারণে, জল গরম হবার সঙ্গে সঙ্গে সে তার সহ্যশক্তি ও সহনশীলতার ক্ষমতা প্রয়োগ করতে থাকে, কিন্তু লাফিয়ে উঠে পালাবার চেষ্টা করে না। যখন জলের তাপমাত্রা তার সহ্যের বাইরে চলে যায়, তখন তার শরীরে লাফিয়ে পালাবার শক্তি অবশিষ্ট থাকে না, এবং সে অসহায়ভাবে মৃত্যুবরণ করে। এই নিরীহ ব্যাঙটির মৃত্যুর কারণ হল দুটি ঃ

১. সঠিক সময়ে আসন্ন বিপদের সম্পর্কে অবহিত না হতে পারা
২. সময় ও সুযোগ থাকা সত্ত্বেও, সে সেগুলির সদ্ব্যবহার করতে সক্ষম হয়নি

এই ক্ষেত্রে, আমার স্থির বিশ্বাস হল ডাইরেক্ট সেলিং-এর ব্যবসা এক অব্যর্থ বংশানুক্রমিক ব্যবসা, এবং অন্যভাবে বলতে গেলে, যে ব্যবসা প্রতিটি সাধারণ মানুষের কাছে সহজে উপলব্ধ। এই ব্যবসার প্রধান প্রবর্তকের অবর্তমানে, সমগ্র ব্যবসার স্বত্ব চলে যাবে তাঁর পরবর্তী প্রজন্মের মালিকানায়।

ডাইরেক্ট সেলিং-এর অভিনবত্ব হল, এই ব্যবসার পরিকাঠামো ব্যবসাকে এগিয়ে নিয়ে চলে নিরন্তর, এবং তার জন্য কোনো মানুষের হস্তক্ষেপ প্রয়োজনীয় নয়। এই পরিকাঠামোর দর্শন হল বিভিন্ন আধুনিকতম পদ্ধতি, প্রযুক্তি ও প্রশিক্ষণের মাধ্যমে হাজার হাজার মানুষকে এমনভাবে সমস্ত দায়িত্ব ভাগ করে দেওয়া, যাতে নিজের ক্ষেত্রে সঠিকভাবে কাজ করে গেলেই ব্যবসা মসৃণভাবে অগ্রসর হতে পারবে। যেহেতু প্রতিটি কর্মীর উপরে একটি ক্ষুদ্র অংশের ভার দেওয়া থাকে, এবং এই সুবিশাল কর্মযজ্ঞে হাজার হাজার কর্মী কর্মরত, তাই এর জন্য কোনো বিশেষ ব্যক্তি, তাঁর দক্ষতা, তাঁর কর্মক্ষমতা বা অভিজ্ঞতার প্রয়োজন পড়ে না। এ ছাড়াও, প্রতিটি সফল ডাইরেক্ট সেলিং এর দলে আধুনিকতম পদ্ধতি, প্রযুক্তি ও প্রণালীর ব্যবস্থা রয়েছে যার সাহায্যে কর্মীরা থাকেন কর্মঠ ও উৎপাদনে সক্ষম।

যদি আপনি এই ব্যবসা সঠিক পরিকাঠামো ও ভিত্তির উপর স্থাপন করতে পারেন, শুধুমাত্র আপনার সন্তানদের ভবিষ্যৎ সুনিশ্চিত হবে তাই নয়, আপনি যখন বৃদ্ধ বয়সে অবসরগ্রহণ করবেন, তখনো আপনি থাকবেন আত্মনির্ভর। যখন আপনি একটি ডাইরেক্ট সেলিং-এর ব্যবসার সফল গোড়াপত্তন করতে সক্ষম হবেন, জীবনের শেষ নিঃশ্বাস পর্যন্ত তা আপনার যত্ন নেবে।

পৃথিবীর শ্রেষ্ঠ বিত্তবান মানুষরা নেটওয়ার্ক গড়ে তোলেন। বাকিরা প্রত্যেকে সেই নেটওয়ার্কে সুযোগ পাওয়ার জন্য প্রশিক্ষিত হন।

—রবার্ট টি কিয়োসাকি

১৬

পদোন্নতি ও পেশা সংক্রান্ত উন্নতির অনুঘটক

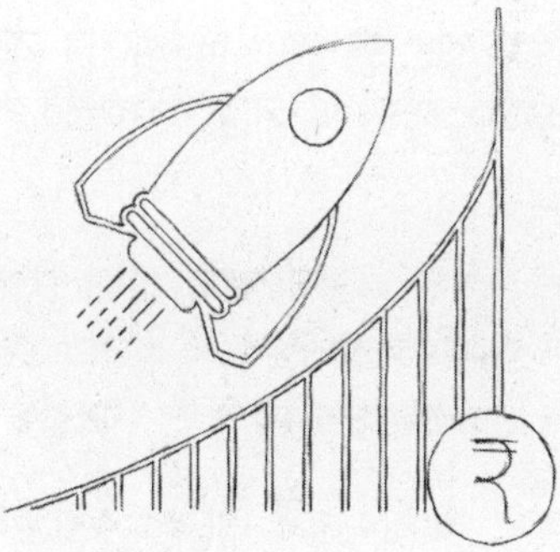

সাধারণভাবে জীবনযাপন করার চেয়ে জীবনে অগ্রসর লক্ষ্য হওয়া উচিত।

—এরিক বাটারওর্থ

কর্মজীবনে আমাদের পেশা অথবা অবস্থান যাই হোক না কেন, আমাদের প্রত্যেকের কাছে উন্নতির সুযোগ একান্ত কাম্য। প্রত্যেকেই চান ভালো চাকরি, পদমর্যাদা, আয়বৃদ্ধি, নামযশ ও প্রতিপত্তি এবং বৈভব। এই কয়েকটি কারণ আমাদের কর্মক্ষেত্রে নিজেদের এগিয়ে নিয়ে যাওয়ার অন্যতম ইন্ধন। সেই কারণেই প্রতিটি প্রতিষ্ঠানে কর্মক্ষেত্রে শ্রীবৃদ্ধি করার সময়টুকুর গুরুত্ব সবচেয়ে বেশি।

সত্যি কথা বলতে গেলে, কর্মক্ষেত্রে আপনার অবস্থান, বেতন ও পেশাদারিত্বের পুরস্কার নির্ভর করে মাত্র দুটি শর্তের উপরে—আপনার শিক্ষাগত যোগ্যতা এবং অভিজ্ঞতা। আপনার ইন্টারভিউয়ের সময়ে এই দুটি জিনিসের উপরে সম্পূর্ণ গুরুত্ব দেওয়া হয়। সাধারণভাবে দেখা যায়, যে সমস্ত মানুষের শিক্ষাগত যোগ্যতা এবং অভিজ্ঞতার পরিমাণ অন্যদের চেয়ে বেশি, তাঁরাই উন্নত চাকরি, বেশি বেতন এবং অন্যান্য সুবিধা পেতে সক্ষম তাঁদের পেশাদারি জীবনে।

যদিও প্রত্যেকের লক্ষ্য হল বৃদ্ধি ও উন্নতি, তাঁদের শিক্ষাজীবন শেষ হয়ে গেলে সিংহভাগ মানুষ পেশাদারি প্রশিক্ষণ, বা অন্যান্য দক্ষতা বৃদ্ধির জন্য কোনো কোর্স করার কথা চিন্তা করেন না, যাতে পরবর্তীকালে, কর্মক্ষেত্রে তাঁদের উন্নতি সম্ভব। অনুন্নত যোগ্যতা, জ্ঞান ও অভিজ্ঞতার উপর নির্ভর করে কীভাবে নিজের কর্মক্ষেত্রে আপনি উন্নতি ও বৃদ্ধির আশা করতে পারেন, কীভাবে আশা করতে পারেন বেতন বৃদ্ধির?

দয়া করে মনে রাখবেন যে আজকের দিনে অতি সহজেই উন্নত শিক্ষাগত এবং পেশাদারি দক্ষতা সম্বলিত মানুষ পাওয়া সম্ভব। প্রত্যেকের কাছেই এক বা একাধিক ডিগ্রি রয়েছে, এবং এই ডিগ্রির সাহায্যে আপনি নিজের কর্মজীবন শুরু করতে পারেন। কিন্তু যদি আপনার চারপাশের সকলকে পিছনে ফেলে এগিয়ে যেতে চান, ডিগ্রির চেয়ে আপনার পেশাদারি দক্ষতাই প্রাধান্য পাবে আপনার কর্মজীবনে।

সাধারণ ডিগ্রি + সাধারণ দক্ষতা = কর্মক্ষেত্রে সাধারণ পদ অধিগ্রহণ ও বেতন

সাধারণ ডিগ্রি + আধুনিক প্রশিক্ষণ + বিশেষ পেশাদারি দক্ষতা
= উচ্চতম পদাধিকার + আয়বৃদ্ধি

এই নিয়ম অতি সহজ: আপনি যদি নিজের কর্মক্ষেত্রে একভাবে সনাতনী প্রক্রিয়ায় কাজ করে যেতে থাকেন, আপনি সেই এক বেতন, এক সুযোগ সুবিধাই পেতে থাকবেন। কিন্তু যদি প্রয়োজন হয় আয়বৃদ্ধির, পদোন্নতির ও উন্নত জীবনধারণের, আপনার উচিত নিজের উন্নতিসাধন এবং নিজেকে সেই জায়গায় উন্নীত করা।

> *আমরা দুজনেই মনে করি, পার্ট টাইম ভিত্তিক এই ডাইরেক্ট সেলিং-এর ব্যবসা হল নেতৃত্বপ্রদানের ক্ষমতার উন্নতি ঘটাবার পক্ষে এক সর্বাধুনিক উপকরণ। এর দ্বারা আপনি মানুষের সংস্পর্শে এসে তাঁদের সঙ্গে যথাযোগ্য যোগাযোগ স্থাপন করতে সুযোগ পেতে পারেন। এই কাজ অনেকের কাছে অভাবনীয় হলেও, সাফল্য অর্জনের জন্য এটি অপরিহার্য। প্রতিকূলতা যখন আপনার জীবনীশক্তির কড়া পরীক্ষা নিতে বদ্ধপরিকর, তখন নিজের সার্বিক ক্ষমতাবিস্তার করে তা কাটিয়ে ওঠা উচিত, কারণ যখন তা হয়ে উঠবে আপনার অস্তিত্বের লড়াই, তখন আপনি কিছু করার সুযোগ পাবেন না। মানুষের পেশাদারি দক্ষতা কর্মক্ষেত্রে সার্বিক উন্নতির ক্ষেত্রে একান্ত অপরিহার্য, তার কোনো বিকল্প নেই।*
>
> —ডোনাল্ড ট্রাম্প ও রবার্ট কিয়োসাকি

উপযুক্ত শিক্ষাগত যোগ্যতা এবং অভিজ্ঞতা অর্জন করার জন্য একাধিক পথ রয়েছে, এবং সেগুলির মধ্যে থেকে আপনি নিজের জন্য সঠিক প্রশিক্ষণ বেছে নিতে পারেন। কিন্তু আমার সুদীর্ঘ ১৩ বছরের নিবিড়, সর্বক্ষণের সাথি—ডাইরেক্ট সেলিং-এর দুনিয়ার অভিজ্ঞতা থেকে আজ সুদৃঢ়ভাবে বলতে পারি যে, ডাইরেক্ট সেলিং-এর ব্যবসা নিজের কর্মক্ষেত্রে সর্বতোভাবে আপনার উন্নতিসাধনে সক্ষম। যে-কোনো পেশায় উন্নতি ও বৃদ্ধির জন্য প্রয়োজনীয় দক্ষতা অর্জনে আপনি সফল হতে পারেন এই ব্যবসার মাধ্যমে। আসলে, ডাইরেক্ট সেলিং আপনাকে সমৃদ্ধ করার সঙ্গে সঙ্গে এমনভাবে প্রশিক্ষণ দেয় যাতে এই অনন্য দক্ষতাগুলি অনায়াসেই আপনার আয়ত্তে চলে আসে।

ডাইরেক্ট সেলিং-এর ব্যবসায় মানুষ হল প্রধান ও একমাত্র মূলধন, এবং এ সত্য ইতিমধ্যেই প্রমাণিত যে একমাত্র দক্ষ মানসিকতার মানুষ দ্বারাই সফল ব্যবসার গোড়াপত্তন সম্ভব। সুতরাং এই কাজের জন্য মানুষকে সমৃদ্ধ করার প্রয়োজনীয়তা অপরিসীম। প্রত্যেকটি সফল ডাইরেক্ট সেলিং-এর প্রতিষ্ঠান একটি শক্তিশালী প্রশিক্ষণ ব্যবস্থা দ্বারাই সাফল্য অর্জন করে চলেছে প্রতিনিয়ত।

ডাইরেক্ট সেলিং-এর প্রশিক্ষণ প্রক্রিয়া আপনাকে এই নিম্নোক্ত পরিসরে সমৃদ্ধ করতে সক্ষম ঃ

- ✓ বিপণন
- ✓ পারস্পরিক যোগাযোগ
- ✓ দল নির্মাণ ব্যবস্থা
- ✓ নেতৃত্ব
- ✓ ব্যক্তিত্বের উন্নতিসাধন
- ✓ সময়ানুবর্তিতা
- ✓ নিজের বক্তব্য পেশ করার দক্ষতা
- ✓ কর্মীদলকে সামনে থেকে এগিয়ে যাওয়ার অনুপ্রেরণা
- ✓ আপনার প্রতিপত্তি ও উপস্থিতির জাদু
- ✓ সঠিক ব্যবহার ও আত্মবিশ্বাস
- ✓ মানুষকে চালনা করা

এই সমস্ত দক্ষতা একজন মানুষের মধ্যে একসঙ্গে থাকা এক অভাবনীয় ব্যাপার, এবং যদি কোনোভাবে অর্জন করা যায়, সেই ব্যক্তি হয়ে ওঠেন অত্যন্ত দুর্মূল্য এক ঐশ্বর্য। প্রতি মালিক প্রতিনিয়ত হাজার হাজার মানুষের মধ্যে এই সমস্ত দক্ষতা খুঁজে চলেছেন, তাই নিজের মধ্যে যদি এগুলির সমাহার ঘটাতে পারেন, জীবনের প্রতিটি ক্ষেত্রে আপনি হয়ে উঠবেন অপরাজেয়।

ডাইরেক্ট সেলিং আপনাকে বহুল পরিমাণে সমৃদ্ধি, অর্থ ও শ্রেষ্ঠ জীবনযাপনের সুযোগ করে দিতে সক্ষম। কিন্তু আরো বড় পরিসরে দেখলে, কেউ নিজস্ব ক্ষেত্রে উপরোক্ত দক্ষতাগুলি আয়ত্ত করতে ইচ্ছুক, তাঁদের একমাত্র হাতিয়ার হল ডাইরেক্ট সেলিং-এর দুনিয়া।

বৃদ্ধির পথ কণ্টকময়। পরিবর্তনের পথ বন্ধুর। কিন্তু, সবশেষে যে পরিস্থিতি আপনার জন্য নয়, সেই অবস্থানে টিকে থাকার চেয়ে যন্ত্রণাদায়ক আর কিছু হতে পারে না।

—ম্যান্ডি হেল

১৭

আয়কর সংক্রান্ত সুযোগ-সুবিধা

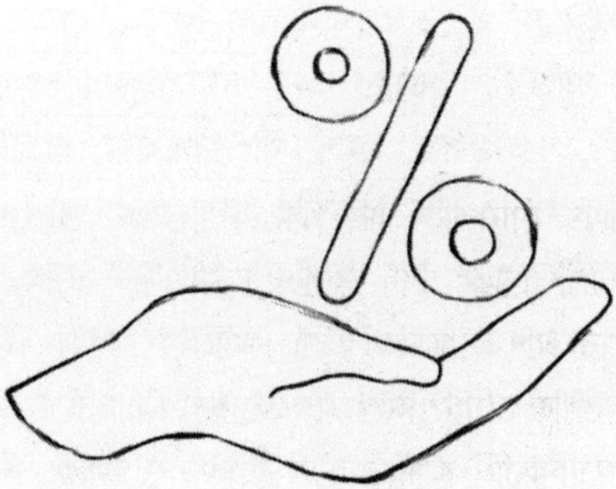

আয়কর জমা দেওয়ার চেয়েও, যথেষ্ট আয় না থাকার কারণে কর দিতে না পারার দুঃখ বহুগুণে যন্ত্রণাদায়ক।

—দীপক বাজাজ

সার্বিকভাবে, আমাদের অর্থ উপার্জনের পথ তিনটি স্থায়ী কারণের বশবর্তী—আমরা অর্থ উপার্জন করি, সেই অর্থ ব্যয় করি এবং আয়কর মেটাই। প্রত্যেকেই এই তিনটি শর্ত মেনে চলেন, কিন্তু বিভিন্ন উদ্যোগপতি ও ব্যবসায়ী কোন ক্রমানুসারে এগুলি অনুসরণ করেন তা তাঁদের নিজস্ব চিন্তাধারার বশবর্তী।

যদি আপনি একজন চাকরিজীবী হন, আপনি অর্থ উপার্জন করে নিয়মিত আয়কর দিয়ে থাকেন। আয়করের সিংহভাগ TDS (Tax deducted at source) হিসেবে আপনার বেতন থেকে কেটে নেওয়া হয় তা আপনার কাছে পৌঁছোবার আগেই। তাই একজন চাকরিজীবীর কাছে এটি একটি সহজ সরল প্রক্রিয়া—অর্থ উপার্জন করা, আয়কর জমা দেওয়া এবং অবশিষ্ট অংশ নিজের ইচ্ছেমতো ব্যয় করা। এছাড়াও, একজন চাকরিজীবী হিসেবে, একমাত্র আয়কর

ছাড়া আপনার বেতন থেকে অন্য কোনো উল্লেখযোগ্য অংশ কমে যাওয়ার সম্ভাবনা নেই জীবনযাপনের জন্য কয়েকটি নির্দিষ্ট ব্যয় ছাড়া।

কিন্তু একজন ব্যবসায়ীর ক্ষেত্রে, তাঁর ব্যবসার গোড়াপত্তনে ব্যয় হওয়া সমগ্র অর্থ তিনি নিজের উপার্জন থেকে কেটে নিতে সক্ষম। ধরে নেওয়া যাক যেহেতু আপনি ব্যবসার মাধ্যমে উপার্জন করছেন, সেই উপার্জন প্রক্রিয়ায় আপনার নিশ্চয় নিয়মিতভাবে কিছু অর্থ ব্যয় হচ্ছে। এগুলোকে বলা হয় ছাড়যোগ্য ব্যয়। একটি ব্যবসার ক্ষেত্রে একাধিক ছাড়যোগ্য ব্যয়ের অস্তিত্ব রয়েছে, এবং একজন ব্যবসায়ী হিসেবে, আপনার দায়িত্ব হচ্ছে নিজের উপার্জন থেকে এই সমস্ত ব্যয়গুলি বাদ দিয়ে তারপর আয়কর জমা দেওয়া। দৈনন্দিন জীবনে যে সমস্ত সাধারণ খাতে আপনি ব্যয় করেন, যেমন বাড়ি বা অফিসের ভাড়া, গাড়ির সুদ, গাড়ির পরিচর্যার জন্য ব্যয়, রক্ষণাবেক্ষণের ব্যয়, ল্যাপটপ, মোবাইল, ইন্টারনেট, কাগজপত্র, ভ্রমণ, খাওয়াদাওয়া, হোটেলের খরচ ইত্যাদি আপনার ক্ষেত্রে ছাড়যোগ্য ব্যয় হিসেবে গণ্য হবে আপনার নতুন ব্যবসায়। একটি স্বয়ংসম্পূর্ণ ব্যবসা শুরু করা আপনার প্রাথমিক কাজ, তারপর আয়করের আইন অনুযায়ী সেই সমস্ত ব্যয়গুলিকে একত্রিত করা, যা ছাড়যোগ্য ব্যয়ের মধ্যে পড়ে। তাই একজন ব্যবসায়ীর ক্ষেত্রে মূলমন্ত্র হল ঃ অর্থ উপার্জন, সমস্ত ব্যয়ের হিসেব করে আয়ের থেকে বাদ দিয়ে, অবশিষ্ট অংশ থেকে আয়কর জমা করা।

ছোট করে বলতে গেলে, এটিকে এভাবে সরল করে বোঝানো যায় ঃ

চাকরিজীবীর ক্ষেত্রে: আয় – আয়কর = জীবনধারণের জন্য উপলব্ধ অর্থ
ব্যবসায়ীর ক্ষেত্রে: আয় – ব্যয় = অবশিষ্ট অংশ থেকে আয়কর জমা দেওয়া

কর্মসংস্থান ও অর্থ সমাগমের মাধ্যমে পৃথিবীর অর্থনীতি চালিত হয়, যার একমাত্র উৎস হল ব্যবসা ও বাণিজ্য। আমি মনে করি, প্রতি উদ্যোগপতিকে আয়করের ক্ষেত্রে ছাড় দেওয়া প্রয়োজন, যাতে আরো মানুষ নতুন ব্যবসা শুরু করার ক্ষেত্রে অনুপ্রাণিত হতে পারেন, এবং সকলে মিলে শক্তিশালী হয়ে আরো মুনাফা লাভের লক্ষ্যে অগ্রসর হতে পারেন। যখন আপনি একটি ডাইরেক্ট সেলিং-এর ব্যবসা শুরু করেন, আপনার আয়কে ব্যবসায়িক আয় হিসেবে ধরে নেওয়া হয়, এবং অন্যান্য সাধারণ ব্যবসায়ী অথবা উদ্যোগপতির মতোই সমস্ত সুযোগ-সুবিধা ভোগ করতে পারেন আপনি। যখন আপনার হাতে এই ক্ষমতা তুলে দেওয়া হচ্ছে, কেন আপনি এর সদ্ব্যবহার করবেন না?

বলাই বাহুল্য, একমাত্র যখন আপনি সমস্ত আইনকানুন মেনে একটি সুস্থ ব্যবসা চালাবেন, এবং উপরোক্ত নিয়ম অনুযায়ী আয়কর জমা করবেন, তখনই

এই সকল সুবিধা ভোগ করার ক্ষমতালাভ করবেন আপনি। এখানে যে সমস্ত তথ্য দেওয়া রয়েছে সেগুলি কিছু সম্ভাবনার উদাহরণ মাত্র, কিন্তু এ সম্বন্ধে বিশদে জানতে, আপনাকে অতি অবশ্যই নিজস্ব আয়কর সংক্রান্ত অথবা আইনি পরামর্শদাতার সঙ্গে আলোচনা করে নেওয়া উচিত।

নিয়ম অনুযায়ী, প্রত্যেক সাধারণ ব্যবসায়ী বা শিল্পপতি আয়কর সংক্রান্ত যে সমস্ত সুযোগ-সুবিধা ভোগ করেন, সেগুলি একজন ডাইরেক্ট সেলিং-এর ব্যবসায়ীও পেতে পারেন, যতদিন তাঁরা দেখাতে পারবেন যে তাঁদের ব্যয় করা অর্থ ব্যবসার প্রসারের কাজে ব্যবহার হয়েছে।

> *যদি নিজের আয়করের জন্য ব্যয় করা অর্থের পরিমাণে রদবদল ঘটাতে চান, অর্থ উপার্জনের পদ্ধতি ও প্রক্রিয়ার মধ্যে পরিবর্তন আনা প্রয়োজন।*
>
> —ডায়ান কেনেডি

১৮

জীবনে উন্নতির জন্য কিছু বিশেষ প্রযুক্তি

নিজের দক্ষতার উন্নতি করুন, নিজের জীবনপঞ্জীর সৌন্দর্যবর্ধন নয়।

—শেরিল স্যান্ডবার্গ

শিক্ষা প্রতিষ্ঠানগুলি শিক্ষাপ্রদান করে আমাদের বিভিন্ন চাকরি বা ব্যবসার মধ্যে নিজের পেশা খুঁজে নেওয়ার ক্ষমতা তৈরি করে দেয়। এই শিক্ষার কোনো বিকল্প নেই, কিন্তু এই শিক্ষা সম্পূর্ণ জ্ঞানভিত্তিক এবং পুঁথিগত। মানুষের জীবনে তাঁর কর্মক্ষেত্র একটি বিশেষ বিভাগ, এবং নিজের জীবনে উন্নতি করতে আমাদের প্রতি বিভাগে সেরা হওয়া প্রয়োজন। আপনার শিক্ষাগত ও প্রযুক্তিগত বিদ্যা সহজেই একটি লোভনীয় চাকরি পাইয়ে দিতে সক্ষম, কিন্তু নিজের কর্মক্ষেত্রে উন্নতির শিখর ছুঁতে, আপনাকে সমস্ত বিভাগে দক্ষতম হয়ে উঠতে হবে। যখন নিজের ডাইরেক্ট সেলিং-এর ব্যবসার গোড়াপত্তন করবেন, সেটি আস্তে আস্তে আপনার মধ্যে এমনভাবে প্রয়োজনীয় দক্ষতার উন্মেষ ঘটাতে থাকবে, যাতে ভবিষ্যতে আপনি এক অসাধারণ, আনন্দময়, সাফল্যমণ্ডিত জীবনযাপন করতে সক্ষম হবেন।

ডাইরেক্ট সেলিং-এর ব্যবসা শুরু করার ফলে আপনার মধ্যে যে সমস্ত দক্ষতার উন্মেষ ঘটার সম্ভাবনা রয়েছে, তার কিছু নীচে সাজিয়ে দেওয়া হল ঃ

- প্রত্যাখ্যান সহ্য করার ক্ষমতা
- ধৈর্য
- মানুষের সঙ্গে ব্যবহার
- আশাবাদী মননশীলতা
- নিজের লক্ষ্য স্থির করা
- প্রতিকূল অবস্থা সামলানো
- অধ্যবসায়
- উদ্যম
- অনবরত শিক্ষালাভ
- পরিবর্তনের মানসিকতা
- নিয়মানুবর্তিতা
- চাপ সামলানোর ক্ষমতা
- আত্মবিশ্বাস
- দৃঢ়তা
- সময়ানুবর্তিতা
- অর্থ ব্যবস্থাপনা
- আবেগের উপর আয়ত্ত
- সম্পর্কের উন্নতি ও নতুন সম্পর্কের প্রসার ও বিস্তার

উন্নতির শিখর ছোঁয়ার সরলতম ও নিশ্চিত পথ হল নিজেকে সমস্ত বিষয়ে সুদক্ষ করে গড়ে তোলা। যখন আপনার দক্ষতা বৃদ্ধি পাবে, সঙ্গে সঙ্গে আপনার মূল্য বৃদ্ধি পেতে থাকবে। আমার কন্যা একবার আমাকে জিগ্যেস করেছিল, 'বাবা, এত মানুষ কী কারণে হাজার হাজার টাকা খরচ করে তোমার ওয়ার্কশপে আসেন, আর কেন তাঁরা লক্ষ লক্ষ টাকা খরচ করে তোমার অনলাইন কোর্সগুলিতে যোগদান করেন?' আমি তাকে বলেছিলাম যে আমি তাঁদের লগ্নি করা টাকার যথাযোগ্য মূল্যায়ন করতে সক্ষম, তাই তাঁরা আমার কাছে আসেন। এ এক অতি সাধারণ জীবনদর্শন—আপনার দেওয়ার ক্ষমতার উপর নির্ভর করবে আপনি কত উপার্জন করবেন। পথের ধারে অস্থায়ী চায়ের দোকানে দশ টাকার বিনিময়ে যে চা পাওয়া যায়, একটি পাঁচ তারা হোটেলে সেই একই চায়ের দাম হল কয়েকশো টাকা। আপনার সামগ্রী অথবা পরিষেবার জন্য ক্রেতার কাছ থেকে যে মূল্য দাবি করতে পারেন, তা সম্পূর্ণভাবে নির্ভর করে আপনি সেই সামগ্রী কীভাবে তাঁদের সামনে প্রস্তুত করছেন।

নিজের কর্মক্ষেত্রে বা ব্যবসায় কি আপনি বেশি অর্থ উপার্জন করতে ইচ্ছুক? নিঃশব্দে নিজেকে উন্নত করে তুলুন। কী করে নিজেকে উন্নত করে তুলবেন? নিজের জ্ঞান ও দক্ষতার বিস্তার ও প্রসার ঘটান। সামনে এগিয়ে যান। আপনার উন্নতি ও বৃদ্ধির কারণে যে পরিমাণ সময় ব্যয় করছেন, সবসময়ে জানবেন তা আপনাকে বহুগুণে পুরস্কৃত করবে অদূর ভবিষ্যতে।

জীবনের সার্বিক উন্নতিসাধনে জীবনের প্রতিটি ক্ষেত্রে উন্নতি করা প্রয়োজন— মানসিক, আবেগজনিত, আধ্যাত্মিক এবং শারীরিক।

—জুলিয়াস আরভিং

১৯

নামযশ ও পরিচিতি

মানুষের অন্তরের গোপনতম অভিলাষ হল প্রশংসার আকুলতা।

—উইলিয়াম জেমস

প্রশংসা ও পরিচিতি মানুষের জীবনে প্রধান চাহিদা। কর্মক্ষেত্রে আপনার দক্ষতা ও সুনামের ফলে আসে প্রশংসা, এবং সেই দক্ষতা যখন অন্যদের জীবনে উন্নতি ও পরিবর্তন নিয়ে আসতে সফল হয়, তখন প্রশংসা বদলে যায় নামযশ ও পরিচিতিতে। সাধারণভাবে দেখতে গেলে, যে-কোনো ক্ষেত্রে উচ্চ দক্ষতাসম্পন্ন মানুষের নামযশ ও পরিচিতি ছড়িয়ে পড়তে সময় লাগে না, কিন্তু ডাইরেক্ট সেলিং-এর দুনিয়া আপনাকে যথাযোগ্য সুযোগ করে দেয়। আপনি পান একটি সুষ্ঠ পরিকাঠামো এবং ইতিবাচক পরিমণ্ডল, যার সাহায্যে যে-কোনো সাধারণ মানুষ নিজের ক্ষমতায় নামযশ ও পরিচিতি লাভ করতে পারেন অতি সহজে।

এ ছাড়াও যখন আপনি ডাইরেক্ট সেলিং ব্যবসার শিখরে উন্নীত হন, তা কখনোই একজন ব্যক্তিবিশেষের সাফল্য হতে পারে না, তা সম্পূর্ণ এক দলগত প্রয়াস। নিজের দলের মধ্যে একাধিক সেরা সফল কর্মীর অবদান

ছাড়া, আপনি ডাইরেক্ট সেলিং-এর দুনিয়ায় কখনোই প্রতিষ্ঠা পেতে পারেন না। নিজের সাফল্যের ফলে যে নামযশ ও পরিচিতি আপনার প্রাপ্য হয়, তা কিন্তু আসলে আপনার কাজের দ্বারা অন্যান্য মানুষের জীবনে উন্নতিসাধন ও সাফল্যের কারণেই আসে। আমার কাছে, এই হল নামযশ ও পরিচিতি পাওয়ার শ্রেষ্ঠ উপায়। অন্যদের জন্য ভালো কাজ করে তাঁদের জীবনে উল্লেখযোগ্য অবদান রেখে যাওয়ার জন্য সম্মানিত ও প্রশংসিত হতে পারার থেকে ভালো আর কিছু হতে পারে না।

অগণিত পুরস্কার ও স্মারকে আমার বাড়ির একাংশ আজ উপচে পড়ছে। আমার বাড়িতে একটি বিশাল দেওয়াল জুড়ে শয়ে শয়ে এই স্মারক সাজিয়ে রাখা রয়েছে, এবং যেগুলির স্থান সংকুলান হয়নি, সেগুলি আমার বিশাল অট্টালিকা জুড়ে বিভিন্ন জায়গায় ও লাইব্রেরিতে ছড়িয়ে-ছিটিয়ে রাখা। এই প্রতিটি পুরস্কার বা স্মারক সেই সমস্ত লক্ষ লক্ষ মানুষের কথা বলে, ডাইরেক্ট সেলিং-এর ব্যবসার মাধ্যমে যাদের জীবন আমি সম্পূর্ণ বদলে দিতে সক্ষম হয়েছি। এই প্রতিটি স্মারকের অনুপ্রেরণায় প্রতিনিয়ত আমি অগণিত মানুষের জীবনে তাঁদের স্বপ্নকে বাস্তবায়িত করে, তাঁদের জীবন উন্নততর করার স্থির লক্ষ্য নিয়ে এগিয়ে চলতে পারি।

বলতে পারেন আপনি কতগুলি বাড়িতে গিয়েছেন, যেখানে আপনি হাজার হাজার পুরস্কার ও স্মারকে সাজিয়ে রাখা সম্পূর্ণ একটি দেওয়াল দেখেছেন? আমি নিশ্চিত, যদি দেখে থাকেন তা অধিকাংশ বাচ্চাদের জেতা স্কুলের বা কলেজের পুরস্কার বা স্মারক দিয়ে সাজানো। কিন্তু এই পুরস্কার কেন স্কুলজীবনের গণ্ডি পেরোতে পারে না? কেন আমাদের সমস্ত শ্রেষ্ঠত্ব কলেজ অথবা বিশ্ববিদ্যালয়ের গণ্ডির বাইরে অস্তিত্বহীন হয়ে পড়ে? কেন আমরা আমাদের জীবনের প্রতিটি ক্ষেত্রে শ্রেষ্ঠত্ব অর্জন করার চেষ্টা করতে পারি না? জীবনের প্রত্যেক দিন নিজের কাজের দ্বারা অন্যের জীবনে উন্নতিসাধনের মাধ্যমে অবদান রাখার সুযোগ পাই আমরা। চলুন সেই সুযোগকে কাজে লাগিয়ে আমরা অন্যের জীবনে উন্নতি নিয়ে আসার চেষ্টা করি। পরিচিতি আমাদের নিজের জীবনেও অত্যন্ত অপরিহার্য।

আমি কখনোই বলছি না যে পুরস্কার না জিততে পারলে আপনি সঠিকভাবে জীবনযাপন করছেন না। আমি বলতে চাই যে এমনভাবে জীবনযাপন করার চেষ্টা করুন যাতে আপনার জীবনের একাংশ অন্যের উপকারে উৎসর্গীকৃত হতে পারে, এবং সেই কাজে যখন আপনি সফল হতে পারবেন, আপনার নামযশ ও পরিচিতি অচিরেই দিকে দিকে ছড়িয়ে পড়বে।

শুধুমাত্র পেশার কারণে আপনি নিয়মিত নিজের বেতন সংগ্রহ করতে সমর্থ হন না, এই পৃথিবীতে সেই পেশার অন্তর্গত কাজ করার জন্য আপনাকে পাঠানো হয়েছে, যা সুষ্ঠভাবে ও একাগ্রচিত্তে সম্পন্ন করতে পারাই আপনার জীবনের অভীষ্ট, আপনার মোক্ষ।

—ভিনসেন্ট ভ্যান গগ

আরো একটি গুরুত্বপূর্ণ কথা। দয়া করে মনে রাখবেন নামযশ ও পরিচিতির স্পৃহা মোটেই আপনার দুর্বলতা নয়। এমন জীবন তো সকলের কাম্য, যেখানে মানুষের সামনে বারবার নিজের পরিচয় দেওয়ার প্রয়োজন পড়বে না। আসলে, পরিচিতি আপনার প্রতিপত্তির ব্যাপ্তিকে অনেকগুণে বাড়িয়ে দেয়, এবং কাজের পরিধির প্রসার ও বিস্তার ঘটতে থাকে—আপনি একসঙ্গে অনেক মানুষের কাছে পৌঁছে যেতে পারেন। আমাদের মধ্যে উপস্থিত বিখ্যাত ও সফল মানুষদের দেখুন, তাঁরা কীভাবে নিজের নামযশ ও পরিচিতিকে কাজ লাগিয়ে কত মানুষের কাছে পৌঁছে যাচ্ছেন, এবং তাঁদের জীবনে পরিবর্তন নিয়ে আসতে সফল হচ্ছেন।

নামযশের কোনো অংশই ভালো কিংবা মন্দ নয়, আপনি সেটিকে কীভাবে ব্যবহার করছেন সেটাই মুখ্য। ইতিহাসের পাতায় পাতায় অগণিত চরিত্র রয়েছেন যারা সাফল্যের চূড়ায় ওঠার পরেই ধুলোয় মিশে বিস্মৃতির আড়ালে বিলীন হয়ে গিয়েছেন—এর একমাত্র কারণ হল নিজেদের সেই অবস্থানে ধরে রাখার অক্ষমতা ও দুর্বলতা। আমার মতানুযায়ী, ডাইরেক্ট সেলিং আমাকে শুধু নামযশ ও পরিচিতিই দেয়নি, তা দিয়েছে চারিত্রিক দৃঢ়তা, নম্রতা এবং দায়িত্ব পালন করার ক্ষমতা, যার সাহায্যে আমি আমার শুভ প্রচেষ্টাকে উত্তরোত্তর বৃদ্ধি করতে পারি। এটি ক্রমে আমার অন্যতম গুণ হিসেবে প্রতিপন্ন হয়ে আমাকে উন্নতি করতে সাহায্য করেছে। ডাইরেক্ট সেলিং-এর দুনিয়া আমাকে যে পরিমাণ নামযশ ও পরিচিতি দিয়েছে, তার ফলে আমি আরো মানুষের কাছে পৌঁছে গিয়ে তাঁদের সাহায্য করতে পারি, এবং এভাবেই পৃথিবীতে নিজের অবদান রেখে যেতে সক্ষম হতে পারি।

আজ, ১০০টির বেশি দেশের মানুষ আমার ট্রেনিং সেশন ও অনলাইন কোর্সগুলিতে অংশগ্রহণ করতে পারছেন, আমার লেখা বইগুলি পড়ে সমৃদ্ধ হতে পারছেন, বিনামূল্যে আমার ট্রেনিংয়ের ভিডিওগুলি দেখতে পারছেন এবং তাঁদের সংখ্যা প্রতি মিনিটে বৃদ্ধি হয়ে চলেছে। এর মূল কারণ হল, আমি আমার প্রতি ভক্ত, পাঠক, অংশগ্রহণকারী এবং ছাত্রকে সম্মান করি। জীবনে একটি বিশেষ নীতি মেনে চলি—যে পরিমাণ সময় ও অর্থ তাঁরা আমার জন্যে ব্যয় করছেন, আমি যেন আমার কাজের মাধ্যমে তাঁদের সেই পরিমাণের অন্তত

১০ গুণ ফিরিয়ে দিতে সক্ষম হই। আমার অনলাইন কোর্সের প্রতিটি ভিডিও ও আমার বইয়ের প্রতিটি পাতা এই লক্ষ্য নিয়ে গঠিত হয়েছে, যা মানুষের মধ্যে তাৎক্ষণিক পরিবর্তন ও দীর্ঘস্থায়ী গুণের সঞ্চার করবে। আমি মানুষের সমস্ত সমস্যার সমাধান করে তাঁদের এক সুন্দর জীবন উপহার দিতে চাই।

আমি নিত্যনতুন ট্রেনিং মডিউল, পদ্ধতি, প্রযুক্তি ও প্রণালীর উদ্ভাবনে একাগ্রচিত্তে কাজ করে যাই, যাতে মানুষ আরো তাড়াতাড়ি নিজেদের জীবনে সাফল্যের স্বাদ পেতে পারেন। আমার জীবনের অন্যতম লক্ষ্য হল প্রতিদিন আরো, আরো বেশি মানুষকে শিক্ষিত ও সমৃদ্ধ করা আমার ওয়ার্কশপ, ট্রেনিং ইভেন্ট, পেশাদারি কথোপকথন, অনলাইন কোর্স, বই, বিনামূল্যে ভিডিও ট্রেনিং, বিনামূল্যে ই-বুক, এবং সোশ্যাল মিডিয়া চ্যানেলের মাধ্যমে। আমার জীবনের সর্বোত্তম পুরস্কার বিদেশি গাড়ি, সম্পত্তি অথবা আমার ব্যাঙ্কে রাখা অর্থরাশি নয়, তা হল মানুষের জীবন উন্নততর করতে আমার সার্বিক অবদান।

সাফল্যের সুবাস হল নামযশ ও পরিচিতি।

—সক্রেটিস

২০

আপনার সামাজিক উপস্থিতির উন্নতিসাধন

যে সমস্ত মানুষের কাছ থেকে আপনি শিখতে পারবেন, যারা জীবনের সেরাটুকু আহরণ করতে পারেন, যারা জীবনের উচ্চতম স্তরে অবস্থান করার লক্ষ্যে প্রতিনিয়ত নিজেদের উন্নতিকল্পে ব্যস্ত, তাঁদের সান্নিধ্যে থাকুন।

—লেস ব্রাউন

প্রত্যেকেই এই বহুপ্রচলিত প্রবচনের সঙ্গে পরিচিত—আপনার সঙ্গ আপনার ভাগ্যকে গড়ে দেয়। বড় হয়ে ওঠার সময়ের প্রায় পুরোটাই আমরা এই বিশেষ প্রবচনের সঙ্গে ওতপ্রোতভাবে জড়িয়ে গিয়েছি। আমার শিক্ষকরা প্রায় বলতেন, এক গোত্রের পাখি সবসময় এক সঙ্গে বসবাস করে। আর এই সমস্ত সাবধানবাণী শুনিয়ে আমার অভিভাবক ও শিক্ষকরা আমাকে সেই সমস্ত সহপাঠীদের থেকে আগলে রাখতেন যারা ধূমপান করত, মদ্যপান করত, বা যারা পড়াশোনায় একেবারেই ভালো ছিল না। আমার মনে হতো যে এই প্রবচন শুধুমাত্র সেই বিশেষ বয়স বা স্কুলের গণ্ডির মধ্যেই সীমাবদ্ধ। কিন্তু সময়ের সঙ্গে সঙ্গে আমি উপলব্ধি করেছিলাম যে আমাদের জীবনের সাফল্যের হার ও পরিমাণ সরাসরি পারিপার্শ্বিক মানুষজনের উপর নির্ভরশীল।

এই সঙ্গ বা সান্নিধ্য ব্যাপারটা এতই নিঃশব্দ ও আস্তে আস্তে শিকড় বিস্তার করে, যে একটা সময়ের পরে দেখা যায় তা আমাদের মননে দৃঢ়ভাবে প্রভাব ফেলতে সক্ষম হয়েছে, এবং আমরা অবচেতনে সেটির দ্বারা প্রভাবিত হয়েছি। ক্রমেই তাতে অভ্যস্ত হয়ে গিয়ে অতি সাধারণভাবে, লক্ষ্যহীন ও নিরুত্তাপভাবে, ভাগ্যের দোহাই দিয়ে জীবনযাপন করতে থাকি আমরা। যেহেতু আমাদের পারিপার্শ্বিকের মানুষজন নিস্তরঙ্গভাবে জীবন কাটান, আমরাও সেই জীবনে অভ্যস্ত হয়ে গিয়ে প্রশ্ন করতেই ভুলে যেতে থাকি। সবচেয়ে খারাপ হল, যদি আপনার মধ্যে বিশেষ কোনো গুণ থাকে, তা অচিরেই এই পরিস্থিতিতে সমূলে বিনাশপ্রাপ্ত হয়। চারপাশের সমস্ত মানুষের কাছ থেকে এত পরিমাণে প্রশংসা ও স্তুতি পেতে থাকেন, যে ভাবতে শুরু করেন—পৃথিবীতে আপনিই সর্বশ্রেষ্ঠ। যে মুহূর্তে আপনার সঙ্গীরা, চারপাশের মানুষজন আপনার মনে এই সন্তুষ্টির বীজ রোপণ করতে সমর্থ হন যে আপনিই সেরা, আপনার জীবনের স্বপ্নকে ছুঁয়ে ফেলেছেন—আপনার জীবনের সমস্ত স্বপ্ন সেই মুহূর্তেই ভেঙে চুরমার হয়ে যায়। আমার নিজের জীবনে একাধিকবার আমি এই পরিস্থিতির সম্মুখীন হয়েছি, এবং সেই সঙ্গ ত্যাগ করেছি, ততবার আমি আমার পেশাদারি জীবনে উন্নতির সিঁড়ি বেয়ে আরো এক ধাপ উপরে উঠতে সমর্থ হয়েছি।

আমার উচ্চ ক্ষমতাসম্পন্ন কোচিং সেশনগুলিতে, আমার ছাত্রদের ক্ষেত্রে যে বিশেষ অংশে আমি জোর দিয়ে থাকি, তা হল আধুনিক প্রযুক্তি ও প্রণালীর দ্বারা তাঁদের কর্মক্ষেত্রে এমন এক পরিমণ্ডল তৈরি করা যাতে স্বয়ংক্রিয়ভাবে পেশাদারি জীবনে সাফল্যের সঙ্গে তাঁদের সাক্ষাৎ হতে পারে।

এর সঙ্গে একটি পরিস্থিতিকে তুলনা করলেই ভালোভাবে বোঝা যাবে। মনে করুন, আপনি একটি নতুন রঙ করা বাড়িতে প্রবেশ করেছেন। প্রথম দিন নতুন রঙের গন্ধ আপনার কাছে অসহ্য মনে হবে—ফলে আপনার শরীরে তীব্র অস্বস্তি হতে পারে, বমি হতে পারে এবং এমন হতে পারে যে আপনি সারাদিন কোনো খাবার মুখেও তুলতে পারলেন না। কিন্তু সময়ের সঙ্গে সঙ্গে, আপনি সেই গন্ধে অভ্যস্ত হয়ে উঠলেন, এবং একটা সময় দেখা গেল যে সেই গন্ধের অস্তিত্ব সম্বন্ধে আপনি সম্পূর্ণ উদাসীন হয়ে উঠেছেন। তখন আপনার বাড়িতে যদি বাইরে থেকে কোনো অতিথি আসেন, এবং সেই উৎকট গন্ধ সম্পর্কে আপনাকে প্রশ্ন করেন, 'কী করে এইরকম দুর্গন্ধযুক্ত বাড়িতে থাকা সম্ভব?' তখন আপনার মনে একটি প্রশ্ন উঠে আসে, কী হয়েছে এই মানুষটির? উনি কীসের গন্ধের কথা বলতে চাইছেন?

দয়া করে মনে রাখবেন, আজকে আপনি সমাজে যে ব্যক্তি হিসেবে পরিচিত হয়ে উঠেছেন, তার একমাত্র কারণ হল আপনার সামাজিক উপস্থিতি, আপনার

বন্ধুবান্ধব, সেই সমস্ত মানুষ যারা আপনাকে সারাদিন ঘিরে থাকেন— আপনার একান্ত কাছের মানুষজন। আপনার অর্থনৈতিক অবস্থান, স্বাস্থ্য, সম্পর্কের বন্ধন, সম্পত্তি, পেশাদারি জীবন এবং জীবনযাপনের মান অনেকটা নির্ভর করে আপনার সামাজিক অবস্থানের উপর—সান্নিধ্যের মানুষজনের উপরে।

আপনার সঙ্গে ওঠবোস করা পাঁচজন মানুষের গড়পড়তা একজন হলেন আপনি নিজে।

—জিম রন

তাই যদি নিজের জীবনের অর্থনৈতিক ক্ষেত্রের (অথবা অন্য কোনো ক্ষেত্রে) আমূল পরিবর্তন ঘটানোর কোনো অভিপ্রায় থাকে, আপনার উচিত এখনই নিজের সামাজিক অবস্থানের হেরফের ঘটানো, বদলে ফেলুন আপনার বন্ধুবান্ধব ও সামাজিক পরিস্থিতিকে। আপনাকে মাত্র ১০ মিনিট এর অনুশীলন করতে আমন্ত্রণ জানাচ্ছি। নিজেই নিজের প্রশিক্ষক হয়ে উঠুন। পরবর্তী ১০ মিনিটের জন্য নিজেই নিজের প্রশিক্ষক হয়ে উঠে মনে করুন সেইসব মানুষের কথা—যাদের সঙ্গে আপনি প্রতিদিন দেখা করেন ও সময় কাটান। এই অধ্যায়ের শেষে দেওয়া স্থানটি ব্যবহার করুন অথবা নিজের নোটবুক ব্যবহার করতে পারেন, তাঁদের নামগুলি একের পর এক তালিকাভুক্ত করুন। গতকাল থেকে শুরু করুন। গতকাল থেকে যতজনের সঙ্গে দেখা করেছেন, বা ফোনের মাধ্যমে কথা বলেছেন, তাঁদের নাম লিখুন। এভাবে এক একটি দিন ধরে পিছিয়ে যেতে শুরু করুন, এবং লক্ষ্য করুন কাদের সঙ্গে আপনি সবচেয়ে বেশি কথা বলেছেন, বা দেখা করেছেন সরাসরি। এই অনুশীলনের মাধ্যমে গত দুই সপ্তাহের হিসেব করুন নিজের নোটবুকে।

এবার আপনার জীবনের প্রধান জিনিসগুলির নিরিখে তাঁদের জীবন তুলনা করে দেখুন যেমন অর্থ, শারীরিক সুস্থতা, সম্পর্ক, পেশা ইত্যাদি। ভালো করে দেখুন আপনার সঙ্গে তাঁদের চিন্তাভাবনা, জীবনযাপন এবং সাফল্যের এক আশ্চর্য সাযুজ্য!

আমি যা বলতে চাইছি তার সত্যাসত্য যদি উপলব্ধি করে থাকেন, আমি বলব এই মুহূর্তে নিজের সামাজিক অবস্থানের জায়গা থেকে অন্যত্র সরে যাওয়ার চেষ্টা শুরু করুন। কখনোই বলব না আপনার বর্তমানের বন্ধুদের সঙ্গে সম্পর্ক ছিন্ন করতে, কিন্তু সেই সমস্ত মানুষের সান্নিধ্য লাভ করার লক্ষ্যে সময় ব্যয় করতে, যাদের জীবনযাপন, নামযশ, ক্ষমতা ও প্রতিপত্তি আপনার কাছে আদর্শ। যে সমস্ত সফল মানুষের সান্নিধ্য আপনি নিজের অন্তরঙ্গ সামাজিক জীবনে

পেতে ইচ্ছুক, তাঁদের চিনে নিয়ে তাঁদের সঙ্গে সময় ব্যয় করুন। শান্তভাবে এই প্রচেষ্টায় ব্যস্ত থাকুন এবং মনে রাখুন এ এক সময়সাপেক্ষ প্রক্রিয়া। সময়ের সঙ্গে সঙ্গে এই প্রচেষ্টা ফলপ্রসূ হবে।

> *আপনি নিজের চারদিকের মানুষকে বদলে ফেলতে পারবেন না, কিন্তু সেই সমস্ত মানুষকে আপনি বদলে ফেলতে পারেন যাদের সান্নিধ্য আপনার কাছে একান্ত কাম্য।*
>
> —জনৈক

আমার জীবনের ব্যক্তিগত অভিজ্ঞতা থেকে বলতে পারি, আপনার জীবনে এমন একটি সময় আসবে যখন কয়েকটি কারণ যা আপনাকে আগে পরিতৃপ্তি দিত, আপনার কাছে শাস্তি হয়ে দাঁড়াতে বাধ্য। যে সমস্ত মানুষের সান্নিধ্য একসময়ে আপনার কাছে অত্যাবশ্যক ছিল, তাঁদের উপস্থিতি আপনাকে বিব্রত করে তুলবে। যে জিনিসগুলি আপনি আগে সহ্য করতেন, বা হয়তো উপভোগ করতেন, তা হয়ে দাঁড়াবে অত্যন্ত বিরক্তিকর। আপনার শব্দ চয়ন আমূল বদলে যাবে। নিজের জীবনে নিজের উপর বিশ্বাস ও আস্থার পরিমাণ বদলে যাবে, এবং উন্নতির পথে পা বাড়াতে তা হয়ে উঠবে আপনার প্রধান পাথেয়।

আপনি যদি এই পরিবর্তনের স্বাদ কখনো না পেয়ে থাকেন, আমি আপনাকে এই পরিবর্তনে স্বাগত জানাচ্ছি, এবং চাইব আপনি আজ থেকেই শুরু করুন। যদি আপনার নতুন বন্ধুদের পছন্দ না হয়, যে কোনো সময়ে আপনি নিজের পুরোনো বন্ধুবান্ধবদের কাছে ও আপনার পুরোনো জীবনে ফিরে যেতেই পারেন। আপনাকে শুধুমাত্র একবার চেষ্টা করার কথা বলতে চাই। অনেকসময় দেখেছি মানুষ একটি বিশেষ ট্রেনিং সেশন অথবা একটি বই পড়ার চেষ্টা করার পরে, নিজের জীবনে পরিবর্তন নিয়ে আসার চেষ্টা করেন। কিন্তু তাঁরা এই প্রচেষ্টায় সম্পূর্ণ ব্যর্থ হন একটিমাত্র কারণে, তাঁদের সামাজিক অবস্থান পরিবর্তন না করতে পেরে।

আপনাদের মধ্যে কেউ কেউ নিজের জীবনে এতই আশাবাদী যে মনে করেন কখনো কিছু খারাপ হতেই পারে না। এই কথা সম্পূর্ণ মনগড়া। আপনার মনে ভাবা প্রতিটি শব্দ এক একটি বীজের মতো, এবং সময়ের সঙ্গে সঙ্গে এগুলি সুস্থ, সুন্দর গাছে পরিণত হবে। আপনি বহিরাগতদের থেকে নিজেকে আলাদা করে রাখতে পারেন, কিন্তু আপনার সামাজিক জীবনের মানুষ এবং বন্ধুবান্ধবরা আপনার চরিত্রকে নিঃশব্দে এমনভাবে প্রভাবিত করবেন, যে আপনার জীবনে ঘটে যাওয়া স্থায়ী ক্ষতি সম্বন্ধে আপনি জানতেও পারবেন না।

জীবনে কার কার কথা শুনে চলবেন, এবং কার কথা এড়িয়ে যাবেন, সেই

সিদ্ধান্ত নিতে পারার ক্ষমতা সত্যি অমূল্য। প্রচুর মানুষ রয়েছেন, যাদের অসাধারণ কর্মক্ষমতা ও বিভিন্ন বিষয়ে দক্ষতা থাকা সত্ত্বেও, তাঁরা জীবনে সেভাবে সফল হতে পারছেন না, কারণ তাঁরা ভুল মানুষের কথা অনুযায়ী চালিত হচ্ছেন। ডাইরেক্ট সেলিং আপনার ভিতরে এই আশ্চর্য শক্তির উন্মেষ ঘটাবে এবং অচিরেই আপনি বুঝতে শিখবেন জীবনে কার কথা শুনে কাজ করা উচিত।

আসুন আপনাকে একটি ঘটনা শোনানো যাক।

গ্রামের সবচেয়ে উঁচু স্তম্ভে কে উঠতে পারবে—এই নিয়ে একসময়ে ব্যাঙদের মধ্যে একটি প্রতিযোগিতা অনুষ্ঠিত হয়েছিল। কয়েকজন দুঃসাহসী ব্যাঙ প্রতিযোগিতায় অংশগ্রহণ করার সাহস দেখালেও, বেশিরভাগ ব্যাঙ হাজারে হাজারে ভিড় জমালো এই আশ্চর্য প্রতিযোগিতার সাক্ষী থাকতে। সবাই জানে ব্যাঙদের লাফানোর ক্ষমতা ও প্রকাণ্ড লাফে এক জায়গা থেকে আরেক জায়গায় যাওয়ার ক্ষমতায় তারা অতুলনীয়, কিন্তু একটি খাড়া স্তম্ভে ওঠার জন্য বিশেষ ক্ষমতার অত্যন্ত প্রয়োজন। বাঁশির আওয়াজের সঙ্গে সঙ্গে, প্রতিযোগীদের অনেকে স্তম্ভ বেয়ে ওঠার চেষ্টা করতে থাকল। দর্শকদের মধ্যে থেকে চিৎকার উঠতে শুরু হয়ে গেল—'ওই স্তম্ভের উচ্চতা অস্বাভাবিক। ওখান থেকে পড়ে গেলে তোমরা প্রাণ হারাতে পারো। ব্যাঙেরা কি কখনো খাড়া স্তম্ভে চড়তে পারে? তোমরাও কখনো উপরে উঠতে পারবে না। যদি পারো, অত উঁচু থেকে পড়ে গেলে শরীরের সমস্ত হাড় ভেঙে যাবে। তোমাদের পক্ষে এই কাজ একেবারেই অসম্ভব। তোমরা কি পাগল হয়ে গেছ?' ঠিক যেমন তারা বলতে শুরু করেছিল, সেই অনুযায়ী একের পর এক ব্যাঙ উপর থেকে নীচে পড়তে শুরু করল। তারাও চিৎকার করে যেতে লাগল, আর ব্যাঙেরা একের পর এক মাটিতে ছিটকে পড়তে লাগল। কিন্তু দর্শকদের এই প্রবল বিদ্রুপ সত্ত্বেও, একটি ছোট্ট ব্যাঙ অকুতোভয়ে উপরে চড়তে থাকল।

দর্শকরা হতবাক হয়ে দেখল যে ক্ষুদ্র ব্যাঙটি আস্তে আস্তে স্তম্ভের চূড়ায় পৌঁছে গেছে। তারা চমৎকৃতভাবে তার দিকে নিঃশব্দে চেয়ে রইল। তারা ভীষণভাবে কৌতূহলী হয়েছিল, যে দুরূহ কাজ এত ব্যাঙের দ্বারা সম্ভব হল না, তা এই ক্ষুদ্র প্রাণীটির দ্বারা কীভাবে সম্ভব হতে পারে! যে মুহূর্তে সে নীচে নেমে এল, সবাই তাকে ঘিরে প্রশ্ন করতে শুরু করে দিল এই কাজ সে কেমনভাবে সম্পন্ন করল। কিন্তু ক্ষুদ্র ব্যাঙটি কারো প্রশ্নের উত্তর দিল না। সবাই তাকে ঘিরে প্রশ্ন করেই চলেছে, কিন্তু সে কারো কথায় সাড়া দিল না। হঠাৎ করে তার মা ছুটে এল সেখানে এবং বলল, 'আমার সন্তানকে দয়া করে বিরক্ত কোরো না তোমরা। আমার সন্তান কালা, সে কানে একেবারেই শুনতে পায় না!' যে কারণে ছোট্ট ব্যাঙটি স্তম্ভের শিখরে পৌঁছোতে পেরেছিল, তা হল সে দর্শকদের বলা কথার একটি শব্দও শুনতে পায়নি।

দূরদৃষ্টিসম্পন্ন মানুষের সান্নিধ্যে থাকুন। তাঁদের সঙ্গে থাকুন যারা আপনাকে অনুপ্রেরণা দেবেন এবং নিজের স্বপ্নকে বাস্তবায়িত করতে উদ্বুদ্ধ করতে সক্ষম।

—জোয়েল অস্টিন

একটি ছোট গ্রামে এক সাধারণ সরকারি চাকরিজীবীর পরিবারে জন্মগ্রহণ করার ফলে, আমার সঙ্গে উচ্চবিত্ত, সচ্ছল ব্যবসায়ী পরিবারের মানুষের সংস্পর্শ ঘটেনি কোনোদিন। আমরা আমাদের মতো সাধারণ নিম্নবিত্ত পরিবারের মানুষের সাহচর্যেই বড় হয়ে উঠেছি। উচ্চবিত্ত ও নিম্নমধ্যবিত্ত পরিবারের মানুষের মধ্যে বিত্ত, জীবনধারণ ও অর্থের পার্থক্য ছাড়াও তাঁদের চিন্তাধারা ও মননশীলতার মধ্যে প্রভূত তারতম্য দেখা যায়। তাঁরা জীবনে আসা বিভিন্ন সুযোগ ও পরিস্থিতি সম্বন্ধে অন্যভাবে চিন্তা করেন ও সেই অনুযায়ী পদক্ষেপ নিতে পারেন। জীবনে ভালো থাকার মূলমন্ত্র হিসেবে আমরা কয়েকটি জিনিসের উপর বেশি জোর দিতাম, যেমন আমাদের ব্যয়ক্ষমতা, হিসেব করে চলা, চাকরির নিরাপত্তা, মানিয়ে নেওয়া ও চলার ক্ষমতা, উৎসর্গ করার প্রবণতা, নিজের আয় অনুযায়ী জীবনযাপন করা, সঞ্চয়, ভোগবিলাসকে অপরাধের চোখে দেখা, বিত্তবান মানুষমাত্রই ঠগ ও জোচ্চোর ভাবা ইত্যাদি ইত্যাদি। দিনের পর দিন এভাবে চিন্তা করতে করতে এই ভ্রান্ত ধারণাগুলি আমাদের মনে স্থায়ীভাবে দাগ কেটে বসে গেল, এবং আমরা এভাবেই চিন্তা করতে শিখে গেলাম। এইভাবে চিন্তা করার সবচেয়ে ক্ষতিকর কুফল হল উন্নতি করার ইচ্ছার সমূলে বিনাশ এবং লড়াই করার ক্ষমতার মৃত্যু।

যদি আপনাকে ঘিরে থাকা মানুষজন বা বন্ধুবান্ধবদের দেখে আপনি অনুপ্রাণিত হতে না পারেন, তাহলে আপনার সামাজিক অবস্থান অতি দুর্বল। আপনি বাস করছেন একটি বদ্ধ খাঁচার ভিতর।

—নিপসে হাসেল

অনেক বছর ধরে আমি আমার এই মানসিকতার পরিবর্তন করতে চেয়েছি। জানতাম আমার উচিত সামাজিক অবস্থান বদলানো, কিন্তু যেহেতু আমি একটি সাধারণ পরিমন্ডলে কর্মরত ছিলাম, আমি জানতাম না কোথায় গেলে নিজের জীবনে প্রতিদিনের জন্য একটি স্বাস্থ্যকর ও সুস্থ সামাজিক পরিমণ্ডল খুঁজে পেতে পারি। আমি বুঝতে পারতাম না কীভাবে সেই সমস্ত মানুষের নাগাল পাব, যারা জীবনে একটি বিশেষ লক্ষ্য ও স্বপ্নকে মাথায় রেখে উন্নতির পথে চালিত হচ্ছেন।

২০০৭ সালে, আমি প্রথমবারের জন্য ডাইরেক্ট সেলিং-এর দুনিয়ার সংস্পর্শে আসি। ডাইরেক্ট সেলিং-এর দুনিয়া আমাকে পরিচয় করিয়ে দিল সেই সমস্ত মানুষের সঙ্গে যাদের আমি খুঁজছিলাম—যারা আমার মতো একই পথের পথিক। সেই সমস্ত মানুষ যারা শুধু মৌখিকভাবে পরিবর্তনের কথা বলেন না, নিজেদের জীবনে পরিবর্তন আনার জন্য নিরন্তর কাজ করেন—সাধারণ মানুষ—যাদের অসাধারণত্ব হল কর্মনিষ্ঠায়। আবেগপ্রবণ, আশাবাদী, উচ্চ লক্ষ্য, কর্মঠ শ্রমিক যারা নিজের লক্ষ্যে স্থির, এবং যারা নিঃশব্দে নিজের স্বপ্নকে সাকার করার পথে কাজ করে চলেছেন। এই পরিমণ্ডলে এসে আস্তে আস্তে আমার ভ্রান্ত ধারণাগুলিতে বদল এল, আমি অন্যভাবে চিন্তা করতে শিখলাম, এবং ক্রমশ আমার চারিত্রিক ব্যবহার ও চালচলনে এল পরিবর্তন।

কেউ যখন তাঁদের সামনে ডাইরেক্ট সেলিং-এর আমন্ত্রণ নিয়ে উপস্থিত হন, তখন বেশিরভাগ মানুষ সেই আমন্ত্রণ এড়িয়ে যান। এর প্রধান কারণ হল শৈশব থেকে তাঁদের সামাজিক অবস্থান। জীবনের অধিকাংশ সময় ধরে তাঁদের পরিবেষ্টন করে থাকা চাকরিজীবীর দল, নিজস্ব ব্যবসা করা ছোট ব্যবসায়ী কিংবা পেশাদারেরা এই অনাসক্তির কারণ। মানুষ কিন্তু সফল ব্যবসায়ী বা মহিলা উদ্যোগপতির সম্বন্ধে খবর রাখেন, তাঁদের নিয়ে করা ভিডিও ফিচার দেখেন, কিন্তু কোনোভাবেই এমন কারো সান্নিধ্য বা সংস্পর্শে আসতে সক্ষম হন না, যিনি নিজের হাতে করে একটি সফল ব্যবসা গড়ে তুলতে পেরেছেন।

সাধারণ ব্যবসায়ীদের অর্থনৈতিক ও ব্যবসায়িক কাগজপত্র যে আলাদা হয় তা নয়, তাঁদের চিন্তাধারা ও জীবনদর্শন হয় সম্পূর্ণ আলাদা। সারা পৃথিবীতে বাণিজ্য চলে বিভিন্ন সম্ভাবনা ও সুযোগের সাহায্যে, কিন্তু তার মধ্যেই সিংহভাগ মানুষের একমাত্র লক্ষ্য হল সুরক্ষা ও নিরাপত্তা। তাই যখন সামনে ডাইরেক্ট সেলিং-এর সুযোগ আসে, তাঁরা স্বভাবতই পালিয়ে যেতে চান, কারণ এই ব্যবসার পরিকাঠামো তাঁদের জীবনদর্শনের সঙ্গে খাপ খায় না। কিন্তু আপনি যদি সত্যি করেই একটি সফল বাণিজ্যিক সাম্রাজ্য গড়ে তুলতে ইচ্ছুক, আপনাকে সেই পরিকাঠামো অনুযায়ী একটি ব্যবস্থার গোড়াপত্তন করতে হবে। ডাইরেক্ট সেলিং-এর ব্যবসা আপনাকে পরিচিত করিয়ে তোলে লক্ষ লক্ষ মানুষের সঙ্গে যাদের বিশেষত্ব হল একটি সঠিক ব্যবসায়িক মনন ও দর্শন।

> *ডাইরেক্ট সেলিং আপনাকে শুধুমাত্র ব্যবসা সংক্রান্ত শিক্ষা প্রদান করে না, তা আপনাকে দেয় সারা পৃথিবী জুড়ে লক্ষাধিক সমমনস্ক বন্ধু, যারা আপনার মতোই এক লক্ষ্যের দিকে নিজের একাগ্রতা, মনন আর দর্শনের বশবর্তী হয়ে এগিয়ে চলেছেন।*
>
> —রবার্ট টি. কিয়োসাকি

ডাইরেক্ট সেলিং-এর দুনিয়ার সবচেয়ে বড় সুবিধা হল, আপনাকে ঘিরে থাকা বন্ধুত্বের শক্তি যা আপনাকে উন্নতির পথে টেনে উঠিয়ে নিতে সক্ষম। তাঁরা আপনার সাফল্যের সঙ্গী, এবং প্রতি মুহূর্তে অনুপ্রেরণা জোগাবেন উন্নতির পথে এগিয়ে যেতে। একই লক্ষ্যে এগিয়ে চলা মানুষের সমষ্টি এই পৃথিবীর সবচেয়ে বড় শক্তি, এবং ডাইরেক্ট সেলিং আমাকে দিয়েছে বন্ধুত্বের এই অপরাজেয় শক্তি যার সাহায্যে আমি প্রতিদিন একটু একটু করে সাফল্যের শিখরে উন্নীত হতে পেরেছি। কর্মক্ষেত্রেও দেখেছি, আমার প্রচুর বন্ধু ছিলেন যারা সকলে নিজেকে আমার হিতৈষী বলে দাবি করতেন। পরবর্তীকালে উপলব্ধি করেছি যে তাঁরা আদতেই আমার বন্ধু নন, তাঁরা ওই প্রতিষ্ঠানে আমার পদের প্রতি সম্মান প্রদর্শন করেন মাত্র। এবং মজার কথা, আমার পদোন্নতি হওয়ার আগে পর্যন্তই কিন্তু তাঁরা আমার বন্ধু হয়ে থেকেছিলেন।

কিছু মানুষ বিশ্বাস করেন যে ডাইরেক্ট সেলিং-এর ব্যবসা মানুষের পারস্পরিক সম্পর্কগুলিকে নষ্ট করে দেয়, কিন্তু আমি আপনাদের সামনে সত্যিটা নিয়ে আসছি—এই ক্ষেত্রে সম্পর্ক নষ্ট হবার কোনো প্রশ্ন ওঠে না, এ ক্ষেত্রে সেগুলির সঠিক মূল্যায়ন ঘটে। যে মুহূর্তে আপনি ঘোষণা করেন যে আপনি একটি ব্যবসা শুরু করেছেন, যে সমস্ত মানুষ আপনাকে প্রশংসায় ভরে তুলেছিলেন তৎক্ষণাৎ রঙ বদলে আপনার বিরুদ্ধে প্রচার করতে শুরু করবেন, ‘এই ব্যবসা আপনার জন্য নয়, এটি আপনার ক্ষেত্রে কাজ করবে না’, ‘আপনি একটি বিশাল ভুল করলেন, এই ব্যবসাতে এসে আপনি নিজের সবকিছু হারাবেন,’ এমনকী ‘আপনি কি পাগল হয়ে গেছেন?’ ইত্যাদি ইত্যাদি।

তাঁদের ব্যবহারের পিছনে একটিমাত্র মানসিকতা কাজ করে, পিছিয়ে পড়ার মানসিকতা। তাঁরা ভয় পান যে আপনি সহজেই তাঁদের পিছনে ফেলে এগিয়ে যাবেন, এবং তাই আপনাকে এগিয়ে না যেতে দিয়ে, নিজেদের স্তরে ধরে রাখার প্রাণপণ চেষ্টায় আপনাকে টেনে হিঁচড়ে নামাতে চান। উন্নতি করতে শুরু করলে, আপনার সঙ্গে বন্ধুত্ব টিকিয়ে রাখার জন্য তাঁদেরকেও উন্নতির পথে চলতে হবে—এবং তাঁরা উন্নতি করতে চান না। সেই কারণেই তাঁদের এমন কিছু করা দরকার যাতে আপনিও ওঁদের পিছনে ফেলে উন্নতি না করতে পারেন। এই অবস্থাতে বহু মানুষ হাল ছেড়ে দেন এবং একটি সম্পূর্ণ নতুন, সফল মানুষ হয়ে ওঠার অসাধারণ প্রক্রিয়া থেকে প্রচেষ্টার হাত সরিয়ে নিয়ে অন্ধকারে তলিয়ে যেতে থাকেন।

লাল কাঁকড়াদের নিয়ে এক অপূর্ব কাহিনি প্রচলিত রয়েছে। এক সময়ে একটি বিশাল জাহাজ ছিল যার কাজ ছিল সামুদ্রিক কাঁকড়া ধরে আনা। যে সমস্ত কাঁকড়া ধরা হতো, সেগুলিকে প্লাস্টিকের বিশাল ক্রেটে করে রাখা

হতো। বিশাল কিছু ক্রেট ছাড়া, বাকি সমস্ত ক্রেটগুলির মুখে শক্ত করে ঢাকনা লাগানো থাকত। জাহাজে কাজ করতে আসা এক শিক্ষানবিশ নাবিক জাহাজের ক্যাপ্টেনকে একদিন জিগ্যেস করল, 'বেশিরভাগ ক্রেটগুলির মুখ শক্ত করে বন্ধ করা থাকলেও কয়েকটি ক্রেটের মুখ খোলা রাখার কারণ কী? এর ভিতরের কাঁকড়াগুলি তো সহজেই পালিয়ে যেতে পারে, আমাদের সমস্ত প্রচেষ্টাকে নস্যাৎ করে।' ক্যাপ্টেন উত্তর দিয়েছিলেন, 'এগুলি হল লাল কাঁকড়া। যে মুহূর্তে একটি কাঁকড়া পালাবার চেষ্টা করবে, বাকিগুলি তাকে পিছনে টেনে ধরবে। তাই তাদের পক্ষে পালানো কখনোই সম্ভব নয়।'

ডাইরেক্ট সেলিং-এর ব্যবসার গোপন সুবিধা হল নির্বিঘ্নে হাজার হাজার অর্থনৈতিকভাবে সফল মানুষের কাছে পৌঁছোবার সুযোগ, যারা আপনাকে অর্থনৈতিক স্বাধীনতা লাভ করতে সাহায্য করবে। এই পৃথিবীর সীমাহীন প্রতিযোগিতার মধ্যে, কল্পনা করুন একটি বাণিজ্যিক মডেলের কথা, যেখানে উপরতলার সহকর্মীরা আপনার দিকে সবসময় সাহায্যের হাত বাড়িয়ে রয়েছেন এবং প্রতি মুহূর্তে আপনার সঙ্গে ব্যবসার প্রতিটি গোপন পরামর্শ বিনিময় করছেন, যাতে আপনি অচিরেই তাঁদের মতো সাফল্যের হাত ধরতে পারেন। আমার কাছে, পৃথিবীতে এই হল সামাজিক অবস্থানের শ্রেষ্ঠ নিদর্শন।

> *যারা আপনার উন্নতিসাধনের জন্য চেষ্টা করবেন, তাঁদের সান্নিধ্যে থাকাই সাফল্যের চাবিকাঠি, যাদের উপস্থিতি আপনার উত্তরণ ঘটাতে সক্ষম।*
>
> —এপিক্টেটাস

আপনার সামাজিক অবস্থানের পরীক্ষার পাতা

নাম	মাসিক আয়	গাড়ি	জীবনধারণের মান

২১

ব্যক্তিগত উন্নতিসাধন

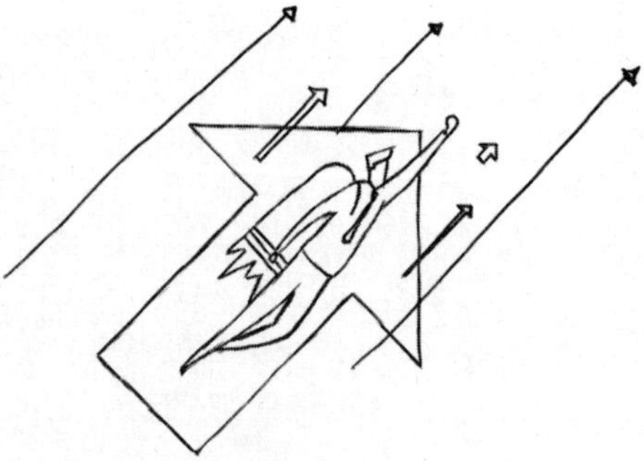

বয়োবৃদ্ধি অবশ্যম্ভাবী, কিন্তু নিজের বৃদ্ধি হয় ইচ্ছানুযায়ী।

—চিলি ডেভিস

মানুষের জীবনে, প্রকৃতির অন্যতম সর্বশ্রেষ্ঠ দান হল বিবর্তনের মাধ্যমে বৃদ্ধি পাওয়ার বিরল ক্ষমতা। প্রাণিবিদ্যা আমাদের, অর্থাৎ মানুষদের অন্যান্য প্রাণীর সঙ্গে পঙ্‌ক্তি বিশেষে বিভাজন করেছে। কিন্তু অন্যান্য প্রাণীদের সঙ্গে মানুষের মূল পার্থক্য হল, ক্রমাগত বিবর্তন ও পরিবর্তনের মাধ্যমে বৃদ্ধি পাওয়ার ক্ষমতা। শুধুমাত্র মানুষের মধ্যেই এই বিশেষ ক্ষমতার পরিচয় পাওয়া যায়। তাই যারা এই অনন্য ক্ষমতার সদ্ব্যবহার করেন না, তাঁরা মনুষ্যজীবনের এই অসামান্য দানকে অগ্রাহ্য করে নিজের জীবন বিফল করে তোলেন।

যখন আমি এই সমস্ত কথাগুলি বলি, কিছু মানুষ 'সন্তুষ্টি' শব্দটিকে ঢাল বানিয়ে, সেই ঢালের সাহায্যে নিজেদের অক্ষমতা লুকোতে ব্যস্ত হয়ে পড়েন। তাঁরা গর্বের সঙ্গে বলেন, 'আমি পুরোপুরি সন্তুষ্ট,' অথবা, 'আমি স্বয়ংসম্পূর্ণ।' বেশিরভাগ সময়ে এ হল জীবনে কিছু না করতে চাওয়া বা না করতে পারার জন্য নিষ্ফল অজুহাত। প্রায়শই আপনারা দেখবেন মানুষের জীবনে দুটি জিনিস

একসঙ্গে প্রতীয়মান—সন্তুষ্টি ও অকর্মণ্যতা। আমি একে বলি SNA (Satisfaction and Non Action) ভাইরাস। আপনার ক্ষেত্রেও যদি এই SNA ভাইরাস হয়ে থাকে, বা আপনার পরিচিত মহল বা বন্ধুমহলে কেউ যদি এই রোগে ভোগেন, দয়া করে পরের অনুচ্ছেদটি পড়ে দেখুন। যদি দরকার হয় সেটি একাধিকবার পড়ে দেখুন।

বহুকাল আগে, মানুষ শুধু হাঁটতে এবং দৌড়তে জানত। অন্যভাবে যাতায়াতের কোনো মাধ্যম মানুষের জানা ছিল না। প্রত্যেকেই এই ব্যবস্থায় খুশি ছিলেন, মাত্র একজন মানুষ ছাড়া। তিনি হাঁটতে পছন্দ করতেন না, এবং মনে মনে বিশ্বাস করতেন যে নিশ্চয় আরো কোনো উৎকৃষ্ট উপায় রয়েছে। সেই ব্যক্তি আবিষ্কার করলেন দুচাকার সাইকেল। তখন সমস্ত মানুষ অত্যন্ত সন্তুষ্ট হয়ে একযোগে সেই সাইকেল ব্যবহার করতে শুরু করল। ক্রমে সবাই সাইকেলের ব্যবহারে সন্তুষ্ট হয়ে উঠল, একজন মানুষ ছাড়া—সাইকেলের ক্ষেত্রে ক্লান্তিকরভাবে প্যাডেল করার ব্যাপারটি তাঁর মনঃপূত হয়নি। এই মানুষটির মনে স্থির বিশ্বাস ছিল যে চলাফেরার জন্য অন্য কোনো উপায় নিশ্চয় রয়েছে, এবং এই অসন্তুষ্টির ফলে তিনি কিছুদিন পরে আবিষ্কার করে ফেললেন মোটরসাইকেল। প্রত্যেকে খুশি মনে এই মোটরসাইকেলের ব্যবহারে অভ্যস্ত হয়ে উঠল, কিন্তু একজন মানুষ ছিলেন যিনি এর ব্যবহারেও অসন্তুষ্ট। মোটরসাইকেলে চড়লে ঝড়বৃষ্টি, হাওয়া, কিংবা কড়া রোদের হাত থেকে বাঁচার কোনো উপায় ছিল না, এবং এটি ছিল তাঁর অপছন্দের কারণ। এই মানুষটি অনেক পরিশ্রম ও চিন্তাভাবনার পরে গাড়ি আবিষ্কার করতে সমর্থ হলেন অবশেষে। এই আবিষ্কারের ফলে সারা পৃথিবী তাঁকে ধন্য ধন্য করতে লাগল, এবং ক্রমে গাড়ি হয়ে উঠল সারা দুনিয়ার প্রথম পছন্দ। মানুষ গাড়ির ব্যবহারে অত্যন্ত সন্তুষ্ট হওয়া সত্ত্বেও একজন মানুষ চাইলেন এটিকে অত্যন্ত আরামদায়ক ও বিলাসবহুল একটি উন্নতমানের যানে পরিণত করতে। সেই অসন্তুষ্ট মানুষটির হাত ধরে আত্মপ্রকাশ করল বিলাসবহুল আধুনিক গাড়ি। স্বাভাবিকভাবেই সারা পৃথিবী কৃতজ্ঞচিত্তে এই নবতম আবিষ্কারকে মাথা পেতে গ্রহণ করল। সবাই সন্তুষ্ট হতে পারলেও, দুই ভাই ছিলেন যারা বিশ্বাস করতেন যে গাড়ির থেকেও দ্রুতগতির যান তৈরি করা সম্ভব। তাঁদের অক্লান্ত পরিশ্রম ও অসন্তুষ্টির কারণে, কিছু বছর পর জন্ম হল বিমানের।

দয়া করে মনে রাখবেন, আজকের দিনে আমরা যে সমস্ত আধুনিক যন্ত্রপাতি ব্যবহার করি, যেমন পেন কাগজ থেকে ল্যাপটপ, একটি শীতাতপনিয়ন্ত্রিত বিলাসবহুল গাড়ি, আধুনিকতম অট্টালিকা, পোশাক পরিচ্ছদ বা মানুষের তৈরি যে-কোনো সামগ্রী—সেগুলির জন্ম মানুষের অসন্তুষ্টি থেকে। সেই অসন্তুষ্টিকে

দূর করতে কিছু মানুষ মস্তিষ্ক খাটিয়ে, অক্লান্ত পরিশ্রমের মাধ্যমে নতুন কিছু গড়ার স্বপ্ন দেখেছিলেন।

একবার ভেবে দেখুন—যদি শহীদ ভগত সিং, মহাত্মা গান্ধী এবং অন্যান্য স্বাধীনতা সংগ্রামীরা আমাদের ভারতবর্ষের উপর ব্রিটিশ শাসন নিয়ে সন্তুষ্ট থেকে যেতেন, আপনি ও আমি আজ পর্যন্ত দাসানুদাসের জীবনযাপন করতে বাধ্য হতাম। আজ যে স্বাধীনতার সুফল আমরা ভোগ করছি, তার কারণ হল কিছু মানুষের অসন্তুষ্টি ও জীবন দিয়ে সংগ্রাম—তাঁরা নিজের দেশে অন্যের শাসনে থাকার ব্যাপারে কখনোই সন্তুষ্ট হতে পারেননি।

যদি জীবনে কখনো মনে হয় যে আপনার যা আছে তা নিয়ে আপনি সন্তুষ্ট, তবে কেন আপনি নিঃস্বার্থভাবে নিজের সমস্ত কিছুর বিনিময়ে সমাজের পীড়িত ও দরিদ্র মানুষের সেবা করার কথা ভাবেন না? সারা পৃথিবীর সঙ্গে নিজের দেশও যখন সাহায্যের হাত বাড়িয়ে, কেন আপনি স্বার্থপরের মতো অলসভাবে নিজেকে নিয়ে ব্যস্ত হয়ে রয়েছেন?

আমিও সন্তুষ্টিতে বিশ্বাস রাখি। আমি বিশ্বাস করি, আমাদের যা আছে তার জন্য কৃতজ্ঞ থাকা, অন্যের আশীর্বাদ মাথার উপরে বর্ষিত হওয়া, কিন্তু যা আমি একেবারেই পছন্দ করি না তা হল অলসভাবে বসে অকর্মণ্যতায় সময় নষ্ট করে সন্তুষ্টির দোহাই দেওয়া। নিজের যা আছে তা নিয়ে অবশ্যই সন্তুষ্ট থাকুন, কিন্তু নিজের ও অন্যদের উন্নতিসাধনে নিজের দক্ষতা ও সাহায্যের হাত বাড়িয়ে দিন। সন্তুষ্টির ফলে মুখের হাসি অক্ষুণ্ণ রেখে, নিশ্চিন্তে নিজের ও অন্যের উন্নতিসাধনে এক উল্লেখযোগ্য অবদান রেখে যেতে পারেন।

উন্নতি হল জীবন এবং স্থবিরতা হল মৃত্যু।

—দীপক বাজাজ

আসুন উন্নতির আরো একটি অসাধারণ বিশেষত্ব সম্পর্কে আপনাকে জানানো যাক। একজন মানুষ সম্পূর্ণ একা কখনো উন্নতি করতে পারেন না। প্রকৃতির এই অসামান্য নিয়ম আমাকে চমৎকৃত করে যে, যখন আপনি উন্নতি করেন, আপনার সঙ্গে সঙ্গে অনেকে উন্নতির পথে চালিত হয়। উন্নতি করার ক্ষেত্রে আপনার সিদ্ধান্ত ও উন্নতি করার জন্য প্রচেষ্টা অন্যদের উদ্বুদ্ধ করবে, এবং সকলের সঙ্গে একসঙ্গে উন্নতি করার আনন্দই অন্যরকম।

আমি স্থিরভাবে বিশ্বাস করি, আপনার বৃদ্ধি বা উন্নতির জন্য আপনি সম্পূর্ণরূপে দায়বদ্ধ। আপনার সাফল্য সার্বিকভাবে নিজের উপর। আপনার প্রতিটি সাফল্যের পদক্ষেপ সমাজকে কোনো না কোনোভাবে সাহায্য করার সঙ্গে

সঙ্গে, অন্য মানুষকেও তাঁদের জীবনের লক্ষ্যপূরণ বা স্বপ্নকে বাস্তবায়িত করার অনুপ্রেরণা হয়ে ওঠে। আপনার উন্নতি সার্বিকভাবে মানবতার উন্নয়নের কারণ হয়ে দাঁড়ায়। তাই প্রত্যেককে উন্নতি করতে হবে, এবং এই প্রচেষ্টায় উদ্বুদ্ধ হয়ে অন্যরাও নিজের জীবনে উন্নতি ও সাফল্যের ছোঁয়া পেতে বদ্ধপরিকর হয়ে উঠবেন। একটি আদর্শ সমাজে, প্রত্যেক মানুষ মিলেমিশে একটি সমষ্টি হিসেবে উন্নতি করতে সক্ষম এই নীতি মেনেই।

আমাদের উন্নতি প্রমাণ করে যে আমরা বেঁচে রয়েছি। তাই উন্নতি করতে থাকুন। এমনভাবে কাজ করুন যাতে আপনার মন বলে— হয় আমি পথ খুঁজে পাব, নয়তো আমি পথ তৈরি করে নেব, কিন্তু কোনোমতেই আমি থেমে যাব না।

যদি উড়তে না জানো, দৌড়ে চলো।
যদি দৌড়োতে না জানো, হাঁটতে থাকো।
যদি হাঁটতে না জানো, বুকে হাঁটো।
কিন্তু যেমন করেই হোক, চলতে থাকো।

—মারটিন লুথার কিং জুনিয়ার

অর্থনৈতিকভাবে দুর্বল ও দারিদ্রসীমার নীচে থাকা মানুষ সারাজীবন অভাব অনটনের বিরুদ্ধে যুদ্ধ করতে করতেই জীবন কাটিয়ে দেন একটিমাত্র কারণে, তাঁরা জীবনে উন্নতি করার কোনো চেষ্টাই করেননি। কলেজ থেকে বেরিয়ে আসার পরে বেশিরভাগ মানুষ নতুন কিছু শেখার কথা ভাবেন না। বছরের পর বছর সিংহভাগ মানুষ এক প্রতিষ্ঠানে, একই জায়গায় কাজ করে চলেন, রোজ এক ধরনের মানুষের সঙ্গে ওঠাবসা করেন, এবং একঘেয়ে কাজ করতে থাকেন স্বয়ংক্রিয়ভাবে। যত বেশি সময় তাঁরা এক পরিবেশে বা কর্মক্ষেত্রে থাকেন, সেই পরিমণ্ডলের বাইরের যে-কোনো পরিস্থিতি তাঁদের কাছে রীতিমতো আতঙ্কের কারণ হয়ে দাঁড়ায়।

এই আতঙ্ক তাঁদের ও সামনে আসা নতুন সুযোগের মধ্যে অন্তরায় হয়ে দাঁড়ায়। সবচেয়ে খারাপ হয় যখন কোনো উন্নতিশীল মানুষ তাঁদের সামনে নতুন কোনো সুযোগ নিয়ে আসেন, তাঁরা সভয়ে পালিয়ে যেতে বাধ্য হন। এবং যতবার এই সুযোগকে পায়ে ঠেলে তাঁরা অন্ধকারে আশ্রয় নেন, ততই তাঁরা দারিদ্রের রসাতলে তলিয়ে যেতে থাকেন, তাঁদের ঘিরে ধরে হতাশা এবং আতঙ্কের চোরাবালি। এই পরিস্থিতিতে পড়ে তাঁরা বিত্ত ও সাফল্যের স্বাদ থেকে বঞ্চিত হতে থাকেন জীবনভর।

ডাইরেক্ট সেলিং আপনাকে এই অন্ধকার থেকে উদ্ধার করতে সক্ষম, এবং এর উন্নতিশীল পরিকাঠামো আপনাকে বৃদ্ধি ও উন্নতির পথে চালিত করে সফল করে তুলতে পারে। ডাইরেক্ট সেলিং জীবন সম্বন্ধে প্রচুর শিক্ষা দিতে পারে, যার সাহায্যে আপনি উত্তরোত্তর উন্নতি করতে সক্ষম। ডাইরেক্ট সেলিং আপনাকে দেয়:

- ✓ নিজের দক্ষতা ও জ্ঞান বাড়াতে অসংখ্য সুযোগ-সুবিধা
- ✓ শেখার জন্য একটি উপযুক্ত পরিমণ্ডল
- ✓ শিক্ষা সম্পূর্ণ করার জন্য একটি মজবুত পরিকাঠামো
- ✓ নতুন কিছু শেখার জন্য ক্রমাগত উৎসাহ

আমরা যদি না বদলাই, আমরা উন্নতি করতে অক্ষম। আর আমরা যদি উন্নতি না করি, আমরা বেঁচে থাকব না।

—গেইল শীহি

ডাইরেক্ট সেলিং-এর প্রশিক্ষণ ব্যবস্থা আপনাকে নিজের সন্তুষ্টির আধার থেকে টেনে বার করে আনে, এবং আপনার কর্মক্ষমতার শেষ সীমা পর্যন্ত অক্লান্ত পরিশ্রম করতে শেখায়। ডাইরেক্ট সেলিং-এর দুনিয়া আমাকে দিয়েছে তার সর্বশ্রেষ্ঠ উপহার—একটি যথার্থ পরিমণ্ডল, যা আমাকে অবিরামভাবে উন্নতি করতে শিখিয়েছে। আমি ডাইরেক্ট সেলিং-এর ব্যবসা শুরু করি ২০০৭ সালে, এবং আজ ২০২০ সালে এই বই প্রকাশিত হওয়া পর্যন্ত, আমার নিজেকে অনবরত পরীক্ষা করার প্রবণতা, উন্নতি করা, বৃদ্ধি পাওয়া, এবং আরো কী কী করতে পারি সেই ক্ষমতার দ্বারা নিজেকে চমৎকৃত করা ইত্যাদি হল কয়েকটি বিশেষ শক্তি, যার জন্য আমি চিরকাল ডাইরেক্ট সেলিং-এর কাছে কৃতজ্ঞ থাকব।

আজও মনে পড়ে, এই ব্যবসার শুরু হয়েছিল একটি ৯০০ স্কোয়ার ফুটের ক্ষুদ্র ভাড়াবাড়িতে, চণ্ডীগড়ে একটি ছোট বাড়ির দোতলায়। আজ আমি যে অট্টালিকায় বসবাস করি তার আয়তন ১০,০০০ স্কোয়ার ফুটের উপর বিস্তৃত, এবং এছাড়াও আমি আরো তিনটি বাড়ির মালিক। ব্যবসার শুরুতে আমি একটি মারুতি অল্টো গাড়ি কিনেছিলাম, যার দাম ছিল ২ লক্ষ টাকা। আজ আমার কাছে অগণিত গাড়ি রয়েছে যার মূল্যায়ন হয় কোটিতে। সত্যি বলছি, ২০০৯ সালে যখন প্রথম মার্সিডিজ বেঞ্জ কিনি, আমি নিজের ভাগ্যকে বিশ্বাস করতে পারিনি, কিন্তু আজ যখন ব্যক্তিগত বিমান কেনার কথা চিন্তা করি, তখন আমার মন আত্মবিশ্বাসের সঙ্গে তা মেনে নিতে পারে। এই আত্মবিশ্বাস আমার

মধ্যে জাগিয়ে তুলেছে একমাত্র ডাইরেক্ট সেলিং-এর দুনিয়ায় কাজ করার দীর্ঘ অভিজ্ঞতা, এবং সেই কারণেই, প্রতিদিন আমি এই বাণিজ্যিক জগতের প্রেমে পড়তে থাকি - আরো বেশি বেশি করে।

অট্টালিকা, গাড়ি, ব্যাঙ্কে সঞ্চিত অর্থরাশি ইত্যাদি— আপনি দিনে দিনে কতটা উন্নতি করতে সক্ষম হচ্ছেন তার কিছু স্বাভাবিক বহিঃপ্রকাশ ছাড়া কিছু নয়। এগুলি আপনার সাফল্যের স্মারক ও উন্নতির মানপত্র বিশেষ। কিন্তু এই সমস্ত জাগতিক সামগ্রী আপনার কাছে মুখ্য নয়, এই জিনিসগুলি উপার্জন করার প্রক্রিয়ায় আপনি কতটা পরিবর্তিত হতে পেরেছেন, তা আপনার নিজস্ব, যা আপনার কাছ থেকে কেউ কখনো নিতে পারবে না। এগুলি আপনার মানসিক ও মননের প্রতিফলন। জীবনে উন্নতি ও বৃদ্ধি হল আসল, এবং এই জীবনে আপনাকে আজ স্বাগত জানাই, যেখানে অবিরাম উন্নতির কোনো সীমা-পরিসীমা নেই।

সাফল্যের প্রতিটি পদক্ষেপ আপনার চারপাশে সফল, স্বপ্ন দেখা মানুষের ভিড় জমিয়ে দিতে বাধ্য। আপনার সামাজিক অবস্থান উত্তরোত্তর বৃদ্ধি পেতে থাকবে ও শক্তিশালী হয়ে উঠবে, এবং একে অপরকে আরো সাফল্য পেতে উৎসাহিত ও উদ্বুদ্ধ করে তোলার প্রচেষ্টায় ব্রতী হবেন।

আমি অনবরত উন্নতি করার এই মূলমন্ত্র আয়ত্ত করতে পেরেছি টোনি রবিন্সকে দেখে। আমি আমেরিকা, ইউরোপ, সিঙ্গাপুর, ব্যাংকক এবং অন্যান্য জায়গায় গিয়েছি বিভিন্ন ট্রেনিং সেশনে যোগ দিতে, এবং সারা পৃথিবীর সেরা প্রশিক্ষকদের কাছ থেকে শিক্ষাগ্রহণ করেছি ও করে চলেছি। আমেরিকায় একটি লাইভ ইভেন্ট চলাকালীন, আমি প্রথমবারের জন্য নিজের মধ্যে এক আমূল পরিবর্তন অনুভব করি এবং বিশ্বাস করতে শুরু করি, যে আমাদের জীবনে যে-কোনো মুহূর্তে এই বদল ঘটা সম্ভব। ছোট থেকে এই বিশ্বাস নিয়ে আমরা বড় হয়েছিলাম যে পরিবর্তন সময়সাপেক্ষ ও যন্ত্রণাদায়ক, কিন্তু সেই বিশেষ মুহূর্তে নিজের মধ্যে পরিবর্তনের তাৎক্ষণিক উপলব্ধি আমাকে বিশ্বাস করতে বাধ্য করে যে আমি নিজের প্রতিটি স্বপ্ন পূরণ করতে সক্ষম। সেই বিশেষ ইভেন্টের জন্য আমি প্রায় ১০ লক্ষ টাকা লগ্নি করেছিলাম, কিন্তু যে সুফল আমি লাভ করলাম তা আমার ভবিষ্যৎ জীবন সম্পূর্ণ বদলে দিয়েছিল। আমি আমার প্রতিটি ওয়ার্কশপ ও অনলাইন ট্রেনিং কোর্সগুলিতে আমার ছাত্রদের জীবনে এইভাবেই উন্নতি নিয়ে আসার চেষ্টা করে থাকি।

ডাইরেক্ট সেলিং-এর ব্যবসা আপনাকে একটি অভিনব উপায়ে সার্বিক উন্নতির পথে চালিত করে, যাকে আমি বলি LDT Cycle of Continuous Growth।

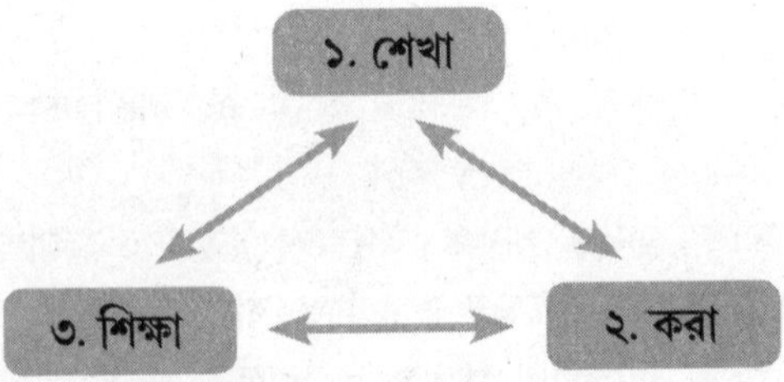

LDT Cycle of Continuous Growth

ডাইরেক্ট সেলিং-এর দুনিয়ায় প্রত্যেকে একজন শিক্ষানবিশ হিসেবে শুরু করে নিত্যনতুন জ্ঞান, পদ্ধতি, প্রক্রিয়া, দক্ষতা ও প্রণালী সম্বন্ধে শিখতে থাকেন। তারপর নতুন শেখা বিদ্যা ও জ্ঞান আপনি বাস্তবে প্রয়োগ করতে শুরু করেন। অনুশীলন আপনার শিক্ষাকে সার্থকতা দেয়। অনবরত শিক্ষা ও তার প্রয়োগের ফলে, আপনি অচিরেই সেই সমস্ত বিদ্যায় পারদর্শী হয়ে ওঠেন, এবং পরবর্তীকালে সেই শিক্ষা অন্যদের দিতে থাকেন। যখন আপনি অন্য কাউকে কিছু শেখান, তা আপনার জ্ঞানকে আরো নিখুঁত করে, এবং এই শিক্ষা ক্রমেই আপনার অস্তিত্বের অংশবিশেষে পরিণত হয়। এই হল LDT Cycle, এবং আপনার ব্যবসার উন্নতি হবার সঙ্গে সঙ্গে, আপনি নিত্যনতুন প্রযুক্তি সম্বন্ধে ওয়াকিবহাল হতে থাকবেন।

প্রতি মুহূর্তে আমাদের কাছে দুটি উপায় থাকে—উন্নতির পথে পা বাড়ানো বা নিরাপত্তার ঘেরাটোপে নিজেকে মুড়ে ফেলে পিছিয়ে আসা।

—আব্রাহাম ম্যাসলো

ডাইরেক্ট সেলিং আপনাকে এমন একটি ইতিবাচক পরিমণ্ডলে চালিত করে, যা আপনার মধ্যে জাগিয়ে তোলে উন্নতিসাধনের এক অদম্য ইচ্ছা। ডাইরেক্ট সেলিং-এর আশীর্বাদ হল এই নতুন পরিবেশ, যেখানে আপনি নিজেকে সম্পূর্ণভাবে মেলে ধরতে সক্ষম। বিশ্বাস করুন বা নাই করুন, আমরা আমাদের পরিমণ্ডলের দ্বারা গঠিত। যদি ডাইরেক্ট সেলিং-এর দুনিয়ায় কিছু বছর টিকে থাকার দূরদৃষ্টি বা অদম্য জেদ আপনার মধ্যে থাকে, এই পরিবেশ আপনাকে একজন সম্পূর্ণ আলাদা মানুষ হিসেবে গড়ে তুলবে।

মানুষকে ডাইরেক্ট সেলিং-এর দিকে ঠেলে দেওয়ার আরেকটি প্রধান উদ্দেশ্য রয়েছে আমার। আমার পরিচিত বহু মানুষ রয়েছেন যারা উপলব্ধি করেন যে

তাঁদের জীবনে পরিবর্তনের একান্ত প্রয়োজন, কিন্তু বছরের পর বছর তাঁরা এক জায়গাতেই স্থির হয়ে রয়েছেন নিজেদের জীবনে। জীবনে উন্নতি করার স্বপ্ন তাঁদের কাছে অধরা থেকে গেছে। এর একমাত্র কারণ হল, বেশিরভাগ মানুষকে উন্নতির জন্য বারবার ইন্ধন জোগাতে হয়, বারবার উৎসাহিত করতে হয়। ডাইরেক্ট সেলিং এই কাজটাই সফলভাবে করে। জীবনে শিক্ষা ও উন্নতির প্রয়োজন বাধ্যতামূলক, তা আমাদের অস্তিত্ব ও সাফল্যের সঙ্গে বেঁচে থাকার জন্য একান্ত অপরিহার্য।

অনেক মানুষ ব্যবসা গুটিয়ে ফেলেন অতি সহজেই, তাঁরা বলেন যে ব্যবসা সকলের জন্য নয়। আসলে যে পরিমাণ উন্নতির প্রয়োজন, তা করতে হলে তাঁদের নিজেদের উন্নতি করতে হবে, এবং সেই ব্যাপারে তাঁরা চূড়ান্ত উদাসীন। নিজেদের আরামের পরিসরে থেকে সেখান থেকে নিজেদের ব্যবসার গোড়াপত্তন করতে চেয়েছেন। কিন্তু নিজের ডাইরেক্ট সেলিং-এর ব্যবসাকে সফল করতে হলে, আপনাকে উন্নতি করতে হবে, শিখতে হবে, নিজের ক্ষমতা বৃদ্ধি করতে হবে। বেশিরভাগ মানুষ এই সমস্ত পরিবর্তনে রাজি নন। এই ব্যবসার প্রতি পরতে এতই ইতিবাচকতা রয়েছে যে নেতিবাচক মনের মানুষরা এটি সহজে সামলাতে পারেন না।

তাই বলি, আপনার মধ্যে যদি জীবনে উন্নতি করার বিন্দুমাত্র ইচ্ছা থেকে থাকে, এবং কোথাও আপনার মনে হয় যে ক্ষমতা অনুযায়ী আপনি উন্নতি করতে পারছেন না, ডাইরেক্ট সেলিং-এর ব্যবসা আপনাকে সেই সুযোগ করে দিতে পারে। এই ব্যবসায় আপনি একটি বিশ্বাসযোগ্য প্রতিষ্ঠানের সঙ্গে পাবেন একটি অত্যাধুনিক প্রশিক্ষণ ব্যবস্থা ও সুস্থ পরিকাঠামোর সাহায্য। একজন প্রকৃত প্রশিক্ষকের সঙ্গে কাজ করুন, তাঁদের কর্মপদ্ধতি অনুসরণ করুন, এবং তাঁদের অমূল্য উপদেশ অনুযায়ী কাজ করুন। আমি নিশ্চিত আপনি অদূর ভবিষ্যতে একজন দুর্দান্ত মানুষ হয়ে উঠবেন।

> *অবিরাম উন্নতির দর্শন অনুসরণ করে জীবনযাপন করুন। প্রতিদিন একটু একটু করে উন্নত হয়ে উঠুন।*
>
> —ব্রায়ান ট্রেসি

২২
ঝুঁকিহীন উদ্যোগ সম্পর্কিত শিক্ষা

উদ্যোগের দক্ষতা বিজ্ঞান অথবা কোনো শিল্প নয়। এটি একটি অভ্যাস।

—পিটার ড্রাকার

সারা পৃথিবীতে আজ উদ্যোগের রমরমা। সত্যি কথা বলতে গেলে, ব্যবসা-বাণিজ্য বা উদ্যোগের চল প্রাগৈতিহাসিক সময় থেকে থাকলেও, শিল্পপতি বা উদ্যোগপতি হবার সার্বজনীন উগ্র বাসনা পরিলক্ষিত হচ্ছে বিগত দুই দশকের বেশি সময় ধরে। এই বিশেষ পেশার প্রতি উদগ্র বাসনা সারা পৃথিবী জুড়ে দাবানলের মতো ছড়িয়ে পড়েছে ইদানীং। লক্ষ লক্ষ মানুষ, ছাত্র, চাকরিজীবী সকলে সমান আগ্রহে ব্যবসায় নেমে পড়তে চাইছেন। বিভিন্ন সরকারি ও বেসরকারি প্রতিষ্ঠান অভূতপূর্ব প্রক্রিয়ায় ব্যবসার প্রতি মানুষকে প্রেরণা জুগিয়ে চলছেন, এবং একটি স্বাস্থ্যকর পরিকাঠামো গড়ে তুলতে চাইছেন যেখানে শিল্প বা উদ্যোগ হল শেষ কথা।

অবশ্যই, উদ্যোগপতি ও শিল্পপতির সংখ্যা উত্তরোত্তর বৃদ্ধি পেয়েই চলেছে। তা সত্ত্বেও, লক্ষ লক্ষ মানুষ তাঁদের ব্যবসা শুরু করার জন্য পা বাড়িয়ে

রয়েছেন কিন্তু কোনো কারণে অগ্রসর হতে পারছেন না, তার কিছু কারণ নীচে দেওয়া হল ঃ

১. লগ্নি করার জন্য পর্যাপ্ত অর্থের অভাব। একটি নতুন ব্যবসায় লগ্নি করার মতো পর্যাপ্ত বাড়তি অর্থ মানুষের কাছে নেই।
২. এতে ঝুঁকি রয়েছে। ব্যবসার অর্থ হল নিজের সুরক্ষিত চাকরি থেকে ইস্তফা দিতে হবে। প্রত্যেকের জীবনে কিছু স্থায়ী ব্যয়ের হিসেব রয়েছে, এবং সেই কারণে ব্যবসার অনিশ্চিত আয়ের তুলনায় আজকের নিশ্চিত আয়ের ব্যবস্থা পরিত্যাগ করা রীতিমতো শক্ত কাজ।
৩. সঠিক প্রশিক্ষণ ও সাহায্যের অভাব। মানুষের কাছে যথার্থ প্রশিক্ষণের সুযোগ নেই যার সাহায্যে নিজেরা একটি সফল ব্যবসার গোড়াপত্তন করতে পারবেন।
৪. সঠিক জ্ঞান ও অভিজ্ঞতার অভাব।

যে ব্যবসায়িক মডেল উপরোক্ত এই চারটি সমস্যার সমাধান খুঁজতে সক্ষম, সেই মডেল সারা বিশ্বে বাণিজ্যিক বিপ্লবের অন্যতম সফল সমাধান হিসেবে অমর হবে। লক্ষ লক্ষ মানুষের কাছে সেটি হয়ে উঠবে আশার আলো—তাঁদের কাছে, যারা ব্যবসা শুরু করতে ইচ্ছুক, কিন্তু এই মুহূর্তে তাঁদের পক্ষে তা অসম্ভব উপরোক্ত কারণগুলির জন্য।

ডাইরেক্ট সেলিং-এর ব্যবসা এই সমস্যার একটি সফল সমাধান হতে পারে বলে আমি মনে করি, যা ভবিষ্যতের উদ্যোগপতিদের জন্য একটি ঝুঁকিহীন শিক্ষাপ্রাঙ্গণ হিসেবেও কাজ করতে সক্ষম। ডাইরেক্ট সেলিং কীভাবে একটি সফল বাণিজ্যিক প্রশিক্ষণ দিতে পারে তার কিছু নমুনা নীচে দেওয়া হল ঃ

১. একটি অত্যাধুনিক প্রশিক্ষণ ব্যবস্থা যেখানে সুদক্ষ ও বিশেষজ্ঞ প্রশিক্ষকরা প্রতিদিন প্রশিক্ষণ দেবেন। প্রতি সফল ডাইরেক্ট সেলিং ব্যবসার দলে একটি অত্যাধুনিক প্রশিক্ষণের ব্যবস্থা রয়েছে যা আপনাকে ক্লাসের মাধ্যমে ও বাস্তবে ব্যবসা সংক্রান্ত সমস্ত শিক্ষা দেবে।
২. ডাইরেক্ট সেলিং ব্যবসার গোড়াপত্তন করতে কোনো মূলধনের প্রয়োজন পড়ে না। বাজার থেকে শুধুমাত্র আপনাকে কিছু কেনাকাটা করতে হবে, কোনো অফিস, সহকর্মী, স্টক, মূলধন, পরিকাঠামো ইত্যাদির প্রয়োজন নেই। এ ছাড়াও, এখানে কাজের কোনো নির্দিষ্ট সময়সীমা নেই, নেই কাউকে জবাব দেওয়ার প্রয়োজন। প্রতিষ্ঠান আপনার জন্য এসবের প্রাথমিক ব্যবস্থা করে দেবে। মূলধন ও ব্যবসার গোড়াপত্তনের জন্য কোনো অর্থলগ্নি না করলে, সেই ব্যবসায় আপনার কোনো অর্থনৈতিক ঝুঁকির প্রশ্ন থাকছে না।

৩. এই বাণিজ্যিক মডেল এমনভাবে গঠিত, যে-কেউ এর মাধ্যমে ব্যবসা শুরু করতে পারেন—এ ক্ষেত্রে নির্দিষ্ট জ্ঞান বা অভিজ্ঞতার প্রয়োজন নেই। আসলে, প্রতিটি ডাইরেক্ট সেলিং-এর ব্যবসা সটান শূন্য থেকে শুরু হয়। উপরতলার সহকর্মীদের অবিরাম সাহায্য ও প্রতি স্তরে প্রয়োজনীয় প্রশিক্ষণ প্রতি নতুন ব্যবসায়ীকে প্রতিষ্ঠিত করে দেয় অতি অল্প সময়ে। ডাইরেক্ট সেলিং-এর দুনিয়ায় শিক্ষার সঙ্গে সঙ্গে আয়ের পরিমাণও বৃদ্ধি পেতে থাকে।

কেউ যদি জীবনে সঠিক বাণিজ্যিক প্রশিক্ষণ পেতে চান, ডাইরেক্ট সেলিং তাঁদের স্বপ্ন সত্যি করতে সক্ষম। একজন সফল শিল্পপতি বা উদ্যোগপতি হতে গেলে যা যা প্রশিক্ষণ প্রয়োজন যেমন—কর্মীদল সামলাবার দক্ষতা, নির্মাণ ও দল সংক্রান্ত পরিচালনা, সময়ানুবর্তিতা, অর্থনৈতিক হিসেবনিকেশ, নেতৃত্ব, বিপণন, নিজের বক্তব্য পেশ করার ক্ষমতা, যোগাযোগ ক্ষমতা এবং অন্যান্য সমস্ত শিক্ষা এখানে পাবেন। একটি সাধারণ প্রতিষ্ঠানে আপনি যেভাবে ঝুঁকি, দুশ্চিন্তা ও মতভেদে আক্রান্ত হয়ে কাজ করেন, এখানে সেগুলির সঙ্গে আপনার সাক্ষাৎ ঘটার কোনো সম্ভাবনা থাকবে না। যেহেতু মূলধন ও ব্যবসার জন্য কোনো অর্থলগ্নি নেই এক্ষেত্রে, তাই যে-কেউ এই ব্যবসা নিশ্চিন্তে শুরু করতে পারে। ডাইরেক্ট সেলিং হল এক অসাধারণ, ঝুঁকিহীন প্রশিক্ষণের কেন্দ্র, যা আপনাকে এক উদ্যোগপতির জীবনযাপনে অভ্যস্ত করে তুলবে।

> *আমরা বেশিরভাগ সময়ে উৎকৃষ্ট নেটওয়ার্ক মার্কেটিং প্রতিষ্ঠানের পক্ষে কথা বলি কারণ তাঁরা নামমাত্র খরচে স্বয়ংসম্পূর্ণ বাণিজ্যিক প্রশিক্ষণ প্রদান করেন। এই প্রতিষ্ঠানগুলি একই সঙ্গে আপনার বাহ্যিক ও অন্তর্বর্তী দক্ষতার কঠিন পরীক্ষা নিয়ে সেগুলির যথার্থ প্রয়োগ করতে থাকেন—যে ক্ষমতা আপনার উন্নতির পথে অন্যতম হাতিয়ার।*
>
> —ডোনাল্ড ট্রাম্প ও রবার্ট টি. কিয়োসাকি

ডাইরেক্ট সেলিং-এর দুনিয়ায় কিছু সহজ পরীক্ষা-নিরীক্ষা দ্বারা অতি সহজেই বুঝে নিতে পারেন যে আপনি এবং ব্যবসা-বাণিজ্যের জগৎ একে অপরের পরিপূরক কিনা। যদি বাণিজ্যে আপনি স্বচ্ছন্দ বোধ করেন, তাহলে সেটি আপনার উন্নতির শ্রেষ্ঠ পথ। কিন্তু তা যদি না হয়, আমি স্থির বিশ্বাস রাখি এই প্রশিক্ষণের ফলে আপনি এক অত্যন্ত মূল্যবান অভিজ্ঞতা সঞ্চয় করতে সক্ষম হবেন, যা আপনাকে পেশাদারি জীবনে যথেষ্ট সাহায্য করতে পারবে।

আমার লাইভ ইভেন্টগুলিতে আমি অগণিত মানুষের সংস্পর্শে আসি, যারা চাকরিতে ইস্তফা দিয়ে নিজের নিজের স্বপ্নের উদ্যোগের গোড়াপত্তন করতে আগ্রহী হওয়া সত্ত্বেও, এই সাহসী সিদ্ধান্ত নিতে পারেন না। এর একমাত্র কারণ তাঁদের কাছে যথেষ্ট মূলধনের অভাব। তাঁদের উদ্দেশ্যে আমার পরামর্শ হল, অবিলম্বে ডাইরেক্ট সেলিং-এর ব্যবসা শুরু করে তার থেকে সমস্ত আয়ের অর্থ একটি পুঁজি হিসেবে সঞ্চয় করুন। যেহেতু দৈনন্দিন জীবনের সমস্ত খরচাপাতি নিজেদের বর্তমান বেতন বা উপার্জনের দ্বারা সামলাচ্ছেন, ডাইরেক্ট সেলিং থেকে বাড়তি আয়ের অর্থ সরাসরি একটি আলাদা ব্যাঙ্ক অ্যাকাউন্টে সঞ্চয়ের মাধ্যমে একটি পুঁজি তৈরি করা অতি সহজেই সম্ভব। এছাড়াও, ডাইরেক্ট সেলিং-এর ব্যবসা শুরু করার সঙ্গে সঙ্গেই ব্যবসার জন্য প্রয়োজনীয় পরিকাঠামো স্বয়ংক্রিয়ভাবে তৈরি হতে থাকবে।

তাহলে আর কীসের অপেক্ষা? শুরু করে দিন ডাইরেক্ট সেলিং-এর ব্যবসা। নিজের পুঁজি গঠন করুন। সঠিক প্রশিক্ষণের মাধ্যমে, নিজেকে দক্ষ করে তুলুন। যখন মনে করবেন যে এই ব্যবসার জন্য আপনি সম্পূর্ণ তৈরি, নিজের পছন্দ মতো একটি ক্ষেত্রে ঢুকে পড়ুন এক উদীয়মান উদ্যোগপতি হিসেবে। ডাইরেক্ট সেলিং হল বাণিজ্যিক প্রশিক্ষণের একটি অসাধারণ পীঠস্থান এবং এর সাহায্যে আপনি হয়ে উঠবেন প্রথম সারির এক সফল শিল্পপতি।

> *উদ্যোগপতি হিসেবে জীবনের কয়েক বছর জীবনযাপন করার অভিজ্ঞতা বিরল, যাতে আপনি বাকি জীবন এমনভাবে কাটাতে পারেন যা অধিকাংশ মানুষের কাছে আশাতীত।*
>
> —জনৈক

২৩

আধ্যাত্মিক উত্তরণ

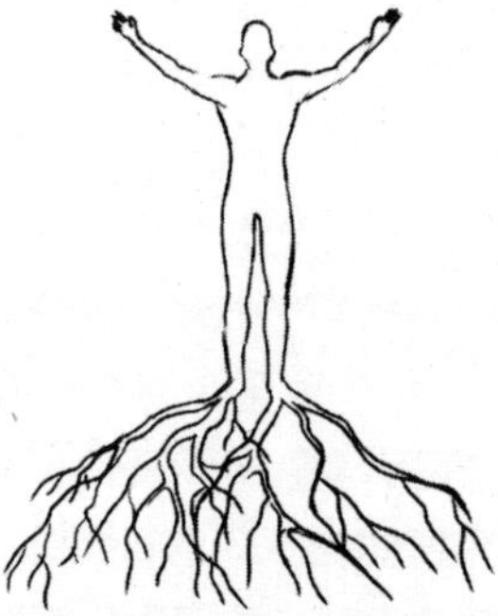

জীবন বৃদ্ধির সমার্থক। যদি আমরা উন্নতি করা বন্ধ করে দিই, আক্ষরিক অর্থে বা আধ্যাত্মিক অর্থে, আমরা মৃতদেহে পরিণত হব।

—মোরিহেই উয়েশিবা

আমরা অবশ্যই কাজের প্রতিদানে প্রতিপত্তি ও অর্থসমাগম আশা করি, কিন্তু যদি কাজের মাধ্যমে এমন উপায় বার করতে পারি, যা অন্য মানুষের জীবনে উল্লেখযোগ্য উন্নতিসাধনে সক্ষম, সেই কর্মজীবন আমাদের কাছে পরম আনন্দের ও তৃপ্তিদায়ক হয়ে উঠবে। জীবনে উন্নতির স্বপ্ন দেখা ভালো। নিজের উন্নতিসাধন করে স্বপ্নপূরণ করতে পারা অত্যন্ত সুখের। কিন্তু নিজের জীবনে উন্নতি করার সঙ্গে সঙ্গে অন্যদের জীবনে গুরুত্বপূর্ণ অবদান রেখে যেতে পারার অনুভূতি সম্পূর্ণ আলাদা। ডাইরেক্ট সেলিং আপনাকে এভাবেই কাজ করতে সাহায্য করে, এবং কী কী কারণে করে, তা নীচে দেওয়া হল ঃ

১. আমার জ্ঞান ও বিদ্যা অনুযায়ী, ডাইরেক্ট সেলিং হল প্রতিষ্ঠা পাওয়ার ক্ষেত্রে অন্যতম এক সম্পূর্ণ গণতান্ত্রিক উপায়। এই বিশেষ বাণিজ্যিক

মডেলে, অন্যদের উন্নতি করতে সাহায্য না করলে আপনার উন্নতি অধরা থেকে যাবে। অন্যান্য ব্যবসায় দেখা যায় মাত্র একজন সেই ব্যবসার মালিক হিসেবে সাফল্যের শিখরে বিরাজ করছেন, বা তাঁর অন্তরঙ্গ কিছু মানুষ লাভের প্রধান অংশ অধিগ্রহণ করছেন। কিন্তু এই ক্ষেত্রে দেখা যায়, প্রতি সফল মানুষের সঙ্গে রয়েছেন হাজার হাজার মানুষ যাদের প্রত্যেকের স্বপ্ন পূরণ হয়েছে এবং তাঁরা ব্যবসার গোড়াপত্তনকারীর সঙ্গে অর্থনৈতিকভাবে উন্নতি করেছেন।

২. সাধারণ বাণিজ্যিক মডেলে, কোনো সফল ব্যবসায়ী অন্য কারো সঙ্গে সাফল্যের গোপন মন্ত্রগুলি বিনিময়ে রাজি হবেন না। কিন্তু এই ডাইরেক্ট সেলিং-এর দুনিয়ায়, ব্যবসায়িক পদ্ধতি বা প্রক্রিয়াগুলি সকলের সঙ্গে বিনিময় করা বাঁধা নিয়মের মধ্যে পড়ে, কারণ যত আপনি মত বিনিময় করবেন, ততই নিজের উন্নতি হতে থাকবে।

৩. সাধারণ ব্যবসার জগতে, কেউ কাউকে সাফল্যের পথে সাহায্য করার কথা ভাবেন না। কিন্তু নিজের উন্নতিসাধনের সঙ্গে সঙ্গে অন্যদের সাহায্য করা ডাইরেক্ট সেলিং-এর অন্যতম মূলমন্ত্র।

৪. মন থেকে যতই তাঁরা চান, একজন সফল ব্যবসায়ী কখনোই তাঁদের সাফল্য অন্যদের সঙ্গে ভাগ করে নিতে পারেন না, কারণ অন্যদের কাছে সেই পরিমাণে অর্থ, জ্ঞান ও দক্ষতা নেই। কিন্তু ডাইরেক্ট সেলিং-এর পরিসরে, এই বিশেষ ক্ষমতাগুলির কোনো প্রয়োজন পড়ে না। এই ব্যবসায় আপনি সবসময় নিজে যা জানেন, তা অন্যদের শেখাতে পারেন এবং তাঁদেরকে আপনার মতো সফল করে তুলতে সাহায্য করার সুযোগ পান।

একবার যদি সঠিক নেতৃত্বের ও সঠিক মানুষের সান্নিধ্য পেতে পারেন, আপনি উপলব্ধি করতে পারবেন যে এই ব্যবসার মূল উদ্দেশ্য হল মানুষের জন্য হৃদয় থেকে, সহমর্মিতা এবং সহযোগিতার সাহায্যে সকলের উন্নতিসাধন করার এক সাধু প্রচেষ্টা।

নিজেদের জীবনকে সুস্থ ও সুন্দরভাবে চালিয়ে যেতে আমরা বিভিন্ন আধ্যাত্মিক নিয়মকানুনের পালন করে থাকি। ডাইরেক্ট সেলিং-এর ব্যবসাতেও প্রতিনিয়ত এই সমস্ত আধ্যাত্মিক নিয়মকানুন পালন করা হয়, এবং এই অমূল্য দর্শনের উপরেই এই ব্যবসার সার্বিক কর্মকাণ্ড কেন্দ্রীভূত।

আজকের কর্মব্যস্ত পৃথিবী একটি অবিসংবাদিত প্রবাদ মেনে চলে—এ জীবনে প্রতি পদে শক্তিমানের জয় অনিবার্য। যে ব্যক্তি সঠিকভাবে কাজ করেন না, বা সাধারণ কোনো কাজ বুঝে নিতে প্রয়োজনের চেয়ে বেশি সময় নেন, তাঁকে

সাধারণভাবে সেই প্রতিষ্ঠান থেকে বহিষ্কার করা হয়। মানুষের প্রয়োজন সঠিক প্রশিক্ষণ ও সাহায্য, কিন্তু সেই জায়গায় তাঁরা পায় গঞ্জনা ও অবহেলা। সবচেয়ে খারাপ নিদর্শন দেখতে পাওয়া যায় বিপণন বিভাগে। সিংহভাগ কর্মক্ষেত্রে মনুষ্যত্বের আজ কোনো স্থান নেই।

অন্যদিকে, ডাইরেক্ট সেলিং প্রতিটি মানুষকে অনুপ্রেরণা ও সহযোগিতার হাত বাড়িয়ে দিয়ে তাঁদের ক্ষমতা ও দক্ষতা অনুযায়ী কাজ করার ইন্ধন জোগায়। এখানে উন্নতির প্রতিটি ধাপ পুরস্কৃত হয়। এখানে সহকর্মীরা আপনাকে নিজের সময় অনুযায়ী, নিজের মতো করে প্রতিটি জিনিস শিখতে, জানতে ও বুঝে নিতে সাহায্য করেন। যতবার ভুল করুন না কেন, আপলাইনরা অসীম ধৈর্য সহকারে আপনার পাশে দাঁড়াবেন। যদি ব্যবসা শুরুর কয়েক মাস পরে আপনি ছেড়ে দিতে চান, তারপর আবার মত বদলে নতুন করে শুরু করতে চান, আপলাইনের সহকর্মীরা ও সমগ্র পরিকাঠামো আপনাকে দুহাত বাড়িয়ে আপন করে নেবে। যেমনভাবে আপনি নিজের ব্যবসার উন্নতি করার জন্য পরিশ্রম করবেন, একইভাবে সহকর্মী ও আপলাইনের মানুষরা আপনাকে তুলে ধরতে সেই পরিমাণ পরিশ্রম করবেন প্রতিনিয়ত। এই বাণিজ্যিক মডেলের পরতে পরতে রয়েছে পরোপকার, উৎসাহ ও সহযোগিতার সংমিশ্রণ। কেউ কখনো আদেশ করবেন না, বরং সকলে এগিয়ে এসে আপনাকে দেখিয়ে দেবেন কীভাবে কাজটি সম্পন্ন করতে হবে। একটি সাধারণ চাকরির ক্ষেত্রে, কেউ কারো উন্নতি সহ্য করতে পারেন না, এবং নিজেদের মধ্যে অনাবশ্যক খেয়োখেয়ি করতে বাধ্য হন, কিন্তু এখানে, দুর্বল অথবা অপটু কর্মীদের ছুড়ে ফেলে দেওয়ার পরিবর্তে, সযত্নে নতুন উদ্যমে কাজ শেখানো হয়।

ডাইরেক্ট সেলিং-এর দুনিয়ায় মানুষের সঙ্গে কথোপকথনের ভাষা ও পারস্পরিক ব্যবহার বর্তমান যুগের সাধারণ কর্মজীবনের থেকে সম্পূর্ণ আলাদা, সে ভাষা মানুষকে সাহস জোগায়, সহযোগিতার কথা শোনায় এবং অনুপ্রেরণা দেয়। এই ব্যবসার বিভিন্ন মিটিং ও সমাবেশের পরিবেশ ও অন্যান্য পরিসরের তুলনায় অন্যরকম। ডাইরেক্ট সেলিং-এর দুনিয়ায় প্রতিটি মানুষকে সমান গুরুত্ব দেওয়া হয়, এবং সমান সুযোগ দেওয়া হয়ে থাকে।

অন্যদের উন্নতির দ্বারা আমাদের উন্নতিসাধন ঘটে।

—রবার্ট ইঙ্গারসোল

ামী বিবেকানন্দ বলেছেন, একজন নাস্তিক যে শুধুমাত্র ঈশ্বরে বিশ্বাস করেন া তা নয়, তিনি এমন একজন ব্যক্তি যার নিজের উপরেও কোনো বিশ্বাস

নেই। মানুষ স্রেফ আতঙ্কের কারণে নিজের উপর বিশ্বাস রাখতে পারেন না। একমাত্র আতঙ্ক ও নিজের উপর অবিশ্বাসের কারণে নিজের পছন্দমতো কাজ করার সদিচ্ছা থাকলেও, মানুষ সেই কাজের পরিসরে নিজেকে আটকে রাখেন যা তাঁদের একেবারেই পছন্দ নয়। এই অহেতুক আতঙ্কের একমাত্র সমাধান হল বিশ্বাস। যখন ঈশ্বরের উপর বিশ্বাস বৃদ্ধি পায়, আতঙ্কের অবসান ঘটে।

ডাইরেক্ট সেলিং আপনাকে সাহসী এক মানুষ হিসেবে গড়ে তোলে। আমার ব্যক্তিগত অভিজ্ঞতা থেকে বলি, ডাইরেক্ট সেলিং ব্যবসায় নিজের জীবন গড়ে তোলার সঙ্গে সঙ্গে মঙ্গলময় ঈশ্বরের উপর আর নিজের উপর অখণ্ড আত্মবিশ্বাস গড়ে তুলুন। প্রতিদিন নিজের কর্মক্ষেত্রে অকৃতকার্য হবেন, প্রতিনিয়ত প্রত্যাখ্যানের সম্মুখীন হবেন, এবং রোজ নিজের বিরুদ্ধে অসংখ্য বিদ্রুপাত্মক মন্তব্য শুনতে পাবেন। উপলব্ধি করতে পারবেন আপনার সত্যিকারের বন্ধু কারা। যে সমস্ত মানুষ একসময় অঙ্গীকার করেছিলেন তাঁরা সারাজীবন আপনার পাশে থাকবেন, তাঁদের কোনো অস্তিত্ব খুঁজে পাওয়া যায় না। যখন তাঁদের অনুরোধ করেন আপনার জন্য কিছু বাজার করে দেওয়ার জন্য, বা ব্যবসায় অংশীদার হবার জন্য, তাঁরা আপনার ফোনের উত্তর দিতে ভুলে যান ক্রমে ক্রমে।

প্রতি মুহূর্তে আপনার পরীক্ষা হবে। আপনার জীবনের পারস্পরিক সম্পর্কগুলিকে কাটাছেঁড়া করা হবে। মনে রাখবেন, যা আপনাকে ভাঙতে পারে না, তা পরোক্ষে আপনাকে আরো শক্তিশালী করে তোলে। প্রত্যাখ্যান ও আঘাতের ফলে, আপনি শক্তি সঞ্চয় করতে থাকবেন, এবং একটি সময় আসবে যখন আপনার মধ্যে ভয়ের লেশমাত্র অবশিষ্ট থাকবে না। সেই মুহূর্তে আপনি নিজেকে নতুন করে আবিষ্কার করার সঙ্গে সঙ্গে, ঈশ্বরকে খুঁজে পাবেন। আমার ব্যক্তিগত মত অনুযায়ী, ডাইরেক্ট সেলিং-এর দুনিয়ায় এসে আমি সেই সর্বশক্তিমান ঈশ্বরের খোঁজ পেয়েছি। আমি লক্ষ করেছি যে বিভিন্ন আধ্যাত্মিক চিন্তাধারা, যেমন ঐক্যবোধ, পরোপকার, মানুষের কাজে আসা, সম্পর্কের বন্ধন, ধৈর্য, অন্যদের অনিষ্টের কথা না ভাবা এবং ইত্যাদির উপর অসামান্য শিক্ষাপ্রদান করা হয় ডাইরেক্ট সেলিং-এর প্রশিক্ষণের মাধ্যমে।

আমি একে বলি বাণিজ্যিক উদ্যম। যে মুহূর্তে আপনি এই উদ্যমের সঙ্গে পরিচিত হবেন, জীবনে যে কাজে হাত দেবেন তার উৎকর্ষ হবে সম্পূর্ণ আলাদা। আপনার কাজের মান পরিবর্তিত হয়ে যাবে। প্রতিকূল অবস্থাতেও আপনি থাকবেন শান্ত, ধীর এবং স্থির। এটি আপনার সত্তার আমূল পরিবর্তন ঘটাতে সক্ষম, এমনকী আপনার অন্তরাত্মারও। যদি সঠিক পথে এগিয়ে যাওয়া যায়, তাহলে ডাইরেক্ট সেলিং সততই এক আধ্যাত্মিক উত্তরণের অভিজ্ঞতা হিসেবে আপনার জীবন বদলে দিতে বাধ্য। আমার এবং আমার পরিচিত বহু মানুষের

ক্ষেত্রে এ ঘটনা সত্য হিসেবে প্রমাণিত হয়েছে, এবং আমি চাই আপনাদের জীবনে এই পরিবর্তন আসুক।

আরেকটি দৃষ্টিকোণ থেকে আপনাদের মনোযোগ আকর্ষণ করতে চাইছি। আপনি যে কাজই করুন, নিজের জীবনে এই তিনটি পরিস্থিতির একটির ভিতর আপনি অবস্থান করেন ঃ

১. অস্তিত্বরক্ষার জীবন
   - ✓ কঠিন পরিশ্রমের বিনিময়ে যে সামান্য অর্থ উপার্জন করেন, তার সাহায্যে আপনি কোনমতে নিজের সমস্ত ব্যয়ের হিসেব সামলাতে সক্ষম, এবং যেনতেনপ্রকারে জীবনধারণ করতে সমর্থ। প্রতিদিন আপনাকে জীবনের সঙ্গে মানিয়ে নিয়ে চলতে হয় এবং নিজের ভবিষ্যতের ব্যাপারে আপনি দুশ্চিন্তাগ্রস্ত।

২. সাফল্যের জীবন
   - ✓ নিজের কর্মক্ষেত্রে ও নিজের জীবনে আপনি চূড়ান্ত সফল এবং পেশাগত ক্ষেত্রে আপনি সেই ১ শতাংশ সফল মানুষের মধ্যে পরিগণিত হন, যারা বিত্ত ও নামযশের নিরিখে সাফল্যের শিখর ছুঁয়ে ফেলেছেন। যে সাফল্য আপনি আজ অর্জন করতে সক্ষম হয়েছেন, তা আপনার পেশা ও কর্মক্ষেত্রে অন্যদের কাছে স্বপ্নের মতন।

৩. গুরুত্বের জীবন
   - ✓ এ এমন পরিস্থিতি যেখানে নিজের জীবনে চূড়ান্ত সফল হওয়ার সঙ্গে সঙ্গে আপনি অন্যদের জীবনে উন্নতিসাধনের জন্য এক অসামান্য অবদান রেখে চলেছেন। নিজের চলার পথে আপনি কতজন মানুষের মুখের হাসির কারণ, তাঁদের জীবনের অর্থ খুঁজে পাওয়ার কারণ হয়ে উঠেছেন, তার উপর আপনি নিজের সাফল্যের বিচার করেন। নিজের অবদানের নিরিখে সাফল্যকে মাপতে শিখেছেন। এই হল শ্রেষ্ঠ সাফল্য এবং এই স্তরে আপনি তখনই পৌঁছোতে পারেন যখন আপনার কর্মকাণ্ডের সঙ্গে আধ্যাত্মিক চিন্তাধারা ও কাজের মেলবন্ধন ঘটে।

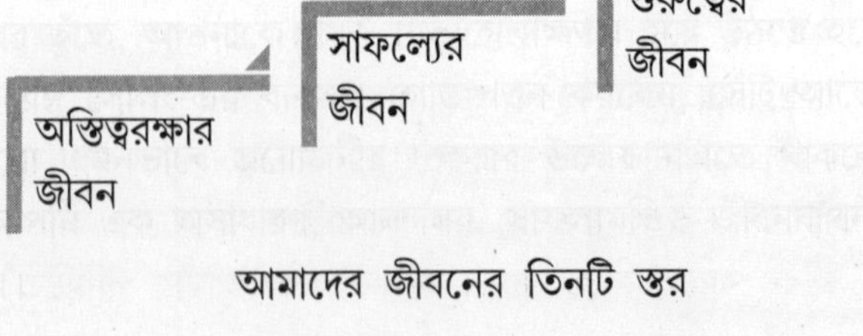

আমাদের জীবনের তিনটি স্তর

ডাইরেক্ট সেলিং প্রতিটি মানুষকে একটি গুরুত্বপূর্ণ জীবনযাপন করার সুযোগ করে দেয়। তা আপনাকে নিজের ব্যবসা গড়ে তুলতে সাহায্য করে, যা সম্ভবপর হয় অন্যের জীবনের উন্নতিসাধনের প্রচেষ্টায়। আমার কাছে এ এক অবিশ্বাস্য ব্যাপার। ডাইরেক্ট সেলিং-এর কাছে চিরকৃতজ্ঞ থাকব আমাকে উন্নতি করার সুযোগ করে দেওয়ার জন্য, এবং সেই সুযোগের সাহায্যে লক্ষ লক্ষ মানুষের জীবনে সুখ, শান্তি ও উন্নতির আশীর্বাদ নিয়ে আসার জন্য।

> *মানুষের জীবনের সবচেয়ে বড় প্রয়োজন হল তার কাজের মাধ্যমে জীবনের অর্থ ও উদ্দেশ্য খুঁজে পাওয়া।*
>
> —ব্রায়ান ট্রেসি

২৪

দ্রুত অবসর

আমার জীবন এমনভাবে গড়ে তুলতে চাই যা থেকে কখনো অবসরের প্রয়োজন হবে না।

—রব হিল

আপনার কথা বলতে পারব না, তবে আমাদের পরিবারে অবসরগ্রহণের দিনটি বিশেষভাবে উদ্‌যাপন করা হতো। প্রত্যেক চাকরিজীবী সেই বিশেষ দিনটির দিকে তাকিয়ে অধীরভাবে অপেক্ষা করতেন, যেদিন থেকে তাঁদের আর কাজ করতে হবে না। এই দিনটিকে স্মরণীয় করে রাখতে সমস্ত বন্ধুবান্ধব ও আত্মীয়স্বজনের ভিড় জমে উঠত। বিশ্বাস করা হতো, সারাজীবন একটি মানুষ এই দিনের প্রতীক্ষায় কঠোর পরিশ্রম করে গিয়েছেন, এবং আজ যখন তিনি ষাট বছর বয়স অতিক্রম করেছেন, তাঁকে আর কখনো কাজ করতে হবে না। অন্যদিক থেকে ভাবতে গেলে, যেহেতু তাঁরা আর আগের মতো কর্মক্ষম নেই, তাই তাঁদের প্রতিষ্ঠান তাঁদের অবসর নিতে বাধ্য করেছে—এ কথাও সম্পূর্ণ সত্যি।

আমার বিচারে, অবসরগ্রহণের এই পরিস্থিতিতে দুটি প্রধান বিশ্বাস নিয়ে চলি আমরা ঃ

১. আপনার কাজ আপনার জীবনে একটি শাস্তি হিসেবে পরিগণিত হয়, এবং নিজের জীবনের সোনালি ৩০ থেকে ৪০ বছর এই আশায় দিন গুনতে

থাকেন কবে আপনি মুক্তি পাবেন। সেদিন নিজের ইচ্ছামতো নিজের জীবন কাটাতে পারবেন, এবং আনন্দে বাকি জীবন কাটিয়ে দেবেন।

২. কর্মজীবনে যথেষ্ট অর্থ সঞ্চয় করতে পারবেন যাতে অবসরের পরে, আপনার কাছে একটি স্থায়ী আয়ের ব্যবস্থা থাকবে, যাতে কোনো কাজ না করেও আপনি সচ্ছলভাবে জীবনযাপন করতে পারবেন।

আমি এই সাবেক ধ্যানধারণাকে আঘাত করে কোনো মন্তব্য করতে চাই না। এই ধারণা যদি আপনার পছন্দসই হয়, এবং এভাবেই নিজের জীবন কাটাতে চান, দয়া করে এগিয়ে চলুন। কিন্তু আপনাদের সামনে আমি একটি দ্রুত অবসরগ্রহণের উপায় নিয়ে এসেছি ঃ

১. যদি নিজের কাজকে শাস্তি মনে হয় বা কোনোভাবে আপনি তা থেকে অব্যাহতি পেতে চান, তাহলে কেন নিজের জীবনের আগামী ৩০ কি ৪০ বছর সেই কাজেই আটকে থাকতে ইচ্ছুক? কেন একটি বিকল্প ব্যবস্থা খুঁজে বার করছেন না যেখানে আপনি মাত্র তিন থেকে পাঁচ বছর, খুব বেশি হলে ১০ বছর কাজ করবেন, এবং তারপর নিজের জীবনে যা যা করতে চেয়েছেন, সেভাবেই বাকি জীবন উপভোগ করতে পারবেন? কেন আপনার স্বপ্নের জীবনকে ছুঁতে ষাট বছর বয়স পর্যন্ত অপেক্ষা করতে হবে আপনাকে?

২. কে বলেছে অবসরের নির্দিষ্ট বয়স ৫৮ থেকে ৬০ বছর হওয়া বাধ্যতামূলক? আপনার প্রয়োজন একটি সঠিক অর্থনৈতিক ছক, যা আপনার অবসরগ্রহণের সময় নির্দিষ্ট করে দেবে, আপনার বয়স নয়। যখন কর্মজীবনের পুরো সময় জুড়ে উপার্জন করার চিন্তা রয়েছে আপনার, যাতে সেই সঞ্চিত অর্থের থেকে ভবিষ্যতে অবসর জীবন কাটাতে পারবেন আপনি, তাহলে কেন এমন একটি বাণিজ্যিক মডেলে কাজ করবেন না যেখানে আপনি দুটি সুবিধা পাবেন ঃ

   ক) আপনার বর্তমান ব্যয়ের চেয়ে বেশি পরিমাণে আয়—যা থেকে ভবিষ্যতের পুঁজির ব্যবস্থা করা সম্ভব।

   খ) আগামী কয়েকবছরের মধ্যে একটি বিকল্প আয়ের ব্যবস্থা করে ফেলার সুযোগ, যা আপনাকে বছরের পর বছর একটি স্থায়ী আয়ের ব্যবস্থা করে দেবে, কোনো পরিশ্রম ছাড়াই।

৩. অবসরগ্রহণ করার প্রয়োজনীয়তা কোথায়? কেন আমরা এমনভাবে নিজেদের জীবন গড়ে তুলতে পারি না, যেখানে অবসরগ্রহণ করার কোনো প্রয়োজন পড়ে না? যদি আপনি সঠিকভাবে খুঁজে বার করতে পারেন জীবনে আপনি কোন কাজ করতে সবচেয়ে ভালোবাসেন, এবং সেই কাজের থেকে একটি

আয়ের উপায় বার করতে পারেন, কাজ আপনার কাছে সেরা নেশা হয়ে দাঁড়াবে। যত বেশি কাজ করবেন ততই কাজের নেশা আপনাকে পেয়ে বসবে, এবং অন্যদিকে উপার্জন বৃদ্ধি পেতে থাকবে। নিজের জীবনের প্রতিদিনকে এমনভাবে সাজিয়ে তুলতে হবে, যাতে গন্তব্যে পৌঁছোবার পথে আপনি যাত্রাপথের সৌন্দর্য মন ভরে উপভোগ করতে সক্ষম হন। একবার কল্পনা করে দেখুন যদি আমাদের যাত্রাপথ হয়ে ওঠে আমাদের গন্তব্য— তার থেকে ভালো কি আর কিছু হতে পারে?

আমি বলতে চাই, এমন একটি উপায় খুঁজে বার করুন যাতে নিজের জীবনের অনেকগুলি বছর নিজের জন্যে সযত্নে বাঁচিয়ে রাখতে পারেন, এবং কর্মজীবন থেকে দ্রুত অবসর নেওয়ার একটি প্রক্রিয়া, যদি অবশ্য আপনি অবসর নিতে আদৌ প্রস্তুত থাকেন। ৫ কিংবা ১০ বছরের ব্যবধানে যা সহজেই উপলব্ধ, তার জন্য কেন জীবনের ৩০ থেকে ৪০ বছর উৎসর্গ করবেন আপনি? আমি আপনাকে এমন একটি জীবনে স্বাগত জানাতে চাই যেখানে আপনি নিজের মূল্যায়ন করতে সক্ষম। কতক্ষণ কাজ করবেন বা কার কার সঙ্গে কাজ করবেন তা আপনি নিজে ঠিক করবেন এই জগতে। আপনি হবেন নিজের আয়বৃদ্ধির অনুপ্রেরণা এবং নিজের হাতে নিজের বেতনের পরিমাণ লিখবেন চেকের উপরে।

এই পর্যায়ে পৌঁছোবার একাধিক উপায় রয়েছে এবং আমি নিজে হাজার হাজার মানুষকে জানি যারা এভাবে নিজের জীবনকে বদলে ফেলতে সক্ষম হয়েছেন, এবং বিভিন্ন উপায়ে তাঁরা সেই কাজ করে দেখিয়েছেন। যদি আপনি সেই সঠিক পথ খুঁজে না পান, ডাইরেক্ট সেলিং-এর মাধ্যমে একবার চেষ্টা করে দেখুন। এটি আমাকে ও আমার মতো অনেক মানুষকে দ্রুত অবসরের সুযোগ করে দিয়েছে, যার খোঁজে ছিলাম আমরা। আমি জানি না এখনো পর্যন্ত আপনি ডাইরেক্ট সেলিং-এর দুনিয়াকে কোন আঙ্গিক থেকে দেখেছেন, কিন্তু দয়া করে এক স্বচ্ছ পরিকল্পনা নিয়ে ব্যবসা শুরু করুন, চোখ রাখুন দ্রুত অবসরের লক্ষ্যে, নিজের মতো করে পরখ করে দেখুন এই ব্যবসা আপনাকে ও আপনার পৃথিবীকে বদলে দিতে পারে কিনা।

অবসরগ্রহণ আপনার দায়িত্বের শেষ কথা নয়। এটি আপনার বাধ্যতামূলক দায়িত্বের সমাপ্তি মাত্র।

—জনৈক

২৫

পারিবারিক ব্যবসার সফল গোড়াপত্তন

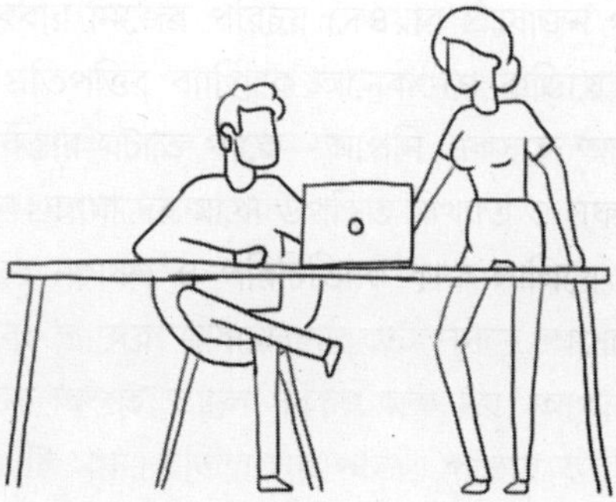

ব্যবসার জন্য নিজের পরিবারকে অবহেলা করা এক অমার্জনীয় অপরাধ।

—ওয়াল্ট ডিজনি

দিনের যে অংশে আমরা জেগে থাকি, তার সিংহভাগ সময়টুকু নিজের নিজের কাজে ব্যস্ত থাকি। বর্তমান দুনিয়ায়, বেশিরভাগ পরিবারের দুজন সদস্য সারাদিন ধরে নিজের নিজের কর্মক্ষেত্রে বিভিন্ন স্থানে কর্মরত থাকেন। প্রত্যেকের কর্মজীবনে বিভিন্ন পরিস্থিতি ও পরীক্ষার সম্মুখীন হতে থাকেন তাঁরা। দিনের শেষে অত্যন্ত ক্লান্ত ও অবসাদগ্রস্ত অবস্থায় বাড়ি ফিরে এসেই পরের দিনের প্রস্তুতিতে ব্যস্ত হয়ে পড়েন আবার। যারা নিজস্ব ব্যবসা চালান, তাঁদের নিজ নিজ ক্ষেত্রে কঠিন পরিস্থিতি ও প্রতিকূলতা বর্তমান।

অনেক সময়ে বিভিন্ন হোটেল ও রেস্তোরাঁয় অগণিত বিবাহিত যুগলকে দেখে থাকবেন, যারা নিঃশব্দে একে অপরের সঙ্গ দিচ্ছেন, কারণ তাঁদের মধ্যে আলোচনার উপযুক্ত বিষয়বস্তু নেই। অথবা, উভয়ের কাছে স্বীয় স্বীয় কর্মক্ষেত্রের সম্পর্কে এত কথা বলার থাকে, যে অন্যজনের বক্তব্য সম্বন্ধে তাঁরা একান্ত উদাসীন। আমার পরিচিত বহু দম্পতি রয়েছেন, যাদের মধ্যে

পারস্পরিক আলোচনার বিষয়বস্তু বলে কোনো কিছুর অস্তিত্ব নেই, এবং সারাজীবন ধরে, তাঁরা নিজেদের জীবন ও কর্মজীবনের ভিতর সামঞ্জস্য বজায় রাখতে খাবি খেতে থাকেন।

নিজের অংশীদারের সঙ্গে একটি ব্যবসা শুরু করার কথা ভেবে দেখুন। কল্পনা করুন সেই ব্যক্তির সঙ্গে সারাদিন সময় কাটাবার অভিজ্ঞতার কথা। কথোপকথন, খাওয়াদাওয়া, হাসিঠাট্টা ও ঘুরে বেড়ানো, একসঙ্গে প্রতিকূল পরিস্থিতির সামাল দেওয়া, সমস্যার সমাধান খুঁজে বার করা, এবং আস্তে আস্তে নিজেদের উজ্জ্বল ভবিষ্যৎ গড়ে তোলা। আপনি বুঝতেই পারবেন না কখন কাজকর্মের পরিধি আনন্দের সঙ্গে মিশে গেছে, বা কখন আনন্দ ও উদ্যম এসে কাজের গণ্ডি পেরিয়ে একসঙ্গে মিলেছে।

একটি সফল ব্যবসার গোড়াপত্তনের সঙ্গে সঙ্গে, আপনি নিজের সাফল্যের ভিত্তি স্থাপন করার সঙ্গে সঙ্গে গড়ে তোলেন একটি অসাধারণ সম্পর্কের বন্ধন। জীবনের নানান ওঠাপড়ার মোকাবিলা করতে সক্ষম হন মিলিতভাবে। আপনি ক্রমেই নিজের সান্নিধ্যের মানুষটির দোষগুণের সঙ্গে পরিচিত হয়ে নিজেদের শক্তি ও খামতিগুলিকে ব্যবহার করে বিভিন্ন পরিস্থিতি সাফল্যের সঙ্গে মোকাবিলা করতে শেখেন। দুজনে মিলে নিজের ও নিজেদের পরিবারের অর্থনৈতিক অবস্থানের উন্নতিসাধন এই ব্যবসার অন্যতম সেরা উপহার।

আমি চার বছর ধরে একটি বহুজাতিক সংস্থায় কর্মরত ছিলাম, এবং দীর্ঘ ১২ বছর ধরে ধারাবাহিকভাবে এক সফল শিল্পপতি হিসেবে কাজ করে চলেছি। বিগত ১৬ বছর ধরে আমি ৭ লক্ষের বেশি মানুষকে প্রশিক্ষণ দিয়েছি, এবং সেই বিপুল অভিজ্ঞতা থেকে বলতে পারি যে নিজের পরিবারের সঙ্গে একটি সফল ব্যবসায়িক সাম্রাজ্য গড়ে তুলতে ডাইরেক্ট সেলিং অনস্বীকার্যভাবে এক অন্যতম সেরা উপায়। খাতায় কলমে নিজের পরিবারের সঙ্গে একযোগে যে কোনো ব্যবসা শুরু করা গেলেও, সনাতনী ব্যবসাতে এমন কিছু বিশেষ দক্ষতা প্রয়োজন হয়, যা দুজন অংশীদারের পক্ষে সবসময় সম্ভব নাও হতে পারে। নীচে দেওয়া ১২ টি কারণ পড়ার পরে আপনি উপলব্ধি করতে পারবেন, কেন আমি পারিবারিক ব্যবসা হিসেবে ডাইরেক্ট সেলিংকে প্রাধান্য দিয়ে থাকি।

ডাইরেক্ট সেলিং-এর ব্যবসা সততই এক পারিবারিক ব্যবসা হিসেবে সফল হতে পারে নিম্নলিখিত কারণগুলির জন্য ঃ

১. তাঁদের বর্তমান চাকরি বা পেশার ক্ষেত্রে সম্পূর্ণ সময় দেওয়ার পরেও, যে-কোনো দম্পতি পার্ট টাইম ভিত্তিতে একসঙ্গে এই ব্যবসা যে-কোনো সময়ে শুরু করতে সক্ষম।

২. আপনি ঠিক করতে পারেন এই ব্যবসায় নিজে কতক্ষণ সময় দেবেন।

৩. এই ব্যবসা শুরু করার জন্য কোনো বিশেষ ডিগ্রি বা শিক্ষাগত যোগ্যতার প্রয়োজন নেই, তাই পরিবারের যে-কোনো সদস্য যে-কোনো সময়ে এখানে যোগ দিতে পারবেন।
৪. এই ব্যবসায় আপনার পরিবারের কোনো সদস্য যোগদান করার আগে কোনো বিশেষ পরিকাঠামোর গঠন বা আইনি প্রস্তুতির প্রয়োজন পড়ে না।
৫. যে-কোনো বয়স ও লিঙ্গ পরিশেষে এই ব্যবসায় অংশগ্রহণ সম্ভব।
৬. প্রায় প্রত্যেক ডাইরেক্ট সেলিং প্রতিষ্ঠান সেই সমস্ত পরিবারকে পরিচিতি ও প্রাধান্য দেয়, যারা নিজের পরিবারের সঙ্গে মিলিতভাবে এই বাণিজ্যিক সাম্রাজ্য গড়ে তুলছেন।
৭. যখন কোনো দম্পতি একটি ব্যবসার গোড়াপত্তন করেন, যে-কোনো সময়ে তাঁদের মধ্যে একজন ব্যবসার কাজ সামলাতে পারেন, এবং অন্যজন পরিবার ও সন্তানের দেখাশোনা করতে সক্ষম।
৮. আমাদের সিংহভাগ ট্রেনিং প্রোগ্রামগুলি এমনভাবে তৈরি, যাতে ছোট শিশুরাও অনায়াসে এই প্রশিক্ষণ গ্রহণ করতে পারে।
৯. এই ব্যবসার ক্ষেত্রে অনেক সময়ে বিভিন্ন জায়গায় ও দেশে ভ্রমণের সম্ভাবনা তৈরি হয়, যেক্ষেত্রে সম্পূর্ণ পরিবার এই সুবিধা গ্রহণ করতে সমর্থ।
১০. শিশুদের ক্ষেত্রে এই প্রশিক্ষণ অত্যন্ত উপকারী, কারণ কম বয়স থেকে তারা বিকল্প আয় এবং অর্থনৈতিক স্বাধীনতা সম্পর্কে ওয়াকিবহাল হতে পারে।
১১. আমাদের জীবনের প্রতিটি স্বপ্ন যেহেতু পরিবারের সঙ্গে জড়িত, তাই যখন সমগ্র পরিবার একসঙ্গে কাজ করেন, এ হয়ে ওঠে এক অসাধারণ অভিজ্ঞতা এবং সাফল্য চলে আসে নাগালের ভিতর।
১২. ডাইরেক্ট সেলিং-এর ব্যবসার অসামান্য দর্শন পরিবারের সামগ্রিক চিন্তাধারার উন্মেষ ঘটায়।

নিজের পরিবারের সঙ্গে জুড়ে থাকার অর্থ হল নিজের পরিবারকে আরো সফল, আরো শক্তিশালী করে তোলা।

—মিচ অ্যালবম

আমার অভিজ্ঞতা থেকে বলতে পারি, আপনি ও আপনার পরিবার একসঙ্গে যখন একটি প্রতিকূল অবস্থার মোকাবিলা করেন, তখন নিজেদের মধ্যে বোঝাপড়া

ও ঐক্য বেড়ে ওঠে। যখন আপনি ও আপনার ব্যবসার অংশীদার একযোগে কোনো সমস্যার সমাধান খুঁজতে ব্যস্ত হন, তা আপনাদের পারস্পরিক বন্ধন আরো দৃঢ় করে তোলে। আপনারা একে অপরকে আরো ভালো করে বুঝে নিতে পারেন, এবং মানসিকভাবে আরো অভিজ্ঞতাসম্পন্ন হয়ে উঠতে পারেন। একে অপরকে সম্মান করতে শেখেন, পরিপক্ক হয়ে ওঠেন, এবং বিভিন্ন পরিস্থিতিতে নিজেদের পরিমাপ করে নিতে সক্ষম হন। মানুষ হিসেবে একে অপরের পরিপূরক হয়ে ওঠেন, এবং প্রতিটি কাজ কেন ও কী কারণে করা হচ্ছে তার পুঙ্খানুপুঙ্খ বিচার করতে পারেন নিজেরা। পারস্পরিক সম্পর্কের উন্নতিসাধনে এ এক অসাধারণ ও অমূল্য অবদান। একসঙ্গে এই ব্যবসার গোড়াপত্তনের প্রক্রিয়ায় আপনার স্বামী/স্ত্রীর সঙ্গে সম্পর্কের অন্তরঙ্গতার উত্তরণ ঘটে এবং সেটি ক্রমেই দৃঢ় হয়ে ওঠে।

একযোগে এই বাণিজ্যিক সাম্রাজ্য সফলভাবে গড়ে তোলার এই অসামান্য স্মৃতি আপনাদের বাকি জীবনে এক অত্যন্ত সুখকর অভিজ্ঞতা হয়ে চিরস্থায়ী হবে। সাধারণভাবে একসঙ্গে কিছু সময় উপভোগ করার জন্য মানুষ ছুটি কাটান, কিন্তু ডাইরেক্ট সেলিং-এর ক্ষেত্রে আপনি ও আপনার পরিবার একত্রে সারা দুনিয়া ঘুরে বেড়াবেন এই ব্যবসার প্রসারের জন্য। মনে হবে, প্রতিদিনই আপনারা ছুটি কাটাচ্ছেন একত্রে। আমি অনেক মানুষকে চিনি যারা এই ব্যবসা শুরু করার প্রক্রিয়ায় নিজেদের জীবনের সঙ্গীকে খুঁজে পেয়েছেন। আমি অনেক মানুষকে চিনি যারা এই ব্যবসায় আসার পর থেকে নিজেদের পারিবারিক জীবনে সুখ ও শান্তি খুঁজে পেয়েছেন।

আমি ও আমার স্ত্রী ২০০৭ সালে নিজেদের চাকরিতে ইস্তফা দেওয়ার পরে এই ব্যবসা শুরু করি। প্রথম কয়েক বছর ধরে, আমরা কিছু অসাধারণ মুহূর্তের সঙ্গে সঙ্গে কিছু প্রতিকূল পরিস্থিতির সম্মুখীন হয়েছি। নিত্যনতুন দল গঠন করে আমরা নতুন নতুন শহরে পৌঁছে গিয়েছি। দু'বার দলের গুরুত্বপূর্ণ কিছু সদস্য ছেড়ে চলে যাওয়ার ফলে আমাদের আবার শূন্য থেকে শুরু করতে হয়েছে। এমন অনেক পরিস্থিতির সম্মুখীন হতে হয়েছে, যখন আমাদের ব্যবসা ও আয় একেবারে শূন্যে গিয়ে ঠেকেছে। সেই কঠিন সময়ে, অন্ধকার রাত জুড়ে নিভৃত পরামর্শ ও আলোচনা আবার আমাদের পিঠ সোজা করে দাঁড়াতে শিখিয়েছে। বোঝাপড়া হয়েছে সুদৃঢ়, এবং প্রতিদিন নিজেদের আরো কাছাকাছি এসে নতুনভাবে ভালোবাসার বন্ধনে আবদ্ধ হয়েছি।

আমি ও আমার স্ত্রী একসঙ্গে প্রতি ইভেন্টে অংশগ্রহণ করি। অনেকে এখনো পর্যন্ত বিশ্বাস করেন যে ব্যবসা ব্যবসার জায়গায়, আর পরিবার পরিবারের জায়গায় স্থবির। যখন মানুষ দেখেন যে আমরা একটি আদর্শ দম্পতি হিসেবে

একটি সুবিশাল বাণিজ্যিক সাম্রাজ্যের গোড়াপত্তনে সফল হয়েছি, তাঁরাও আমাদের প্রচেষ্টায় অনুপ্রাণিত হয়ে এক সুনিশ্চিত ভবিষ্যৎ গড়ার চেষ্টায় ব্যস্ত হন, এবং অনুপ্রাণিত হন এক অসামান্য পারিবারিক নৈকট্য সৃষ্টি করতে। আজ সাফল্যের পথে এতদূর অগ্রসর হতে পারার অন্যতম কারণ আমার স্ত্রী, যিনি এই যাত্রার প্রতি মুহূর্তে আমার পাশ থেকে একবারের জন্যেও সরে যাননি।

নিজের পরিবারের সঙ্গে একযোগে একটি ব্যবসা শুরু করার মধ্যে যে পরিমাণ আনন্দ রয়েছে, তা কথায় প্রকাশ করা অসম্ভব, এবং সেই আনন্দ শুধুমাত্র নিজের পরিবারের মধ্যে সীমিত থাকবে না। অবশ্যই, এই সময়ে তর্কবিতর্ক ও মতান্তর হওয়া অত্যন্ত সাধারণ ব্যাপার, কিন্তু প্রতি পরিবারে এই সমস্ত ঘটনা প্রায়শই ঘটে। এছাড়াও, আমার ব্যক্তিগত অভিজ্ঞতা থেকে বলতে পারি—যদি আপনি ডাইরেক্ট সেলিং-এর ব্যবসায় থাকেন, আপনার মনোমালিন্য ভুলে যাওয়া ও ক্ষমা করার ক্ষমতার উন্নতি ঘটবে উত্তরোত্তর, কারণ সাফল্যের জন্য মানুষ আপনার মুখের দিকে তাকিয়ে থাকবেন, এবং সম্ভবত তাঁদের সঙ্গেই আপনাকে পুরস্কারের মঞ্চে উঠতে হতে পারে যে-কোনো মুহূর্তে!

ছোটবেলা থেকে আমি ও আমার ভাই গৌরব সারাজীবন একসঙ্গে থাকার স্বপ্ন দেখতাম। কিন্তু আমি কর্মসূত্রে সেলস ও মার্কেটিং বিভাগে চন্ডীগড়ে কাজ করতাম, আর তিনি গুরগাওতে সফটওয়্যার কন্সাল্ট্যান্ট হিসেবে কাজ করতেন। চার বছরের ব্যবধানে আমাকে তিনবার বদলি হতে হয়েছিল, আর তাঁকে নিজের কাজের সূত্রে আমেরিকায় যেতে বাধ্য করা হয়েছিল। এই ব্যবসার সুযোগ পাওয়ামাত্র, আমরা তৎক্ষণাৎ তা লুফে নিয়ে মাত্র কয়েক মাসের মধ্যেই নিজের নিজের কর্মক্ষেত্র থেকে বিদায় নিলাম। বর্তমানে, এক যুগের বেশি সময় ধরে আমরা একটি সুখী, যৌথ পরিবার হিসেবে একসঙ্গে রয়েছি। আমাদের জীবন আজ সত্যি অসাধারণ। আজ এক ছাদের নীচে পরিবারের দশজন ও কর্মচারীদের সঙ্গে সুখে বাস করি আমরা সবাই। বাড়িতে প্রতি মুহূর্তে যে আনন্দ, হাসিঠাট্টা আর মনের শান্তিতে আমরা বাস করি তার একমাত্র কারণ হল ডাইরেক্ট সেলিং-এর অসাধারণ জগৎ।

তাই আপনি যদি আমার মতো নিজের সম্পূর্ণ পরিবারকে নিয়ে একসঙ্গে শান্তিতে বসবাস করার অভিলাষ রাখেন, শুধু ডাইরেক্ট সেলিং-এর দুনিয়ায় একবার পা রাখুন। সারাজীবনে যত সমস্যার সমাধান আপনার প্রয়োজন ছিল, আশা করি সে সমস্ত উত্তর আপনি অতি সহজেই খুঁজে পাবেন।

> *সবাই একসঙ্গে কাজ করা মানে একটি নতুন সূচনা, একসঙ্গে উন্নতি করা, এবং একসঙ্গে সাফল্যের সঙ্গে কাজ করা।*
>
> —এডওয়ার্ড এভারেট হেল

২৬

পার্ট টাইম ভিত্তিক ব্যবসার সুযোগ

ব্যবসা শুরু করার আগে একজন শিল্পপতি হবার জন্য অপেক্ষায় থাকবেন না। সাধারণভাবে শুরু করুন এবং আপনার দূরদৃষ্টি অনুযায়ী কাজ করতে করতে অজান্তেই আপনি একজন সফল শিল্পপতি হিসেবে নিজেকে আবিষ্কার করবেন।

—দীপক বাজাজ

নিজের জীবনে সবসময় একজন উদ্যোগপতি বা শিল্পপতি হবার স্বপ্ন দেখে এসেছি আমি—শুধুমাত্র একটি সফল ব্যবসার মালিকানা উপভোগ করার জন্য নয়। একজন সফল শিল্পপতি একাধিক দক্ষতায় সুদক্ষ—তিনি স্বাধীন, তাঁর ঝুঁকি নেওয়ার ক্ষমতা রয়েছে, হিসেবে তিনি সুনিপুণ, দায়িত্ববান, ফলাফল ভিত্তিক এবং নিজের কাজের পরিসরে অত্যন্ত একাগ্রচিত্ত। আমার স্থির বিশ্বাস মানুষের জীবনে এই এক-একটি গুণের সমাহার প্রত্যেককে এক আবেগপ্রবণ, সচ্ছল ও তাৎপর্যপূর্ণ জীবনযাপনে সক্ষম করে তোলে। একজন সফল শিল্পপতি হয়ে ওঠার সামগ্রিক দক্ষতার মধ্যে দূরদৃষ্টি, দায়িত্ব নেওয়ার ক্ষমতা এবং জীবনে আরো উন্নতি করার স্পৃহা থাকা অতি আবশ্যিকভাবে প্রয়োজন।

দায়িত্ব নিয়ে বলছি আপনাকে—যদি আপনি কখনো নিজের ব্যবসা শুরু নাও

করেন, দয়া করে জীবনে সাফল্যের জন্য আশাবাদী হয়ে উঠুন, বিভিন্নভাবে সুদক্ষ হয়ে ওঠার চেষ্টা করতে থাকুন। এটি একটি অসামান্য বাণিজ্যিক শিক্ষা প্রতিষ্ঠান যা আপনাকে সারাজীবন ধরে শিক্ষাপ্রদান করে চলে। সেই কারণেই আমি মানুষের সঙ্গে সেই সমস্ত জিনিসের পরিচিতি ঘটাতে চাই, যার সাহায্যে তাঁদের ভিতর ব্যবসা বা নতুন উদ্যোগের দক্ষতার প্রসার ঘটতে পারে, এবং সহজেই তাঁরা সফল শিল্পপতি হিসেবে আত্মপ্রকাশ করতে পারেন।

চাকরির ক্ষেত্রেও প্রত্যেক প্রতিষ্ঠান তাঁদের কর্মীদের কাছে এই সমস্ত গুণাগুণের আশা রাখেন। একজন সফল শিল্পপতির বিশেষ গুণাবলীর দিকে একবার নজর দেওয়া যাক—হিসেবরক্ষা, সৃষ্টিশীলতা, আবেগ ও মানসিকতার উপর কর্তৃত্ব, বিভিন্ন সমস্যার সমাধান সম্বন্ধে জ্ঞান, লক্ষ্য সম্বন্ধে একাগ্রতা, প্রত্যাখ্যান ও পরাজয় বরণের ক্ষমতা, এবং সময়ের দিকে না তাকিয়ে প্রাণপণ কাজ করার মানসিকতা। এই সমস্ত গুণবিশিষ্ট কর্মচারী প্রত্যেক প্রতিষ্ঠানের কাছে আশীর্বাদ তুল্য।

অদূর ভবিষ্যতে আমি পেশাগত ক্ষেত্রে আগাগোড়া নতুন একটি ধারার উদ্ভব আশা করছি, যার নামকরণ করেছি 'উদ্যোগকর্মী' (Entreployees)। সম্পূর্ণ নতুন এক কর্মসংস্কৃতির জন্ম হতে চলেছে যেখানে প্রত্যেকটি প্রতিষ্ঠানে এমন মানুষ কাজ করবেন, যারা হবেন একাধারে আংশিক উদ্যোগপতি ও চাকরিজীবী। এই নতুন পরিকাঠামোতে কিছু অভিনব শর্তাবলী থাকবে, কর্মদক্ষতা সংক্রান্ত কিছু নিয়ম থাকবে, থাকবে কিছু নির্দিষ্ট লক্ষ্য ও অতি অবশ্যই, সেই লক্ষ্যকে অতিক্রম করার প্রয়োজনীয়তা। একই সময়ে, কর্মরত প্রতিটি মানুষকে দেওয়া হবে বাণিজ্যিক স্বাধীনতা ও কর্মসঞ্চালনের সার্বিক ক্ষমতা, যা প্রতিষ্ঠান ও কর্মীদের ক্ষেত্রে সুবিধাজনক হয়ে উঠবে।

এই নতুন বাণিজ্যিক মডেল আগামী কিছু বছরের মধ্যেই সম্পূর্ণ শক্তিতে কাজ শুরু করবে বলে আমি মনে করি। তাই, যদিও এই মুহূর্তে আপনি নিজের ব্যবসা শুরু করার কথা না ভেবে থাকেন, আমি প্রত্যেককে আমন্ত্রণ জানাই এই নতুন যুগের কর্মীদের সঙ্গে কাজে যোগ দিতে, এবং আমার ধারণা অনুযায়ী ডাইরেক্ট সেলিং এক্ষেত্রেও হয়ে উঠবে এক অসাধারণ প্রশিক্ষণের আধার।

> *কর্মক্ষেত্রে 'উদ্যোগপতি' কোনো পদের পোশাকি নাম নয়, এবং এ শুধুমাত্র একটি নতুন ব্যবসার গোড়াপত্তনের মধ্যে সীমিত নয়। এ হল এক নতুন মানসিকতার প্রকাশ। যে সমস্ত যোগাযোগের সম্ভাবনা অন্যেরা ভাবতে পারেন না, যে সমস্ত সুযোগ অন্যেরা গ্রহণ করতে পারেন না, এ হল সেই নতুন দিশা লক্ষ্য করে এগিয়ে চলা, যা অন্যেরা চলতে শেখেননি।*
>
> —টোরি বার্চ

একজন সফল উদ্যোগপতি হিসেবে নিজেকে বেড়ে উঠতে দেখতে কেন ভয় পান সাধারণ মানুষ? এর প্রধান কারণ হল ব্যবসার ক্ষেত্রে ঝুঁকির সম্ভাবনা। আপনি অর্থলগ্নি করুন, একটি পরিকাঠামো তৈরি করুন, এবং বিপণন শুরু করে দিন। কিন্তু পরিষেবার বিপণনের শুরুর পরেই আপনার আয় শুরু হতে পারে। যদি আপনার ব্যবসায় সফলভাবে বিপণন শুরু না করতে পারেন, আপনার মূলধন ও মাসিক ব্যয়ের পরিমাণ জমতে জমতে এক বিশাল অর্থনৈতিক ক্ষতির সম্ভাবনা তৈরি হয়।

পার্ট টাইম ভিত্তিক ব্যবসার সুযোগ লক্ষ লক্ষ মানুষের কাছে স্বপ্নকে বাস্তবে রূপান্তরিত করার এক আদর্শ মাধ্যম হিসেবে প্রতীয়মান। এ ছাড়াও, এই ব্যবসা আপনার কাছে প্রাথমিক অর্থলগ্নি, কোনো পরিকাঠামো বা অন্যান্য কোনো প্রস্তুতির আশা করে না—এই সুযোগ আপনার কাছে এক অনন্য আশীর্বাদের সমান। ডাইরেক্ট সেলিং আপনার জীবনে ঠিক এইরকম একটি সুবর্ণ সুযোগ নিয়ে আসে। এক্ষেত্রে ব্যবসা শুরুর ক্ষেত্রে কোনো অর্থলগ্নি, অফিস, পরিকাঠামো বা অন্যান্য প্রস্তুতির প্রয়োজন হয় না। নিজের ইচ্ছে অনুযায়ী আপনি ব্যবসার ক্ষেত্রে সময় দিতে পারেন। এখানে পাবেন একটি অত্যাধুনিক প্রশিক্ষণ ব্যবস্থা, যার সাহায্যে একান্ত প্রয়োজনীয় জ্ঞান, দক্ষতা ও কর্মপদ্ধতি সম্বন্ধে আপনি নিজেকে শক্তিশালী করে তুলতে পারবেন। এই অসাধারণ বাণিজ্যিক উত্তরণের পথে প্রতিদিন আপনার সহকর্মীরা এবং সমগ্র বাণিজ্যিক পরিকাঠামো আপনাকে দেবে অত্যন্ত প্রয়োজনীয় সাহায্য।

ব্যক্তিগতভাবে আরেকটি কথা বলতে চাই, আমি কিন্তু পার্ট টাইম ভিত্তিতে কাজ করার বিপক্ষে। তাও এখানে আমি এই সম্বন্ধে আলোচনা করেছি শুধুমাত্র একটি কারণে। আমি আপনাদের বোঝাতে চেয়েছি যে নিজের বর্তমান চাকরি বা ব্যবসার পাশাপাশি আপনি ডাইরেক্ট সেলিং-এর ব্যবসাকে বেছে নিতে পারেন। এখানে আপনি যতটুকু সময় দিতে পারেন, সেটুকু সময়ের মধ্যে নিজের ১০০ শতাংশ উজাড় করে দিতে হবে এই ব্যবসাকে উন্নতির পথে চালিত করতে হলে।

একবার ভেবে দেখুন রিলায়েন্স বা টাটা বা মাহিন্দ্রার কর্ণধারদের কথা, যারা উচ্চতম স্তরে একসঙ্গে একাধিক সফল ব্যবসা চালাতে সক্ষম। আপনারা কি বলতে পারবেন এই সমস্ত ব্যবসার মধ্যে কোন ব্যবসা পার্ট টাইম ভিত্তিতে চলে? সমস্তটাই এক অসাধারণ সময়ানুবর্তিতার নিদর্শন, এবং বৃহত্তর লক্ষ্যের উদ্দেশ্যে নিজেকে প্রস্তুত করার অতীন্দ্রিয় ক্ষমতা। তাই বলি, যদি স্রেফ ঝুঁকি নেওয়ার ভয়ে বাণিজ্যিক উদ্যোগে অনাসক্ত হয়ে থাকেন, ডাইরেক্ট সেলিং-এর ক্ষেত্রে আপনি সম্পূর্ণভাবে সুরক্ষিত।

একটি ব্যাপারে সাবধান করে দেওয়া উচিত আপনাদের। এই পার্ট টাইম ভিত্তিক, ঝুঁকিহীন ও লগ্নিবিহীন ব্যবসা আপনার মধ্যে একটি নিরুদ্বেগ এবং নিশ্চিন্ত মনোভাব এনে দিতে পারে। কিছু কিছু সময়ে, ব্যবসার ক্ষেত্রে আপনার লগ্নির পরিমাণ ব্যবসার প্রতি আপনার দায়বদ্ধতার পরিচায়ক হয়ে ওঠে। যেহেতু আপনি কোনো উল্লেখযোগ্য অর্থলগ্নি না করে শুধুমাত্র কিছু সামগ্রী কিনেছেন, আপনি হয়তো এই ব্যবসাকে অন্যান্য ব্যবসার তুলনায় ধর্তব্যের মধ্যে নাও আনতে পারেন। যেখানে সময়ের কোনো বাধ্যবাধকতা থাকে না, সেখানে মানুষ অনেকক্ষেত্রে সময় দিতেই ভুলে যান। এছাড়াও, যখন আপনার বর্তমান আয় আপনার জীবনধারণের সমস্ত ব্যয়ভার গ্রহণ করেছে, কেন বাড়তি আয়ের জন্য কঠোর পরিশ্রম করতে যাবেন আপনি? যে কাজে মাথার উপর জবাবদিহি করার মতো কোনো অভিভাবক নেই, সেই কর্মক্ষেত্র অনায়াসেই এক বিনোদনের স্থান হয়ে উঠতে পারে।

এই সমস্ত পরিস্থিতিগুলিকে যদি আপনি কড়া হাতে দমন করতে পারেন, কর্মক্ষেত্রে সঠিকভাবে নিয়মানুবর্তিতা নিয়ে আসতে পারেন, ডাইরেক্ট সেলিং অনায়াসেই আপনার স্বপ্ন সত্যি করার পথ প্রসারিত করে তুলতে পারে।

বাণিজ্যিক দুনিয়ায়, আপনার শিক্ষাগত যোগ্যতার বিশেষ প্রয়োজন পড়ে না। আপনার একটি সঠিক প্রশিক্ষণ একান্ত প্রয়োজন।

—রবার্ট টি কিয়োসাকি

২৭

সামাজিক সম্পর্কের শক্তিবর্ধন

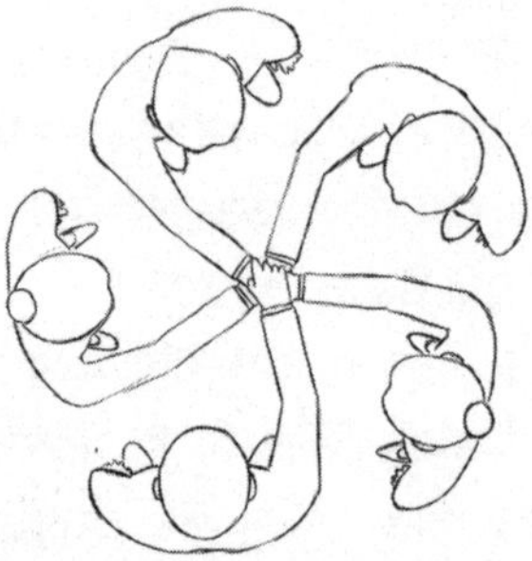

কিছু মানুষের পারস্পরিক সম্পর্কের সমষ্টির আরেক নাম হল বাণিজ্য।

—লী ইয়াকোক্কা

নিজের জীবনে যতই আপনি উন্নতি করবেন, ততই উপলব্ধি করতে পারবেন যে পারস্পরিক সম্পর্কের উন্নতির ভিত্তিই হল জীবনে উন্নতিসাধনের অন্যতম প্রধান কারণ। প্রত্যেক প্রতিষ্ঠানের মেরুদণ্ড হল পারস্পরিক সম্পর্কের বন্ধন, তা পরিবারের মধ্যেই হোক বা কোনো কর্মক্ষেত্রে। সেই কারণে, মানুষের জীবনের উন্নতিসাধনে পারস্পরিক সম্পর্ক এক অন্যতম প্রধান শক্তি। কিন্তু অন্য সমস্ত দক্ষতার মতোই, নতুন সম্পর্ক তৈরি করা এবং সেগুলিকে যত্ন সহকারে লালন করার এই অসামান্য দক্ষতার প্রসার ঘটাতে, নিজেকে পরিবর্তন করা একান্ত প্রয়োজন, এবং এই পরিবর্তন ঘটানো মোটেই সহজ কথা নয়।

নিম্নোক্ত এই দুটি কারণেই আপনার মধ্যে পরিবর্তন আসতে পারে ঃ

১. এই পরিবর্তন আপনার জীবনে উন্নতি নিয়ে আসতে সক্ষম, এবং এই পরিবর্তনের ফলে আপনার জীবন যে পরিমাণে উন্নত হয়ে ওঠে, তা আপনার স্বপ্নকে বাস্তবে পরিণত করতে পারে।
২. পরিবর্তন ছাড়া আপনার আর কোনো উপায় নেই।

ডাইরেক্ট সেলিং-এর দুনিয়া পারস্পরিক সম্পর্কের উন্নতিসাধনে আপনাকে সুদক্ষ করে তোলে, যার সাহায্যে আপনি এই অত্যন্ত প্রয়োজনীয় পরিসরে এক দুর্দান্ত সফল ব্যক্তিত্বে পরিবর্তিত হয়ে উঠতে পারেন। এই ব্যবসার ক্ষেত্রে মানুষ হল প্রধান মূলধন, এবং যদি সঠিকভাবে নিজের জীবনে বৃদ্ধি ও উন্নতি করতে চান, আপনার দলকে ভালোভাবে কাজ করতে হবে। দল তখনই ভালোভাবে কাজ করতে পারবে যখন তাঁরা আপনাকে অনুসরণ করে উপরোক্ত পদ্ধতিতে সাফল্য অর্জন করতে সক্ষম হবে। এই সমস্ত তখনই সম্ভব যখন আপনার সঙ্গে নিজের দলের প্রত্যেকের এক অসাধারণ বোঝাপড়া ও সম্পর্ক থাকবে। আপনি জানেন যে সমস্ত মানুষ আপনার হয়ে কাজ করছেন তাঁদের কাছ থেকে সঠিকভাবে কাজ আদায় করা কতটা শক্ত। কিন্তু এই ব্যবসায়, আপনি তাঁদের কাছ থেকে অনায়াসেই কাজ আদায় করতে সক্ষম, যাদের কাজের উপরে আপনার কোনো আয়ত্ত বা অধিকার নেই! এবং শুধুমাত্র নিজেদের মধ্যে এক অসাধারণ বোঝাপড়া ও সম্পর্কের ভিত্তিতেই এই কাজ সম্ভব।

এই কথা সবসময় মনে রাখা উচিত, মানুষ আপনার প্রতিষ্ঠানে কাজ তখনই করবেন যখন আপনাদের মধ্যে এক অসাধারণ সুন্দর সম্পর্ক বর্তমান, শুধুমাত্র কাজের ভিত্তিতে নিজের ক্ষমতার ব্যবহার বা অপব্যবহার করে আপনি তাঁদের উপর জোর খাটিয়ে কাজ করাতে পারবেন না। ডাইরেক্ট সেলিং আপনাকে এই প্রশিক্ষণ দেবে, এবং এই বিদ্যা আপনাকে জীবনের প্রতিটি ক্ষেত্রে সাহায্য করতে সক্ষম। কোনো বিশেষ সহকর্মী তাঁর নিজের কাজের পরিপ্রেক্ষিতে যতই দক্ষ হোন না কেন, কাজের পরিসরে উন্নতির সুযোগ তাঁদের উপরেই বর্তায় যাদের সঙ্গে আপনার সম্পর্কের বন্ধন অত্যন্ত সুদৃঢ়। দেখতে গেলে, প্রত্যেকটি প্রতিষ্ঠান একটি মানুষের সমষ্টি ছাড়া আর কিছুই নয়, এবং মানুষ সামাজিক প্রাণী হবার দরুন, সম্পর্কের ভিত্তিতেই জীবনযাপন করে। আপনার ঘরে, নিজের পরিবারের অভ্যন্তরে, স্ত্রী, অভিভাবক ও সন্তানদের সঙ্গেও সুসম্পর্কের প্রয়োজনীয়তা অপরিসীম। নিজের কর্মক্ষেত্রে এক স্তর থেকে পরের স্তরে পৌঁছোতে, আপনার কাজ হল সহকর্মীদের সঙ্গে একযোগে কাজ করে, সেই কাজ সফলভাবে সময়ের মধ্যে সম্পন্ন করা, এবং নিজেদের মধ্যে একটি সুস্থ ও নিবিড় সম্পর্ক থাকলে এই কাজ করতে কোনো অসুবিধা হতেই পারে না।

যদি আপনি বিশ্বাস করেন যে একটি সফল ব্যবসার বুনিয়াদ হল পারস্পরিক সম্পর্ক, নিজের ব্যবসাতে সেই বুনিয়াদ গড়তে শুরু করুন।

—স্কট স্ট্র্যাটেন

আমি চাই সম্পর্ক স্থাপনের ক্ষেত্রে আপনি পরবর্তী স্তরে উন্নীত হন। অদূর ভবিষ্যতে সম্পর্কের উন্নতি ঘটানোর দক্ষতা অর্জন করে হয়ে উঠবেন শক্তিশালী, যা আপনাকে বাড়তি উদ্যম ও শক্তি দেবে, এবং নিজের উন্নতির ক্ষেত্রে উত্তরোত্তর বৃদ্ধি পেতে সাহায্য করবে। সেই সমস্ত সম্পর্ক যা আপনার পরিশ্রম, উদ্যম ও শক্তি নিংড়ে নিয়ে আস্তে আস্তে আপনাকে ছিবড়ে করে ফেলছে, সেগুলিকে চিনে নিয়ে নিজের জীবন থেকে দূরে সরিয়ে দিন, কৌশলে এড়িয়ে যাবার চেষ্টা করুন। এতে আপনার সময় ও পরিশ্রম, দুয়ের সাশ্রয় হতে বাধ্য। দয়া করে মনে রাখবেন, আমি কখনোই আপনাকে নিজের সম্পর্কগুলি থেকে সুবিধা নেওয়ার প্রলোভন দেখাচ্ছি না। আপনারও কিছু দেওয়ার আছে। দয়া করে দান করুন, সাহায্যের হাত বাড়িয়ে দিন। কিন্তু এমন পারিপার্শ্বিকের মধ্যে থাকুন যেখানে মানুষ আপনার প্রশংসা করেন, আপনাকে অনুপ্রেরণা দিয়ে জীবনের পথে এগিয়ে দেন। যখন আপনি নিজের জীবনে এরকম সান্নিধ্য খুঁজে পাবেন, তাঁদের সঙ্গে সুস্থ, সুদৃঢ়, শক্তিশালী এবং লক্ষ্যভেদ করার মনোভাব নিয়ে এক অটুট বন্ধন গড়ে তুলুন।

আপনার তৈরি করা নিত্যনতুন সম্পর্কের ভিত্তিতে সাফল্যের সিঁড়ি ততটাই প্রশস্ত হতে পারে, এবং অচিরেই আপনি সাফল্যের শিখর ছুঁতে পারেন অবলীলায়। এই অপূর্ব ক্ষমতা নিজের মধ্যে গড়ে তুলুন, নিজের দক্ষতা বৃদ্ধি করুন, দেখবেন অবিলম্বেই আপনার জীবনযাপনের মান আকাশ ছুঁয়েছে।

> *আপনি যার গুণমুগ্ধ, যিনি আপনাকে নিজের ক্ষমতার পরিধি সম্বন্ধে জানার জন্য অবিরত অনুপ্রেরণা জোগাতে পারেন, তাঁর সঙ্গে অটুট সুসম্পর্ক আপনার জীবনের মানোন্নয়নে সক্ষম।*
>
> —ম্যান্ডি মূর

২৮

শিখতে শিখতে উপার্জন করুন

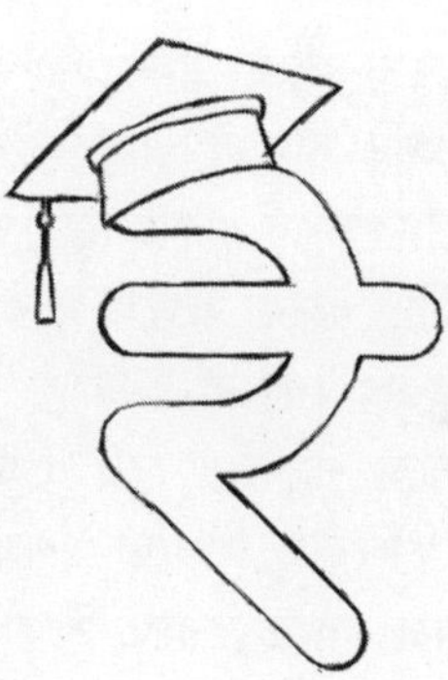

শিক্ষা এক ঐশ্বর্য যা তার অধ্যয়নকারীকে সর্বস্থানে অনুসরণ করবে।

—চীনা প্রবাদ

প্রতি ব্যবসায় একটি মধ্যবর্তী সময় থাকে, যে সময়টায় একটি নতুন ব্যবসার প্রসার ঘটে, এবং আস্তে আস্তে সেটি সাফল্যের ছোঁয়া পেতে থাকে। এই সময় হতে পারে কয়েক মাসব্যাপী, আবার কিছু কিছু সময়ে ব্যবসার ফলাফল বুঝতে বেশ কয়েক বছর সময় চলে যায়, এবং তা নির্ভর করে ব্যবসার ধরনের উপর। প্রতি ব্যবসায়ী প্রথম কয়েক মাসের জন্য লাভের আশা করেন না, বরং ব্যবসায় ক্ষতি হবার সম্ভাবনায় নিজেরা মানসিকভাবে প্রস্তুত হয়ে থাকেন। তাঁরা আগামী কয়েক বছরের মধ্যে লাভের আশায় বুক বেঁধে বসে থাকেন। একজন উদ্যোগপতির জীবনে এই বিশেষ সময়টুকু এক অতি কঠিন পরিস্থিতি হিসেবে পরিগণিত হয় কারণ এই সময়ে আয়ের চেয়ে ব্যয়ের পরিমাণ অনেক বেশি হয়ে দাঁড়ায়। এই সময় প্রতি ব্যবসায়ীকে এই বাড়তি অর্থের প্রয়োজন মেটাতে হয় নিজের নিজের সঞ্চিত অর্থরাশি থেকে।

কিছু কিছু ব্যবসা এই কঠিন পরিস্থিতির সম্মুখীন হতে না পেরে চিরকালের জন্য বন্ধ হয়ে যায়, আবার কোনো কোনো প্রতিষ্ঠান আগামী পাঁচ বছরের মধ্যে ঘুরে দাঁড়াতে পারে না। এইরকম প্রতিটি অসফল ব্যবসা উদ্যোগপতি বা শিল্পপতিদের কাছে এক চূড়ান্ত অর্থনৈতিক দুর্ঘটনা বিশেষ। তবে এই সময়কে ব্যবসার ক্ষেত্রে প্রশিক্ষণের যথার্থ সময় হিসেবেও উল্লেখ করা হয়ে থাকে, এবং একটি সনাতন ব্যবসার ক্ষেত্রে, প্রশিক্ষণের জন্য ধার্য কয়েক মাস থেকে কয়েক বছর সময় হল অপেক্ষার সময়—এর পরেই শুরু হতে পারে অর্থ সমাগম। একমাত্র এই ঝুঁকির কারণেই সিংহভাগ মানুষ ব্যবসা শুরু করার প্রচেষ্টা থেকে মুখ ফিরিয়ে থাকেন, তাঁদের সামনে যথাযথ সুযোগ আসা সত্ত্বেও।

ডাইরেক্ট সেলিং-এর ব্যবসা হচ্ছে এমন এক অসাধারণ উদ্যোগ, যেখানে এই মধ্যবর্তী সময়ের দৈর্ঘ্য অতি সামান্য, এবং মাঝে মাঝে এই সময়ের অস্তিত্ব খুঁজে পাওয়া যায় না। প্রাথমিকভাবে একটি ডাইরেক্ট সেলিং প্রতিষ্ঠানের সঙ্গে যোগদান করে দেখুন। আপনার কর্তব্য সম্বন্ধে বুঝে নিয়ে সেদিন থেকেই মিটিং শুরু করে দিন। অপেক্ষা করার কোনো অবকাশ নেই। কিছু সামগ্রীর বিপণন করুন, কিছু নতুন কর্মীর সঙ্গে পরিচিত হয়ে একটি দল গঠন করে সরাসরি উপার্জন করতে শুরু করুন। শিখতে শিখতে উপার্জন করার স্বপ্ন সাকার করে তুলুন। এক্ষেত্রে একসঙ্গে কাজ করতে করতে শিক্ষা সম্ভব, এবং শিখতে শিখতে অর্থ উপার্জন করা অনায়াসেই সম্ভব।

যেহেতু এই ব্যবসার ক্ষেত্রে আপনার কোনো অর্থলগ্নি বা মূলধন লাগে না, আপনার উপার্জন হয়ে ওঠে আপনার ব্যবসার লাভের অঙ্ক। এই এক অন্যতম লাভজনক ব্যবসা যেখানে বিনা লগ্নিতে আপনি পেতে পারেন অভাবনীয় অর্থলাভ (Return on Investment - ROI)। আপনার পুঁজি এখানে নিজের স্বপ্ন, সেই স্বপ্নকে বাস্তবে পরিণত করার জন্য প্রয়োজনীয় শিক্ষা, এবং ধারাবাহিকভাবে পরিশ্রম করার যথার্থ মানসিকতা।

ডাইরেক্ট সেলিং-এর এই বিশেষ ক্ষমতা—শিখতে শিখতে উপার্জন করুন—আস্তে আস্তে বাণিজ্যকে সামগ্রিকভাবে গণতান্ত্রিক করে তুলেছে, এবং আজ যে-কোনো সাধারণ মানুষ এই ব্যবসার দ্বারা নিজের অস্তিত্ব সারা পৃথিবীর সামনে সগর্বে তুলে ধরতে সক্ষম।

> *শিক্ষা আমাদের জীবনে একটি বিশেষ ক্ষমতা, শিক্ষাগ্রহণ করার ক্ষমতা আমাদের এক বিশেষ দক্ষতা, এবং শিক্ষালাভ করার ইচ্ছা আমাদের পছন্দ।*
>
> —ব্রায়ান হারবার্ট

২৯
হয়ে উঠুন এক সফল বক্তা

সফল বক্তৃতা অনেক জীবন বদলে দিতে পেরেছে, এবং জীবন থেকেও অনেক বক্তব্যের মূল ধারণা গড়ে উঠেছে।

—রা

মানুষের সামনে নিজের বক্তব্যের দ্বারা তাঁদের জীবনে বিশেষ অবদান রাখা বা উন্নতিসাধন করতে পারার ক্ষমতা আমাদের এক ঈশ্বরপ্রদত্ত প্রতিভা। ইতিহাসের পাতায় সমস্ত বিপ্লব, যুদ্ধবিগ্রহ এবং উল্লেখযোগ্য পরিবর্তনের উৎপত্তি ও অস্তিত্বের পিছনে অন্যতম কারণ হল নিজের বক্তব্য প্রকাশের ক্ষমতা। আপনার বাক্শক্তির উপর জীবন ও মৃত্যু নির্ভর করে। শব্দ হল পৃথিবীর সবচেয়ে শক্তিশালী হাতিয়ার। বলা হয় যে তরবারির গভীরতম আঘাতও সময়ে শরীর থেকে মিলিয়ে যায়, কিন্তু মানুষের মনে শব্দের আঘাতের ক্ষত কখনো মিলিয়ে যেতে পারে না। একবার ভেবে দেখুন, এই অত্যাশ্চর্য ক্ষমতার দ্বারা অনেকের মধ্যে অন্যতম মহাত্মা গান্ধী, অ্যাডলফ হিটলার, ভ্লাদিমির লেনিনের মতো সুবিশাল ব্যক্তিত্বরা পৃথিবীর ইতিহাসের সবচেয়ে বড় বিপ্লবের জন্ম দিতে সক্ষম হয়েছিলেন। কী ছিল এই বিশ্ব বরেণ্য নেতাদের প্রধান শক্তি যার সাহায্যে পৃথিবীর মানুষ তাঁদের

অন্ধভাবে বিশ্বাস করেছিলেন? তাঁদের একমাত্র ক্ষমতা ছিল সফলভাবে মানুষের সামনে নিজের বক্তব্যকে তুলে ধরার অসাধারণ প্রতিভা।

জীবনে যে কাজই করুন না কেন, যাই হোক আপনার চাকরি, পেশা, বয়স, লিঙ্গ, অবস্থান বা শিক্ষাগত যোগ্যতা, আমি সবসময় একটা কথাই বলব—একটি বিষয়ে নিজের জীবনে সুদক্ষ হয়ে উঠুন, যা হল নিজের বক্তব্য পেশ করার ক্ষমতা। জীবনের ক্ষেত্রে অপরিহার্য এই দক্ষতাকে আয়ত্তে আনতে যে পরিমাণ সময় আপনি ব্যয় করবেন, তা আপনাকে নিজের জীবনে প্রভূত উন্নতি করতে সাহায্য করবে। আমরা প্রত্যেকে এক সফল নেতা হতে, অথবা প্রতিপত্তিময় জীবনযাপন করতে ইচ্ছুক, কিন্তু এক্ষেত্রে সফল হতে গেলে আপনাকে হতে হবে এক সুদক্ষ বক্তা।

দয়া করে এই ভ্রান্ত ধারণা নিজের মনে পোষণ করবেন না, যে শুধুমাত্র একজন নেতা বা সুদক্ষ বক্তা হতে গেলেই এই ক্ষমতার প্রয়োজন পড়ে। দৈনন্দিন জীবনের প্রতিক্ষেত্রে, প্রতিবার আপনার বক্তব্যের মাধ্যমে মনের ভাব প্রকাশ করার প্রয়োজন ঘটে। উদাহরণস্বরূপ, ধরুন যে-কোনো পরিস্থিতিতে আপনাকে পাঁচ থেকে দশজন মানুষের একটি সমষ্টির সঙ্গে কথা বলতে হবে —হতে পারে ব্যবসার ক্ষেত্রে নিজের দলের সহকর্মীদের সঙ্গে, আপনার আবাসনের প্রতিবেশীদের সঙ্গে, কোনো একটি প্রতিষ্ঠানের অন্যান্য সদস্যদের সঙ্গে, কিংবা আপনার সহকর্মীদের সঙ্গে যে-কোনো নির্ভেজাল আড্ডায়, বা আপনার সন্তানের স্কুলের ফাংশানে, এবং হতে পারে এমন কোনো অনুষ্ঠানে যেখানে একটি সমাবেশের সামনে-যেখানে নিজের মতামত অন্যদের সঙ্গে ভাগ করে নিতে হবে। বক্তব্য প্রকাশের ক্ষমতা মানুষের সামনে আপনার উপস্থিতির মূল্য, আপনার বক্তব্যের গুরুত্ব ইত্যাদির প্রভূত উন্নতি ঘটাতে পারে সহজেই, এবং তার ফলে আপনার প্রতিপত্তি বাড়তে থাকে সমাজে।

আমি যে গ্রামে জন্মগ্রহণ করেছিলাম, সেখানে মাত্র কয়েকশো বাড়ি ছিল। আমার অভিভাবক ও পরিবারের অন্যান্য আত্মীয়রা বেশিরভাগ সরকারি চাকরিজীবী ছিলেন। আমি পড়তাম সরকারি হিন্দিভাষী স্কুলে, এবং ১২ ক্লাস পাশ করার আগেই, অন্তত ছয়বার স্কুল পরিবর্তন করতে বাধ্য হই। পাশ করার পরে আমি বিভিন্ন পেশার মধ্যে থেকে সঠিক পেশা বেছে নিতে চেষ্টা করি, এবং সেই সময়ে আমার নিজস্ব মত অনুযায়ী জীবনের পথে অগ্রসর হয়েছি। জীবনের বিভিন্ন সময়ে একজন ডাক্তার, চার্টার্ড অ্যাকাউন্ট্যান্ট, ব্যাঙ্কের চাকরিজীবী, বা বহুজাতিক সংস্থায় ম্যানেজার হতে চেয়েছিলাম আমি, কিন্তু আজ আমি একাধারে এক সফল উদ্যোগপতি, এক বেস্টসেলিং লেখক যার বই ৬টি ভাষায় অনূদিত হয়েছে, আমার শিক্ষামূলক ভিডিওর দর্শক ১০০টির বেশি

দেশের মানুষ—প্রতি মাসে তিন কোটির বেশি। ৭ লক্ষের বেশি মানুষকে আমি সঠিকভাবে প্রশিক্ষণ দিয়ে সাফল্যের সঙ্গে পরিচয় করিয়েছি। আমাকে নিয়ে বিভিন্ন প্রথম সারির পত্রিকা আজ ফিচার করেন, এবং একটি অগ্রগণ্য পত্রিকা আমাকে তাঁদের প্রচ্ছদের জন্য ব্যবহার করেছেন। আমি ২০১৮ সালে The Best Debut Author ২০১৮ খেতাব জয় করেছি। আমার ট্রেনিং ওয়ার্কশপগুলির একটি আসন খালি থাকে না আজ, এবং সেগুলি মানুষের জীবনে তাৎক্ষণিক পরিবর্তন ও উন্নতি আনতে পারার কারণে প্রমাণিত ও বিশ্ববিখ্যাত।

হ্যাঁ, আমি নিজের জীবনে ব্যক্তিগত উন্নতির ক্ষেত্রে অনেক পরিশ্রম করেছি, কিন্তু আজ যদি আমাকে জিগ্যেস করেন, আমার এই অভাবনীয় উন্নতি ও বৃদ্ধির পথে কোন বিশেষ দক্ষতা অপরিহার্য—আমি বলব তা হল যোগাযোগ স্থাপনের ক্ষমতা এবং নিজের বক্তব্য প্রকাশের ক্ষমতা। আমি এখনো এই দুই পরিসরে উন্নতি করার প্রচেষ্টায় ব্যস্ত, এবং আগামী দুই বছরে এর সাহায্যে অযুত অযুত মানুষের জীবনে পরিবর্তন আনতে বদ্ধপরিকর। আমার ওয়ার্কশপে, আমি ছাত্রদের শেখাই সেই সমস্ত কিছু যা আমাকে আজ এই জায়গায় পৌঁছে দিয়েছে, এবং সেই সব পদ্ধতি, প্রণালী ও প্রযুক্তির ব্যবহার যা আমার সাধারণ জীবনে অসাধারণত্ব কায়েম করেছে। আজ যদি আমাকে বলা হয় যে আপনার জীবনে পরিবর্তন আনতে গেলে কোন বিশেষ দক্ষতা আপনাকে এগিয়ে রাখবে, আমি বারবার বলব দয়া করে নিজের বক্তব্য পেশ করার ক্ষমতার উন্নতি ঘটান।

একবার চেষ্টা করে দেখুন। প্রতি সপ্তাহে মাত্র এক ঘণ্টা সময় ব্যয় করুন এই অসাধারণ দক্ষতাকে নিজের আয়ত্তাধীন করে ফেলতে। আমি জানি এই একটি কারণে আমার কাছে চিরকৃতজ্ঞ থেকে যাবেন। আমার Public Speaking and Communication Skills -এর ওয়ার্কশপের সিংহভাগ অংশগ্রহণকারী এই দক্ষতা অর্জন করার পরে নিজের নিজের পেশাদারি জীবনে উল্লেখযোগ্য পরিবর্তন নিয়ে আসতে সমর্থ হয়েছেন ইতিমধ্যেই।

আপনার দেওয়া সবচেয়ে খারাপ বক্তৃতা সবসময়ে আপনার মৌনতার থেকে উৎকৃষ্টতর হতে বাধ্য।

—ফ্রেড ই. মিলার

অন্যান্য দক্ষতার মতোই, বক্তব্য পেশ করার ক্ষমতা কষ্টসাধ্য হলেও, আয়ত্ত করা সম্ভব। আপনার কাছে উপলব্ধ প্রাথমিক শিক্ষার উপাদান, পদ্ধতি এবং প্রক্রিয়া খুঁজে বার করুন, দেখবেন আস্তে আস্তে অনুশীলন করার ক্ষেত্র ও সুযোগ আপনার সামনে প্রশস্ত হচ্ছে। নিজের বক্তৃতাগুলি রেকর্ড করে, সেগুলিকে

বারবার শুনুন এবং পরিমার্জনা করতে থাকুন। প্রত্যেক বক্তৃতার সঙ্গে সঙ্গে আপনার উন্নতি ও আত্মবিশ্বাসের পরিবর্তন পরিলক্ষিত হবে। কিন্তু একটা কথা মাথায় রাখবেন—নিজের বক্তব্য পেশ করার দক্ষতা এমন এক দক্ষতা যার নিয়মিত অনুশীলন একান্ত প্রয়োজনীয়। সুতরাং আপনার কাছে প্রচুর পরিমাণে জ্ঞান ও অভিজ্ঞতা থাকা সত্ত্বেও, নিয়মিতভাবে নিজের বক্তব্য পেশ করার অনুশীলন না থাকলে, সাফল্য অধরা থেকে যাবে।

আমার ওয়ার্কশপগুলিতে, ছাত্রদের নিয়মিত অনুশীলনের মাধ্যমে নিজের বক্তব্য প্রকাশের ক্ষমতার মূল দুর্বলতার জায়গাগুলি থেকে বেরিয়ে আসার প্রশিক্ষণ দিয়ে থাকি। আসুন, দেখা যাক কীভাবে আমরা এই প্রশিক্ষণ দিয়ে থাকি ঃ

১. বিষয়বস্তু
২. অনুশীলন
৩. মননশীলতা
৪. জীবন থেকে নেওয়া অভিজ্ঞতা
৫. অভিপ্রায়
৬. মঞ্চে ব্যবহৃত অনুষঙ্গ
৭. আবেগজনিত অনুষঙ্গ

নিজের বাচনভঙ্গির ক্ষমতাকে কখনো সামান্য মনে করবেন না। ৯৯ শতাংশ মানুষ নিজের বক্তব্য পেশ করার ব্যাপারে অকৃতকার্য হন, কারণ তাঁদের মনোযোগ থাকে সঠিকভাবে কথা বলতে পারার উপর। সঠিক বাচনভঙ্গি, পোশাক, কথা বলার পদ্ধতি, বক্তব্যের বিষয়বস্তু এগুলি একটি বক্তৃতায় সমান গুরুত্বপূর্ণ। দয়া করে মনে রাখবেন, একটি সফল বক্তৃতার লক্ষ্য হল দর্শকদের মনে ভাবনার পরিবর্তন ও বদল ঘটানো। যদি আপনার বক্তৃতা এই কাজটি ছাড়া বাকি সমস্ত কাজগুলি করতে সক্ষম হয়, আমার কাছে তা এক চরম পরাজয়। উপরোক্ত সাতটি শর্ত মেনে যদি আপনি নিজের বক্তব্য পেশ করার প্রস্তুতি নেন, প্রতিবার দর্শকদের মনে গভীরে পৌঁছে আপনার বার্তা সফলভাবে তাঁদের কাছে পৌঁছে দিতে সক্ষম হবেন।

ডাইরেক্ট সেলিং আপনাকে সেই মঞ্চে পৌঁছে দেবে যেখানে মানুষের কাছে নিজের বক্তব্য পেশ করার অগণিত সুযোগ পেতে পারেন প্রতিনিয়ত। পৃথিবীর সেরা বক্তা ও প্রশিক্ষকরা একজন সফল নেটওয়ার্ক মার্কেটারের তুলনায় যথেষ্ট বক্তৃতা দেওয়ার সুযোগ পান না। এখানে যে আপনি শুধু নিজের বক্তব্য পেশ করার সুযোগ পাবেন তা নয়, ব্যবসায় বিপণনের উন্নতির মাধ্যমে সেই বক্তৃতার সাফল্য নিজের চোখে দেখে নিতে পারবেন। সর্বোপরি, ডাইরেক্ট সেলিং দেয় এক ফলপ্রসূ ও সহযোগিতামূলক পরিবেশ যা আপনাকে উদ্বুদ্ধ

করে, অনুপ্রেরণা দেয়, প্রশিক্ষণের মাধ্যমে নিজের দক্ষতার পরিমার্জনা করে নেওয়ার সুবর্ণসুযোগ প্রদান করে।

আশা রাখি আগামী কোনো দিনে, আমি নিজের চোখে আপনাকে নিজের বক্তব্য প্রকাশ করতে দেখব মঞ্চে। এই কাজটি করে দেখাতেই হবে আপনাকে।

দর্শক আপনার বক্তব্য শোনা শেষ করে ফেলার আগে নিজের বক্তব্য শেষ করে ফেলুন।

—ডরোথি সারনফ

৩০

নিজের স্বপ্নকে অনুপ্রেরণা জোগান

কাজ আপনার জীবনের সিংহভাগ স্থান অধিকার করে থাকবে, এবং যে কাজের মাধ্যমে সম্পূর্ণ সন্তুষ্টি সাধিত হবে, সে কাজ অবশ্যই আপনার পছন্দের। সেই কাজেই আপনি সাফল্য খুঁজে পেতে সক্ষম। এখনো পর্যন্ত যদি মনমতো কাজ খুঁজে না পেয়ে থাকেন, বিশ্রামের উপায় নেই। যখন সেই কাজ খুঁজে পাবেন, আপনার হৃদয় সে খবর জানিয়ে দেবে।

—স্টিভ জোবস

আমাদের প্রত্যেকের মনের গভীরে, একটি বিশেষ উদ্দেশ্য লুকিয়ে থাকে। কেউ তাকে বলে অভিলাষ, কেউ বলে নেশা, এবং কেউ কেউ আবার সেই উদ্দেশ্যকে বলে জীবনের লক্ষ্য। যে শব্দই ব্যবহার করি না কেন, মনের অভ্যন্তরে এমন একটি অভিপ্রায় সযত্নে লালিত হয় যা আমরা নিজের জীবনে চরিতার্থ করতে চাই। ছোট থেকে বড় হওয়ার সময়, আমাদের প্রত্যেকের মননে একজন বিশেষ নায়ক বিরাজ করেন, এবং কেউ যখন জিগ্যেস করেন,—'বড় হয়ে জীবনে কী হতে চাও?'—আমাদের চোখে স্বপ্ন ঝিলিক দিয়ে যায়, মন জানিয়ে দেয় আমরা ঠিক কী হতে চাই নিজের জীবনে। হয়তো আমরা সেই

কথাটি চিৎকার করে সবাইকে বলে দিই, বা সযত্নে লুকিয়ে রাখি নিজের নিজের মনের গভীরে। কিন্তু প্রত্যেকেই ভীষণভাবে চাই বিশেষ কারো মতো হতে। আজ পর্যন্ত আমি এমন কারো সঙ্গে পরিচিত হইনি যিনি জীবনে বড় হতে চান না, যিনি উন্নতির পথে হেঁটে সাফল্যের শিখরে পৌঁছোবার অভিলাষ রাখেন না। আমরা প্রত্যেকের চাই আরো বেশি উন্নতি করতে, আরো বড় হতে, এবং নিজের কাজের নিরিখে শ্রেষ্ঠতম হতে। কিন্তু সবচেয়ে করুণ সত্য হল, আমরা জীবনে প্রতিটি কাজ করতে সক্ষম হই, নিজের মনের অভ্যন্তরে লালিত অভিলাষ চরিতার্থ করা বাদে। যদি কেউ একান্ত সেই কাজ করতে সমর্থ হন, সেটি সামান্য একটি শখ হিসেবে রয়ে যায়।

ভাবুন তো যে মানুষটির একমাত্র শখ গিটার বাজানো, তাঁকে যদি দিনের পর দিন অপারেশন থিয়েটারে জটিল অপারেশন করে যেতে বাধ্য করা হয়, তার চাইতে দুঃখজনক ঘটনা আর কিছু হতে পারে কি? বা এমন একজনের কথা ধরা যাক যিনি একজন সফল গায়ক হতে চান, কিন্তু অবস্থার পরিপ্রেক্ষিতে তিনি যুগ যুগ ধরে বিভিন্ন নির্মাণ কাজে সিভিল ইঞ্জিনিয়ার হিসেবে হাড়ভাঙা পরিশ্রম করতে বাধ্য হচ্ছেন। কিংবা একজন মানুষ যিনি ছোট বাচ্চাদের পড়াতে সবচেয়ে ভালোবাসেন, কিন্তু বাস্তবে তাঁকে একজন চার্টার্ড অ্যাকাউন্ট্যান্ট হিসেবে নিরস সংখ্যার সমষ্টি নিয়ে নাড়াচাড়া করতে হয় প্রতিনিয়ত। চাকরি জীবনে আমি অনেক ম্যানেজারদের দেখেছি যারা আসলে গায়ক, ইউটিউব সেলিব্রিটি বা বাদ্যযন্ত্রী হতে চেয়েছিলেন, কিন্তু বাস্তবে প্রতিদিন, মাসের পর মাস ধরে তাঁদের মোটরসাইকেল বিপণনের জন্যে প্রাণপণ লড়াই করে যেতে হতো। ঈশ্বরের হাতে তৈরি সর্বশ্রেষ্ঠ ও সর্বোৎকৃষ্ট প্রাণী হলাম আমরা, অর্থাৎ মানুষ। ইতিমধ্যেই আমরা চাঁদ ও মঙ্গলে পা রাখতে সমর্থ হয়েছি। আমরা সমস্ত পর্বতমালা ও সাগর পাড়ি দিয়ে জয়লাভ করেছি। তা সত্ত্বেও কেন আমরা নিজেদের জীবনে নিজেদের ইচ্ছানুযায়ী পছন্দসই কাজ খুঁজে নিতে শিখতে পারিনি?

কেন দিনের পর দিন নিজেদের শাস্তি দিয়ে চলেছি এভাবে? এবং শাস্তি দেওয়ার পরে কেন ভাবতে বসি যে জীবনে কেন সুখী হতে পারলাম না? বেশিরভাগ মানুষ নিজের জীবনে কাজ করে চলেছেন স্রেফ উপার্জন করার উদ্দেশে, সেই কাজে তাঁদের বিন্দুমাত্র আগ্রহ বা মনোযোগ নেই। তাঁরা শুধুমাত্র কর্মক্ষেত্রে অর্থ উপার্জন করার লক্ষ্যে একভাবে, মুখ বুজে কাজ করে চলেছেন। এই ব্যাপারে যদি আপনার কোনো সন্দেহ থাকে, একবার ভেবে দেখুন কোনো কারণে যদি বেতন বন্ধ হয়ে যায়, তাহলে কজন মানুষ রোজকার মতো কাজে যোগ দেবেন? এ এমন অবস্থা যা দেখে মনে হয় মানুষগুলি নিজেদের শাস্তি দিয়ে নিজেরাই তা ভোগ করছেন। শৈশব থেকে এই ভার আমাদের ঘাড়ে

চাপিয়ে দেওয়া হয়েছে। আমাদের শিক্ষকরা, অভিভাবক বা আত্মীয়স্বজন এর প্রধান কারণ, এবং পরবর্তীকালে বহু ক্ষেত্রে দেখা গিয়েছে, আমরা স্বেচ্ছায় এই ভার নিজেদের কাঁধে তুলে নিয়েছি। আপনি কি কোনো মানুষের সংস্পর্শে কখনো এসেছেন যিনি শাস্তিভোগ করা সত্ত্বেও আনন্দে উৎফুল্ল ও খোশমেজাজে রয়েছেন? আমার মনে হয় না।

> *আমার ৫ বছর বয়সে, মা সবসময় বলতেন মানুষের জীবনের সাফল্যর চাবিকাঠি হল আনন্দ। যখন স্কুলে যেতে শুরু করলাম, সবাই জানতে চাইতেন আমি বড় হয়ে কী হতে চাই। আমার উত্তর ছিল—আনন্দিত হতে চাই। তাঁরা আমাকে বলতেন আমি তাঁদের প্রশ্নের অর্থ বুঝিনি, আমি তাঁদের বলেছিলাম তাঁরাই জীবনের অর্থ বোঝেননি।*
>
> —জন লেনন

এর অর্থ কী হতে পারে? এর একমাত্র কারণ হল—অর্থ। আমাদের মনের ভিতর একটি বাক্য সযত্নে খোদাই করে দেওয়া হয় যে আমাদের শখের মাধ্যমে জীবিকা নির্বাহ করা অসম্ভব ও অবাস্তব এক ভাবনা। আমাদের প্রতি পদে বোঝানো হয়, যে শখ অসাধারণ হলেও তার সাহায্যে অর্থ উপার্জন করা সম্ভব নয়—পেট ভরানো সম্ভব নয়। তাই জীবনে সর্বপ্রথমে উপার্জনক্ষম হয়ে প্রতিষ্ঠিত হও, এবং একবার প্রতিষ্ঠিত হয়ে যাওয়ার পর, বাকি জীবনে তুমি যা ইচ্ছে করতে পারো। যতবার আমরা গতানুগতিক পাঠ্যপুস্তক ও চিরাচরিত নিয়মের পরিধি লঙ্ঘন করার চেষ্টা করেছি, আমাদের বিদ্রুপ করা হয়েছে, আমাদের শাস্তি দেওয়া হয়েছে। সেই নিয়ম সঠিক ছিল না ভুল ছিল, আমি সেই ব্যাপারে বিচার করছি না।

আমি বলতে চাইছি যে জীবন যদি অর্থকেন্দ্রিক হয়, তাহলে নিজের অপছন্দের কর্মক্ষেত্রে বা পেশায় সঠিক আয় ছাড়া নিজের সারাজীবন নষ্ট করার সার্থকতা কোথায়? কেন আপনি বিশেষ কোনো একটি পেশায় মাত্র কয়েক বছরে নিজের ইচ্ছেমতো অর্থ উপার্জন করে সমস্ত সমস্যার সমাধান করতে পারেন না? সেক্ষেত্রে আপনি নিজের অপছন্দের কাজের পাশাপাশি নতুন ব্যবসার কাজ করতে শুরু করবেন, এবং তাতে পরিস্থিতির কোনো পরিবর্তন হবে না। কিন্তু সারাজীবন অক্লান্ত পরিশ্রম করার পরেও নিজের আর্থিক অবস্থার উন্নতি ঘটাতে না পারার থেকে, আপনার উচিত এমন একটি নতুন পরিসরে কিছু বছরের জন্য কাজ করা যেখান থেকে আপনার অর্থনৈতিক অবস্থার উল্লেখযোগ্য উন্নতি সম্ভব, এবং এমন একটি পরিকাঠামোতে আপনি কাজ করার সুযোগ পাবেন

যা আপনাকে মাসের পর মাস একটি স্থায়ী উপার্জন দিয়ে যাবে। যে মুহূর্তে আপনার অর্থনৈতিক পরিস্থিতির উন্নতি ঘটবে, জীবনে আসবে সচ্ছলতা, আপনি নিজের ইচ্ছামতো নিজের শখপূরণ করতে সক্ষম হবেন।

দয়া করে একবার ভেবে দেখুন। নিজের জীবনে এমন একটি কাজ করে চলেছেন যা আপনার পছন্দ নয়, এবং সেই কারণে আপনার জীবনে আনন্দ নেই। আপনি আশা করেছিলেন, এই পেশায় আপনি আরো অর্থ উপার্জন করতে পারবেন, কিন্তু বেশিরভাগ ক্ষেত্রে দেখা যায় আগের তুলনায় অর্থনৈতিক পরিস্থিতির বিন্দুমাত্র পরিবর্তন ঘটেনি, এবং এত বছর ধরে কাজ করার পরেও আপনার উপার্জনের অর্থ কোনোরকমে গ্রাসাচ্ছাদনের কাজটুকুই চালাতে পারে। তখন কি আপনার মনে হয় না যে শৈশব থেকে যে সত্যকে অবলম্বন করে আজ এই পরিস্থিতিতে এসে পৌঁছেছেন তা সম্পূর্ণরূপে এক ভ্রান্ত ধারণা? কিন্তু নতুন করে শুরু করার কোনো বিশেষ সময় হয় না। তাই সমস্যার সমাধান হল এমন একটি আয়ের উৎস তৈরি করা, যা আপনাকে পর্যাপ্ত অর্থের জোগান দেবে সচ্ছলভাবে জীবনযাপন করার জন্য। একবার সেই স্তরে পৌঁছে যেতে পারলে, অদূর ভবিষ্যতে আপনি ইচ্ছানুযায়ী জীবনযাপন করতে সক্ষম।

> *সংকীর্ণ পরিসরে নিজের শখ অনুযায়ী জীবনযাপন করা অসম্ভব—যেভাবে জীবনযাপন করার ক্ষমতা আপনার মধ্যে রয়েছে, কেন আপনি তার থেকে কমে জীবন কাটাতে রাজি হবেন?*
>
> —নেলসন ম্যান্ডেলা

সঠিক পথের হদিশ দিয়েই আমার দায়িত্ব শেষ হয় না, আমি আপনাদের কাছে এসেছি বিভিন্ন সমস্যার সমাধান নিয়ে। যদি সত্যি এমন একটি সুযোগের সন্ধানে রয়েছেন যেখানে মাত্র কিছু বছরের মধ্যে আপনি হয়ে উঠবেন স্বয়ংসম্পূর্ণ, হয়ে উঠবেন আর্থিকভাবে স্বাধীন, পরবর্তী জীবনের জন্য ব্যাঙ্কে পর্যাপ্ত সঞ্চয় করতে পারবেন, এবং তা ছাড়াও গড়ে তুলতে পারবেন এক স্বচ্ছ বিকল্প আয়ের ব্যবস্থা, আমি বলব পা রাখুন ডাইরেক্ট সেলিং ব্যবসার জগতে।

সবসময় জানবেন আমি বিনা কারণে আপনাদের ডাইরেক্ট সেলিং-এর দুনিয়ায় আমন্ত্রণ জানাচ্ছি না। আমি এই ব্যবসায় আপনাদের স্বাগত জানাচ্ছি যাতে আপনারা বর্তমানে যে অপছন্দের পেশা বা চাকরিতে আটকে পড়ে আছেন, তার থেকে নিষ্কৃতি পাওয়ার পথ খুঁজে পান, এবং একসঙ্গে অর্থনৈতিক স্বাধীনতার স্বাদ পেতে পারেন। পছন্দ না হলেও একবার এই ব্যবসা করে দেখুন। আমি জানি পছন্দ বা অপছন্দ এখানে কোনোভাবে আপনাকে আটকাতে পারবে না, কারণ বর্তমানে যে পেশায় আপনি আটকে রয়েছেন, তাও আপনার বিশেষ পছন্দের তালিকায় নেই।

তাই সুবিধামতো নিজের ডাইরেক্ট সেলিং-এর ব্যবসা গড়ে তুলুন। সঠিক ভিত্তি ও পরিকাঠামোর মাধ্যমে সেই ব্যবসার গোড়াপত্তন করুন। একবার সেই পরিকাঠামো তৈরি হয়ে গেলে, আপনার সহকর্মীদের সঙ্গে একযোগে কাজ শুরু করে, নিজের জীবনের স্বপ্নকে বাস্তব করার লক্ষ্যে এগিয়ে যান।

আমি আরো একটি উপদেশ দিতে ইচ্ছুক। বর্তমানে যে কাজই আপনি করুন না কেন, দয়া করে সেই কাজে নিজের ১০০ শতাংশ শ্রম ও উদ্যম দিয়ে করুন। কর্মক্ষেত্রে মনে আনন্দ ও উদ্যম নিয়ে কাজ করুন, এবং একই সময়ে অন্যান্য উপায় বা সুযোগের সন্ধানে থাকুন। বহু বছর আগে যখন আমি চাকরি করতাম, তখনো কিন্তু আমি সেরা কর্মীদের মধ্যে থাকতাম নিয়মিতভাবে। প্রতিষ্ঠানের সর্বকনিষ্ঠ এরিয়া ম্যানেজার হিসেবে আমার পদে সাফল্যের সঙ্গে কাজ করতাম। প্রতিদিন আমার কাজের পরিসরে নিরন্তর উন্নতি করে যেতাম, এবং প্রতিষ্ঠানকে সেই সমস্ত সুবিধা করে দিতাম যা আমার কাছ থেকে কেউ আশা করেননি। একই সঙ্গে আমি অপেক্ষায় থাকতাম সেই সুযোগের, যা আমার জীবনকে নিজের মতো করে বাঁচতে সাহায্য করবে।

আমার কর্মজীবন একাধিক অসঙ্গতিতে পরিপূর্ণ। প্রাথমিকভাবে চিকিৎসক হবার লক্ষ্যে জীবন শুরু করে, মত পরিবর্তন করে একজন চার্টার্ড অ্যাকাউন্ট্যান্ট হবার বিফল চেষ্টা করি, কিন্তু শেষ পর্যন্ত MBA ডিগ্রি নিয়ে পড়াশোনা শেষ করি। তারপর একটি বহুজাতিক সংস্থায় চাকরিতে ঢুকি, সেখানে নিজের কর্মক্ষেত্রে দক্ষতার শিখরে থাকাকালীন ইস্তফা দিয়ে একজন সফল উদ্যোগপতি হিসেবে সাফল্যের দুনিয়ায় আত্মপ্রকাশ করি। আমার একাধিক ব্যবসার পাশাপাশি, আজ আমি একজন বেস্ট সেলিং লেখক, সুবক্তা, প্রশিক্ষক, বিশেষজ্ঞ এবং সোশ্যাল মিডিয়ায় এক গুরুত্বপূর্ণ ব্যক্তিত্ব। আসলে, আমার শৈশবে আমি এই স্বপ্ন লালন করেই বড় হয়েছি। কিন্তু সেই স্বপ্নকে বাস্তবায়িত করতে, ধাপে ধাপে সাফল্যের সিঁড়ি বেয়ে উঠে আসার পথে আমি প্রত্যেক স্তরেই নিজের সেরাটা তুলে ধরেছি। মাসের পর মাস বিভিন্ন বই এবং প্রোগ্রামের দ্বারা নিজেকে সমৃদ্ধ করে তুলেছি। উপার্জন করার সঙ্গে সঙ্গে আমি সাধ্যমতো সঞ্চয় করেছি এবং আস্তে আস্তে নিজের অর্থনৈতিক অবস্থানকে সুদৃঢ় করে তুলেছি। আমার মনে হয় জীবনে সাফল্যের আসল চাবিকাঠি হল নিজের দৃষ্টি যতদূর প্রসারিত হয়, সেই অনুযায়ী এগিয়ে যাওয়া, এবং লক্ষ্যে পৌঁছে যেতে পারলে, ঈশ্বর আপনার পরবর্তী লক্ষ্য স্থির করে দেবেন।

আপনি যদি উন্নতির চিন্তা বন্ধ না করতে পারেন, দয়া করে সেই উন্নতি করার চেষ্টা বন্ধ করে দেবেন না।

—মাইকেল জর্ডন

৩১

সকলের জন্য সুযোগের পরিস্থিতি তৈরি করে দিন

জীবন আপনার সামনে সুযোগের সম্ভার খুলে দেয়, হয় আপনি সেই সুযোগ গ্রহণ করতে পারেন, বা ভয়ে পিছিয়ে যেতে পারেন।

—জিম ক্যারি

জীবন প্রচুর সুযোগ প্রদান করে, অবশ্যই তার সঙ্গে কিছু বিশেষ শর্তাবলী থাকে। প্রত্যেক পেশায় কিছু নির্দিষ্ট দক্ষতা, বিশেষ ক্ষমতা ও শিক্ষাগত যোগ্যতার প্রয়োজন হয়, সেই কারণেই প্রত্যেক কর্মখালির বিজ্ঞাপনে বিশেষ যোগ্যতার কথা জানতে চাওয়া হয়। ব্যবসার ক্ষেত্রেও এই রকম বিশেষ কিছু জিনিসের প্রয়োজন হয়। শিক্ষাগত যোগ্যতার সঙ্গে পেশাগত অভিজ্ঞতা, আপনার বিভিন্ন শিক্ষা প্রতিষ্ঠানের কথা, আপনার পড়াশোনা সংক্রান্ত ফলাফল, যে সমস্ত শহরে আপনি বসবাস করেছেন—এই সমস্ত তথ্য সারাজীবন আপনার সঙ্গে চলতে থাকে। মানুষ আপনার সম্বন্ধে একটি পরিষ্কার ধারণা করতে পারবেন আপনার শিক্ষাগত ডিগ্রি, আপনার অর্থনৈতিক অবস্থান, আপনার স্কুল, কলেজ ও বিশ্ববিদ্যালয়, যে শহরে আপনি বসবাস করেন, এই সমস্ত তথ্যের ভিত্তিতে।

তাই, পেশা সংক্রান্ত দুনিয়ায়, যদি আপনি একজন ইঞ্জিনিয়ার হন, মানুষ প্রথমেই দেখবে যে সেই ডিগ্রি আপনি IIT বা অন্য কোনো ঐতিহ্যমণ্ডিত

শিক্ষা প্রতিষ্ঠান থেকে অর্জন করেছেন কিনা, এবং এর ভিত্তিতেই অবশিষ্ট জীবনে আপনার মূল্যায়ন হতে থাকবে। একরকম ভাবে, যদি আপনি IIM বা অন্য কোনো প্রথম সারির বিজনেস স্কুল থেকে নিজের MBA ডিগ্রি না নিয়ে থাকেন, মানুষ কিন্তু আপনার যোগ্যতা নিয়ে প্রশ্ন তুলতে পারেন। হয়তো নিজের জীবনে আপনি সাফল্যের সঙ্গে সব পরীক্ষায় উত্তীর্ণ হয়েছেন, তা সত্ত্বেও এই বিশেষ নামগুলি আপনাকে সারাজীবন তাড়া করতে থাকবে।

এই পরিস্থিতিতে এমন একটি সুযোগ যদি আপনার সামনে আসে যেখানে প্রত্যেককে সমান সুবিধা দেওয়া হয় নিজের উন্নতি সাধনে—তার চেয়ে ভালো আর কি কিছু হতে পারে? বয়স, শিক্ষাগত যোগ্যতা, অর্থনৈতিক অবস্থান, লিঙ্গ, শহর, স্কুল বা ভাষা নির্বিশেষে সেখানে আপনি স্বাধীনভাবে নিজের ব্যবসা শুরু করতে পারেন। প্রত্যেকের ক্ষেত্রে যে সমস্ত সুবিধা ও সহযোগিতার ব্যবস্থা রয়েছে, তা আপনার ক্ষেত্রেও প্রযোজ্য। আসলে, এই দুনিয়ায় আপনাকে কেউ এই সমস্ত তথ্য সংক্রান্ত প্রশ্ন করেন না, কারণ এই ব্যাপারে তাঁদের কোনো অভিরুচি নেই। এই পরিসরে সবাই আপনাকে খোলা মনে, দুহাত প্রসারিত করে কাছে টেনে নেন। এ হচ্ছে এমন এক অসাধারণ স্বাধীন বাণিজ্যিক মডেল যেখানে কেউ আপনার অতীত নিয়ে কোনো প্রশ্ন করেন না, এখানে সকলে আপনাকে স্বতন্ত্রভাবেই আপন করে নেন। এ হল কিছু উন্নতিকামী সাধারণ মানুষের সমষ্টি, যারা একযোগে কাজ করে চলেছেন নিজের জীবনের স্বপ্নগুলিকে চোখের সামনে সত্যি হতে দেখার অভিলাষ নিয়ে। এই মডেল এমনভাবে গঠিত, যেখানে প্রত্যেক সদস্য প্রত্যেকে প্রতি সহযোগিতার হাত বাড়িয়ে রয়েছেন সর্বদা, এবং একটি গোষ্ঠী হিসেবে সকলে মিলে এগিয়ে চলেছেন উন্নতির লক্ষ্যে।

আমি মনে করি প্রতিটি মানুষকে তিনি যেভাবে রয়েছেন, কোন বাছবিচার বা তুলনা ছাড়া সেভাবেই কাছে টেনে নেওয়ার চাইতে বড় সম্মান প্রদর্শন আর হতে পারে না। এবং সময়ের সঙ্গে সঙ্গে, এই বিশেষ গুণটি ডাইরেক্ট সেলিং-এর দুনিয়ার মানুষদের ক্ষেত্রে মজ্জাগত হয়ে গেছে। এই বাণিজ্যিক দুনিয়ার বিশেষ কিছু মানবিক দর্শনের কারণে তা আমার কাছে অত্যন্ত প্রিয়—সহানুভূতি, পরস্পরের প্রতি সম্ভ্রমের উৎকর্ষ, কাজ, নিঃস্বার্থ সহযোগিতা, মানুষকে প্রাপ্য সম্মান দেওয়া, নিজের আগে অন্যদের সুবিধা দেখা, সমতা ও স্বচ্ছতার নির্মল বাতাবরণ।

ডাইরেক্ট সেলিং-এর কর্মসংস্কৃতি সাধারণ ব্যবসা বা সমসাময়িক কর্মজগতের তুলনায় বহুগুণে শক্তিশালী ও অনুপ্রেরণাদায়ী। দুটির মধ্যে পার্থক্য লক্ষ করুন, অন্যান্য ক্ষেত্রে বলা হয়, 'যদি আপনি সঠিকভাবে কাজ না করতে পারেন, আপনি নিজের কাজ হারাবেন, 'কিন্তু এখানে বলা হয়, 'আসুন, আপনার উন্নতির জন্য

আমার সাহায্য সবসময় রয়েছে।' এখানে সহকর্মীরা আপনি যতক্ষণ চান, ততক্ষণ সময় দেবেন সম্পূর্ণভাবে শেখার জন্য। তাঁরা সবসময় আপনার পাশে পাশে থাকবেন শিক্ষা বা সহযোগিতার প্রয়োজনে। এখানে, আমার মতে, ভুল করে শেখার অলিখিত অধিকার পাবেন আপনি। এই ব্যবসাতে, ভুলের মাধ্যমে শিখতে পারার অসামান্য শিক্ষা পাবেন আপনি, যেগুলি ক্রমে ক্রমে সংশোধন করে নিজেকে সাফল্যের দিকে এগিয়ে নিয়ে যেতে সক্ষম হবেন।

এই ব্যবসা শুরু করার আগে আপনি নিজের কর্মক্ষেত্রে কতটুকু সাফল্য পেয়েছেন তার উপর নির্ভর করে ডাইরেক্ট সেলিং-এর মঞ্চ কখনোই আপনাকে পুরস্কৃত করবে না বা বাড়তি সুবিধা দেবে না। অতীতের সমস্ত সাফল্য এবং বিফলতা এই ব্যবসায় কোনভাবে বিচার্য হবে না। আপনি ডাইরেক্ট সেলিং-এর ব্যবসায় কতটুকু সাফল্য অর্জন করতে পারবেন, সেটুকুর ভিত্তিতেই আপনার সাফল্য মাপা হবে এখানে।

যদি অতীতের কোনো তিক্ত অভিজ্ঞতা আপনাকে মানসিকভাবে পর্যুদস্ত করে থাকে, যার ফলে মনে হয় যে আপনি নিজের জীবনে সঠিকভাবে উন্নতি করতে পারছেন না, আমি আপনাকে ডাইরেক্ট সেলিং-এর জগতে স্বাগতম জানাই যেখানে সকলের প্রবেশাধিকার অবাধ।

> *অতীতে ফিরে গিয়ে আবার নতুনভাবে শুরু করা সম্ভব নয়, কিন্তু আজ যেখানে রয়েছেন সেখান থেকে শুরু করতে পারবেন এবং ভবিষ্যৎকে বদলে দিতে পারবেন।*
>
> —সি. এস. লিউয়িস

ডাইরেক্ট সেলিং এর বাণিজ্যিক মডেল সাধারণ, স্থিতিস্থাপক ও স্বচ্ছ হবার কারণে, যে কোনো মানুষ এখানে মানিয়ে নিয়ে নিজের জীবন বদলে দিতে পারেন অনায়াসেই।

চাকরিজীবীদের জন্য এ হল এক অসামান্য বিকল্প উপার্জনের উৎস, যা বিশেষ কোনো অর্থলগ্নি বা পরিকাঠামো ছাড়াই শুরু করা সম্ভব।

ছাত্ররা খুব সহজেই এই ব্যবসা শুরু করতে পারেন পার্ট টাইমের ভিত্তিতে এবং একই সঙ্গে অমূল্য কিছু দক্ষতার উপর প্রশিক্ষণ গ্রহণ করতে পারেন। তাঁদের কাছে স্বভাবতই কিছু অবসর সময় বরাদ্দ থাকায় তাঁরা নতুনভাবে সেই সময়কে এই প্রশিক্ষণের দ্বারা কাজে লাগিয়ে নিজেদের সাফল্যের শিখরে পৌঁছে দিতে সক্ষম।

পেশাদার মানুষরা অবশ্য স্বাধীনভাবে কাজ করতে অভ্যস্ত। তাঁরা এক অসামান্য বিকল্প উপার্জনের উৎস খুঁজে নিতে পারেন, নিজেদের অবসর সময়ে নিজেদের সুবিধা বুঝে।

ব্যবসায়ীদের জন্য এ এক অসামান্য বিকল্প বাণিজ্যিক ব্যবস্থা, যারা কোনো বিশেষ জ্ঞান বা স্থায়ী লগ্নি ছাড়াই, বর্তমান ব্যবসার পাশাপাশি আরেকটি লাভজনক ব্যবসা শুরু করতে পারেন।

যে সমস্ত মহিলা ঘরে থেকে অর্থ উপার্জন করতে ইচ্ছুক, বা গৃহিণীদের জন্য এই ব্যবসা এক সুবর্ণ সুযোগ। পারিবারিক দায়িত্ব সামলাবার পরেও, তাঁরা নিজেদের সুবিধামতো কিছু সময় ব্যয় করতে পারেন এই ব্যবসা শুরু করার জন্য।

অবসরপ্রাপ্ত বয়স্ক মানুষদের কাছেও এই ব্যবসা এক অপূর্ব সুযোগ, যার সাহায্যে তাঁরা সুবিধামতো এক স্থায়ী আয়ের ব্যবস্থা তৈরি করে নিতে পারেন।

প্রস্তুতি যখন সুযোগের সঙ্গে মিলিত হয়, ভাগ্য নির্মাণ শুরু হয় তখন।

—সেনেকা

ডাইরেক্ট সেলিং-এর কর্মকান্ডে, কর্মশৈলী ও দর্শন যাদের পছন্দ হয়েছে, তাঁদের আমি আমন্ত্রণ জানাই অবিলম্বে এই ব্যবসার অসাধারণ দুনিয়ায় পা রাখতে। অবশ্যই উপর মহলের সহকর্মীরা ও অত্যাধুনিক প্রশিক্ষণ ব্যবস্থা আপনাকে সফলভাবে এই ব্যবসার গোড়াপত্তন করতে সাহায্য করবেন, কিন্তু মনে রাখবেন সেগুলি নিছক পরামর্শ মাত্র। নতুন ব্যবসা কীভাবে গড়ে তুলবেন সেই সিদ্ধান্ত নেওয়ার মালিক একমাত্র আপনি। কারণ, এই বাণিজ্যিক সাম্রাজ্যের একছত্র অধিপতি হলেন আপনি নিজে।

ডাইরেক্ট সেলিং একজন ব্যক্তির কাছে তিনটি মাত্র জিনিস চায় ঃ

১. আপনি স্বপ্ন দেখেন। আপনি নিজের ও নিজের পরিবারের জন্য জীবনে কিছু পরিবর্তন নিয়ে আসতে চান।

২. এই ব্যবসা সফলভাবে চালাবার জন্য সঠিক পদ্ধতি, প্রক্রিয়া ও প্রণালী আপনি শিখতে ইচ্ছুক।

৩. সার্বিকভাবে নিজের বাণিজ্যিক সাম্রাজ্যের অধিকার গ্রহণ করতে চান, এবং সেটিকে সফলভাবে গড়ে তোলার জন্য আপনার সবটুকু দিতে চান।

তাই অতীতকে পিছনে ফেলে, নিজের স্বপ্নকে বাস্তবায়িত করার দিকে মনোযোগ দিন, এবং পা বাড়ান।

আপনার পিছনে ফেলে আসা অতীত ও আপনার সামনে পড়ে থাকা ভবিষ্যৎ আপনার মনের অভ্যন্তরের ইচ্ছাশক্তির অধীন।

—র‍্যাল্ফ ওয়াল্ডো এমারসন

ব্যবসা নয়—শুধু আপনার জন্য

অবাক হই, মানুষ কেন ডাইরেক্ট সেলিং-কে একটি পুরোদস্তুর ব্যবসা বলে স্বীকৃতি দিতে পারেন না। দয়া করে সবাই যেন মনে রাখেন, এটি রাতারাতি ধনী হবার কোনো সহজ উপায়, বা লটারি, বা নিছক কোনো শখের মধ্যে পড়ে না; অন্যান্য ব্যবসার মতোই এটি এক সম্পূর্ণ ব্যবসা। এতে শুধু কয়েকটি জিনিসের প্রয়োজন পড়ে না যেমন অর্থলগ্নি, শোরুম বা কর্মচারী, মূলধন বা পুঁজি, কিন্তু অন্যান্য ব্যবসায় সাফল্য অর্জন করতে যা যা জরুরি সে সমস্ত জিনিস এখানে একান্ত প্রয়োজনীয়। এই ব্যবসায় আপনার প্রয়োজন হবে কঠিন পরিশ্রম, প্রতিশ্রুতি, অধ্যাবসায়, বিভিন্ন কর্মদক্ষতা এবং বাণিজ্যিক নিয়মকানুন মেনে চলার শিষ্টতা।

২০০৯ সালের একটি ঘটনা আজও মনে আছে, যা আমার একটি সেমিনারের শেষে ঘটেছিল পাঞ্জাবের লুধিয়ানা শহরে। সেমিনারের শেষে একজন ডিস্ট্রিবিউটার, তাঁর পরিচিত একজন প্রতিপত্তিশালী অতিথির সঙ্গে আমার পরিচয় করিয়েছিলেন। তিনি বলেছিলেন, 'আমার নাম যোগিন্দর সিং (গোপনীয়তা রক্ষার্থে আসল নাম পরিবর্তিত) এবং আমাদের সাইকেলের স্পেয়ার পার্টস এর ব্যবসা।' তাঁকে আমি বলেছিলাম, 'আমি দীপক বাজাজ এবং ডাইরেক্ট

সেলিং-এর ব্যবসার সঙ্গে যুক্ত।' তিনি আমাকে জিগ্যেস করলেন, 'সে তো ঠিক আছে, কিন্তু আপনি কী করেন?' আবার তাঁকে উত্তর দিয়েছিলাম, 'আমি ডাইরেক্ট সেলিং-এর সঙ্গে যুক্ত। গত দু-ঘণ্টা ধরে আপনি যে বিষয়ের উপর আলোচনা শুনলেন, আমি সেই কাজ করি।' তাঁর পরবর্তী প্রশ্ন ছিল, 'বুঝেছি তো, কিন্তু আপনার প্রধান পেশা কী?' প্রায় আধ ঘণ্টা বোঝাবার চেষ্টা করার পরেও, আমি সেই ভদ্রলোককে বোঝাতে পারিনি আমার প্রধান ও একমাত্র পেশা হল ডাইরেক্ট সেলিং!

আমি ভীষণ অবাক হই যখন অন্যান্য সাধারণ ব্যবসা ও উদ্যোগের ক্ষেত্রে, মানুষ নিশ্চিন্ত মনে তাঁদের সঞ্চিত অর্থ এবং সময় লগ্নি করতে প্রস্তুত, এবং সেই ব্যবসা থেকে অর্থ উপার্জন করার জন্য বেশ কয়েক বছর অপেক্ষা করতেও তাঁরা পিছপা হন না। আশ্চর্য হই, যখন দেখি যদি এই ব্যবসার মাধ্যমে অর্থ উপার্জন করতে দুই থেকে পাঁচ বছর সময় ধরেও অপেক্ষা করতে তাঁরা সানন্দে প্রস্তুত! কিন্তু নেটওয়ার্ক মার্কেটিংয়ের ক্ষেত্রে, মাত্র দুটি কি তিনটি মিটিং, বা কোনোমতে এক সপ্তাহ কাটাবার পরেই মানুষ মুনাফার আশায় উদগ্রীব হয়ে ওঠেন। আর সেটা যখন সম্ভব হয় না, তাঁরা ব্যবসার পরিকাঠামোকে দোষারোপ করতে করতে তাঁদের প্রচেষ্টায় ইস্তফা দেন। মনে রাখবেন, এই ব্যবসাকে যদি মন থেকে সম্মান করতে পারেন, বা সাধারণ ব্যবসায়ীদের মতো স্বাভাবিক আচরণ করতে পারেন, তবেই অন্যান্য ব্যবসার ক্ষেত্রে যেমনভাবে লাভ করা যায়, এখান থেকেও অর্থ উপার্জন করা সম্ভব। কিন্তু যদি এটিকে একটি সাধারণ শখের চোখে দেখেন, দয়া করে এখান থেকে কোনোরকম সাফল্য পাওয়ার আশা রাখবেন না। কেউ নিছক কয়েক ঘণ্টা বা কিছু সপ্তাহ সময় ধরে নিজের শখ পূরণ করার জন্য কোনো আর্থিক পুরস্কার পেতে পারেন না।

যদি এই ব্যবসার গুরুত্ব এখনো বুঝতে না পেরে থাকেন, আপনাকে সনির্বন্ধ অনুরোধ করব দয়া করে এই ব্যবসা শুরু করার কথা চিন্তা করবেন না। আপনাদের বেশিরভাগ মানুষের জন্মের বহুপূর্বে এই বাণিজ্যিক মডেলের আত্মপ্রকাশ ঘটেছে সারা পৃথিবীতে। যুগের পর যুগ ধরে ১৭৯টি দেশে (WFDSA-এর বার্ষিক রিপোর্ট ২০১৯ অনুযায়ী) এর জয়যাত্রা অব্যাহত। আপনাকে প্রমাণ করতে হবে যে এই ব্যবসার জন্য আপনি একজন উপযুক্ত ব্যক্তি। একটি ব্যবসার ক্ষেত্রে যা যা প্রয়োজনীয়, তার সব উপাদান এখানে উপস্থিত, এখন আপনাকে প্রমাণ করতে হবে এই পরিসরে আপনি কীভাবে নিজের উন্নতি দ্বারা জীবনের স্বপ্ন চরিতার্থ করতে সক্ষম। জানবেন এই পর্যায়ে ব্যবসার অবস্থান গৌণ, এখানে মুখ্য চরিত্র হলেন আপনি নিজে। মনে রাখবেন এই ব্যবসার ক্ষেত্রে অকৃতকার্য

হওয়ার একমাত্র অর্থ হল আপনার নিজস্ব পরাজয়। কোনোভাবেই ভাবার উপায় নেই যে এই পরাজয় এই বিশেষ বাণিজ্যিক মডেলের।

একজন উদ্যোগপতি যদি একটি আবাসন সংক্রান্ত ব্যবসা, বা আর্থিক পরিষেবা, অথবা ই-কমার্সের ব্যবসা শুরু করে সেটিতে অকৃতকার্য হন, আমরা কখনো সেই বিশেষ শিল্পক্ষেত্রটিকে দোষারোপ করব না, বরং এই সিদ্ধান্তে আসব যে ব্যবসার ক্ষেত্রে সাফল্য অর্জন করতে যা করণীয়, এই বিশেষ মানুষটির দ্বারা তা সম্ভব হয়ে ওঠেনি। যদি অন্যান্য ক্ষেত্রে কারো ব্যক্তিগত পরাজয়কে আমরা সেই সমগ্র শিল্পক্ষেত্রের সঙ্গে জোড়ার কথা ভাবতে না পারি, তবে এই ব্যবসার ক্ষেত্রে কেন এই চিন্তাকে প্রশ্রয় দেব? এ এক স্বয়ংসম্পূর্ণ ব্যবসা যেখানে নির্দিষ্ট নিয়মকানুন রয়েছে, রয়েছে একটি অত্যাধুনিক প্রশিক্ষণ ব্যবস্থা এবং সহযোগিতাপূর্ণ পরিবেশ, যা সম্ভবত পৃথিবীর অন্য কোনো শিল্পক্ষেত্রে বিরল। অন্য কোনো ক্ষেত্রে এই ধরনের সহযোগিতাপূর্ণ ও বন্ধুত্বপূর্ণ পরিবেশের অভিজ্ঞতা আমার হয়নি। তাই, এই সমস্ত সুযোগ-সুবিধা থাকা সত্ত্বেও, যদি এই ব্যবসার ক্ষেত্রে কেউ অকৃতকার্য হন, তা আংশিকভাবে বা পুরোদমে তাঁদের দায়িত্ব, এবং এক্ষেত্রে এই প্রমাণিত বাণিজ্যিক মডেলের ভিতরে কোনো গলদ লুকিয়ে থাকার সম্ভাবনা নেই।

যখন মানুষের মুখে শুনি যে ডাইরেক্ট সেলিং-এর ব্যবসায় তাঁরা হাজার হাজার টাকা লোকশান করেছেন, তখন আমি বিস্ময়ে হতবাক হয়ে যাই। কী করে এই ব্যবসায় একটি টাকাও লোকশান করতে পারেন, যখন এক্ষেত্রে একটি টাকার লগ্নি করতে হয়নি আপনাকে, আপনি শুধুমাত্র কিছু সামগ্রীর মার্কেটিং করেছেন যেগুলি হয় নিজের জন্যে, নয় নিজের পরিবারের ব্যবহারের স্বার্থে। আসল ঘটনা হল, যে সমস্ত মানুষ ভাবেন একটি ডাইরেক্ট সেলিং প্রতিষ্ঠানে যোগ দেওয়ার অর্থ হল অতি কম সময়ে প্রভূত সম্পত্তির মালিকানা তাঁদের হাতে চলে আসবে, তাঁরাই সর্বপ্রথম প্রতারিত হন। লোভ তাঁদের বোধবুদ্ধি লোপ পাইয়ে দেয়। তাঁরা নিজেরাও জানেন যে এ অসম্ভব। তা সত্ত্বেও তাঁরা প্রচুর পরিমাণ অর্থ লগ্নি করেন, এবং পরবর্তীকালে সমগ্র শিল্পক্ষেত্রটিকে দোষারোপ করতে থাকেন।

আমার বই, Be a Network Marketing Millionaire, আপনাদের পড়ার জন্য সুপারিশ করতে চাই। ২০১৮ সালের জুন মাসে প্রকাশিত হবার সঙ্গে সঙ্গে বেস্টসেলারের তালিকার শীর্ষে থাকা এই বইটি ইতিমধ্যেই বহুপঠিত। অত্যন্ত গুরুত্বপূর্ণ এক পাঠপুস্তক ও গাইডবুক হিসেবে অপরিহার্য, এবং একটি সফল, নৈতিক ও দূরদৃষ্টিসম্পন্ন নেটওয়ার্ক মার্কেটিং ব্যবসার গোড়াপত্তন করার অমূল্য উপাদান হিসাবে এই বই সারা বিশ্বে বিখ্যাত ইতিমধ্যেই। কিছু ইভেন্টে

যোগদান করুন, কিছু নেতা বা বিশেষজ্ঞদের সঙ্গে পরিচিতি বাড়ান, নিজে এই ব্যবসার রোমাঞ্চ অনুভব করুন, তারপর সন্তুষ্ট হলে নিজের স্বপ্নের গোড়াপত্তন করুন। সেই সমস্ত প্রতিষ্ঠানের সঙ্গে দূরত্ব বজায় রাখুন, যারা ব্যবসা শুরু করার পারিশ্রমিক হিসেবে অর্থ বা বিশাল অর্থলগ্নির দাবি করেন আপনার কাছে।

আরেকটি কথা বলতে চাই। দয়া করে সঠিক প্রতিষ্ঠান ও সঠিক একটি দল চয়ন করুন। এই বইয়ের মধ্যে একটি অংশে কিছু বিশেষ তথ্য এবং আমার ইউটিউব চ্যানেলে অসংখ্য ভিডিও খুঁজে পাবেন, যেখানে আমি সঠিক প্রতিষ্ঠান খুঁজে বার করার উপরে কিছু কথা বলেছি। আমার ইউটিউব চ্যানেল, 'দীপক বাজাজ', ডাইরেক্ট সেলিং-এর দুনিয়ায় একটি অত্যন্ত কার্যকারী ও অপরিহার্য হাতিয়ার হিসেবে পরিগণিত। এমন একটি দলের সঙ্গে কাজ করুন যাদের সাফল্যের ধারা ইতিমধ্যেই প্রমাণিত ও প্রতিষ্ঠিত, এবং যেখানে একটি অত্যাধুনিক প্রশিক্ষণ ব্যবস্থা বর্তমান।

যদি আপনি এই অসাধারণ ব্যবসা শুরু করতে তৈরি থাকেন, এটিকে অন্যান্য যে-কোনো উদ্যোগের মতো করে সযত্নে গড়ে তুলুন। এই পরিসরে শিখতে শিখতে উপার্জন করার সুবিধা ভোগ করুন। যে-কোনো সময়ে নতুন কিছু শেখার জন্য প্রস্তুত থাকুন। এই দুনিয়ার পরিকাঠামো এবং নিয়কানুন মেনে একাগ্রতার সঙ্গে কঠোর পরিশ্রমে ডুবে যান। মনে রাখবেন, সঠিক পথে এগিয়ে চলার জন্য কোনো সময়ই অসময় হয় না।

> *আমাদের অতীত ও ভবিষ্যতের সমস্ত ঘটনা বা অভিজ্ঞতা, আমাদের অভ্যন্তরে লালিত স্বপ্নের তুলনায় অত্যন্ত অপ্রাসঙ্গিক প্রমাণিত হয় জীবনে।*
>
> —হেনরি ডেভিড থোরিউ

অনেক মানুষ আমাকে প্রায়শই প্রশ্ন করেন, এই ব্যবসায় সাফল্য পেতে হলে সম্ভাব্য কত সময় লাগতে পারে। আমি এই প্রশ্নের উত্তর দিতে অপারগ, কারণ সংখ্যার ক্ষেত্রে গড় হিসেব করা গেলেও, মানুষের ক্ষেত্রে তা প্রযোজ্য নয়। এ ছাড়াও, আমি বিশ্বাস করি না কোনো মানুষ একজন গড়পড়তা ব্যক্তিবিশেষ। প্রতিটি মানুষ অনন্য, আমি যেমন অনন্য, সেরকম আপনিও একজন অনন্য মানুষ। মাইক্রোসফ্‌ট, রিলায়েন্স, ইনফোসিস ও ফেসবুক—এই প্রত্যেকটি প্রতিষ্ঠানের নিজস্ব কর্মশৈলী অনুসরণ করে সাফল্যের আকাশ ছুঁতে বিভিন্নভাবে সময় ব্যয় হয়েছে। আপনিও নিজের মতো করে নিজের সাফল্যের কাহিনি ইতিহাসে খোদাই করবেন। এক্ষেত্রে প্রধান প্রশ্ন এই নয় যে আপনার কতটা সময় প্রয়োজন,

মুখ্য হল আপনার নিজের কী কী পরিবর্তন ঘটানো প্রয়োজন, এবং সাফল্যের পরবর্তী স্তরে উত্তীর্ণ হতে গেলে কোন পরিসরে উন্নতি করতে হবে। বিশ্বাস করুন, নিজের মধ্যে এই পরিবর্তনগুলি আনার সঙ্গে সঙ্গেই আপনি আপনার লক্ষ্যের কাছাকাছি পৌঁছে যাবেন। জীবনে আমি এই অভিজ্ঞতা সঞ্চয় করেছি, এবং চাই আপনিও একইভাবে অভিজ্ঞ হয়ে উঠুন।

কখনো ভুলবেন না—এ এক অসাধারণ যাত্রা। এটি একটি প্রক্রিয়া। এখানে সফল হতে সময় লাগবে। শুধু নিজের পরিকল্পনা অনুযায়ী লক্ষ্য স্থির রেখে অগ্রসর হতে থাকুন। আসলে, প্রকৃত উদ্যোগপতিরা কখনো এই প্রশ্ন করেন না—আমার কাজ কখন শেষ হবে? একজন উদ্যোগপতি হতে গেলে সারাক্ষণ বিভিন্ন কর্মকাণ্ডে সদাব্যস্ত থাকা অতি সাধারণ ব্যাপার। নতুন কিছু শেখা, কাজ করা, কাজে ভুল করা, উন্নতি করা, বৃদ্ধি পাওয়া এবং কর্মক্ষেত্রে নিজের অবদান রাখার ক্ষমতা আপনার চালিকাশক্তি হয়ে ওঠে। উদ্যোগপতিরা সমস্ত সমস্যার সমাধান করতে সক্ষম। আমি আমার জীবনকে ভালোবাসি। আমার বাকি জীবনের জন্য অর্থনৈতিকভাবে অত্যন্ত সফল হয়ে ওঠার পর এক যুগ সময় কেটে গেছে, কিন্তু প্রথম যেদিন কাজ শুরু করেছিলাম, সেদিনের থেকেও কঠোর পরিশ্রম করি আমি প্রতিদিন। সমস্যার সমাধান করা, ক্রমশ উন্নতি করা, নিত্যনতুন দিশা খুঁজে বার করা, আত্মসমালোচনার মাধ্যমে নিজের মধ্যে লুকিয়ে থাকা প্রতিভার উন্মেষ ঘটানো, পরিষেবা দেওয়া, সমাজের প্রতি দায়িত্ব পালন করা, সমাজে নিজের অবদান রাখা— এই প্রত্যেকটি দায়িত্ব আমার চালিকাশক্তি এবং এই যাত্রায় আমার অত্যন্ত প্রয়োজনীয় ইন্ধন।

সফল ১ শতাংশের মধ্যে থাকতে পারা আপনার পক্ষে অতি সাধারণ ব্যাপার। এই প্রথম ১ শতাংশ মানুষ তাঁদের জীবনে যা করেন তা আপনাকে অনুসরণ করতে হবে, এবং মনে রাখবেন, আপনাকে আমি যা যা করতে বলেছি, এরা সেই প্রতিটি উপদেশ মেনে চলেন। এবার আপনার ইচ্ছা। সাধারণত আমার ওয়ার্কশপগুলিতে বিভিন্ন ছাত্রকে জিগ্যেস করে থাকি— তাঁরা কতজন মানুষকে চেনেন যারা ২০ থেকে ৩০ বছর ধরে নিজের চাকরি বা ব্যবসায় রয়েছেন, এবং তাঁদের মধ্যে কতজন বর্তমানে অর্থনৈতিকভাবে স্বাধীন হতে পেরেছেন? বেশিরভাগ মানুষ বলেন, তাঁদের পারিপার্শ্বিকের পরিচিতদের মধ্যে এমন কাউকে তাঁরা চেনেন না যিনি ২০ বা ৩০ বছর ধরে প্রাণপণ পরিশ্রম করা সত্ত্বেও, আর্থিক সচ্ছলতা বা সফল বিকল্প আয়ের পথ খুঁজে পেতে সক্ষম হয়েছেন।

মানুষ ৩০ বছরের ব্যবধানেও যেখানে পৌঁছোতে পারেন না, আগামী কয়েক বছরে যদি সেই জায়গায় পৌঁছোবার আশা রাখেন, মনে রাখবেন আপনি একটি সম্পূর্ণ আলাদা ক্ষেত্রে রয়েছেন। প্রশ্ন হচ্ছে—আপনি কি জীবনের এই সম্পূর্ণ

নতুন ক্ষেত্রে নিজের কঠোর পরীক্ষা নিতে প্রস্তুত?

আমার ব্যক্তিগত অভিজ্ঞতার উপর নির্ভর করে বলতে পারি, এই ব্যবসায় বিফল হবার কোনো প্রশ্ন ওঠে না, এখানে তাঁরাই বিফল হন যারা ব্যবসা ছেড়ে চলে যান। যদি এই ব্যবসায় কারো টিকে থাকার কঠোর মানসিকতা থাকে, যদি তাঁরা নিজেদের ভুলের থেকে শিক্ষা নিয়ে উন্নতি করতে প্রস্তুত থাকেন, তিনি সাফল্য পেতে বাধ্য। কিন্তু যদি আপনি মাঝপথে হাল ছেড়ে দিয়ে চলে যান, সেক্ষেত্রে ব্যবসার পরাজয় নয়, পরাজয়ের দায়িত্ব সম্পূর্ণ আপনার।

যা অন্তর থেকে আমার শ্রেষ্ঠ দক্ষতা বার করে আনতে সক্ষম, সেই আমার পরম বন্ধু।

—হেনরি ফোর্ড

কী করে সঠিক ডাইরেক্ট সেলিং প্রতিষ্ঠান চয়ন করবেন

যদি নিজের ডাইরেক্ট সেলিং-এর ব্যবসা শুরু করতে চান, আপনার পরবর্তী পদক্ষেপ হবে কোন প্রতিষ্ঠানের সঙ্গে আপনি কাজ করবেন। আপনার সাফল্যের প্রাথমিক ও প্রধান উপাদান হল ব্যবসার জন্য উপযুক্ত প্রতিষ্ঠানের চয়ন। ডাইরেক্ট সেলিং-এর দুনিয়াতে অনেক মানুষ যে প্রতিষ্ঠানের সঙ্গে প্রথম পরিচিত হন, তাঁদের সঙ্গেই ব্যবসার গোড়াপত্তন করেন। যদি আপনার প্রথম প্রতিষ্ঠান একটি উৎকৃষ্ট প্রতিষ্ঠান হয়, তাহলে আপনি যথেষ্ট সৌভাগ্যবান। যদি আপনি আগে থেকে কোনো প্রতিষ্ঠানের সঙ্গে কর্মরত, বা ব্যবসা শুরু করতে চলেছেন, দয়া করে মনে রাখবেন একমাত্র একটি উপাদেয় প্রতিষ্ঠানের সঙ্গে কাজ করেই আপনি সাফল্যের শিখর ছুঁতে পারেন।

প্রত্যেক ডাইরেক্ট সেলার আপনাকে এই কথাই বলবেন ঃ 'আমরা হলাম এক নম্বর প্রতিষ্ঠান!' বা হয়তো অন্য কিছু, যেমন, 'আমাদের প্রত্যেক সামগ্রী বাজারসেরা, টার্নওভার গগনচুম্বী, আর্থিক পরিকল্পনা অতুলনীয়, উপার্জনের পরিকাঠামো শ্রেষ্ঠতম, এই পরিসরে আমরাই সেরা প্রতিষ্ঠান' ইত্যাদি ইত্যাদি। কিন্তু আমার বইয়ের একজন বিদগ্ধ পাঠক হিসাবে, আমি আপনাকে বুদ্ধিমত্তা ও সমৃদ্ধতায় পরিপূর্ণ অবস্থায় এই চয়ন করতে দেখতে ইচ্ছুক। যতই হোক, এ

আপনার জীবনের, স্বপ্নের এবং আপনার ভবিষ্যতের প্রশ্ন। আমি বলতে চাই যে সঠিক প্রতিষ্ঠান চয়ন করার ব্যাপারে আপনি সময় নিন। কখনোই বলছি না এই সিদ্ধান্ত নেওয়ার জন্য অলসভাবে আপনি দিনের পর দিন কাটিয়ে যাবেন, কিন্তু যদি ইতিমধ্যেই মনকে তৈরি করে নিতে পেরেছেন এবং বিশেষ কারো ডাইরেক্ট সেলিং-এর পরিবেশনা আপনাকে উদ্বুদ্ধ করে থাকে, আমি বলব—অবিলম্বে উপরমহলের বিশেষজ্ঞের সঙ্গে দেখা করুন, কিছু বিশেষ ইভেন্টে অংশগ্রহণ করুন, এবং তারপর কোন প্রতিষ্ঠানের সঙ্গে কাজ করবেন সেই সিদ্ধান্ত গ্রহণ করুন।

একটি সফল ও ক্রমবর্ধমান নেটওয়ার্ক মার্কেটিং-এর ব্যবসার গোড়াপত্তন করতে হলে প্রাথমিকভাবে একটি যথার্থ ডাইরেক্ট সেলিং প্রতিষ্ঠানকে চয়ন করতে হবে। আইনি ব্যবস্থা সম্বন্ধে বলা যায়, প্রতিটি দেশে ডাইরেক্ট সেলিং প্রতিষ্ঠানগুলির জন্য বিভিন্ন রকমের নিয়মকানুনের প্রচলন রয়েছে, আপনি নিজের দেশের ক্ষেত্রে অবশ্যই সেগুলি জেনে নিতে পারবেন। ডাইরেক্ট সেলিং-এর ব্যবসা শুরু করার আগে কোন জিনিসগুলি দেখে নেওয়া উচিত, তার একটি তালিকা নীচে দেওয়া রয়েছে। যদি কোনো প্রতিষ্ঠানে এর মধ্যে এক বা একাধিক শর্ত বাদ পড়ে, তাহলে আমার পুরোদস্তুর সন্দেহ থাকবে আপনি সেভাবে এই ব্যবসা চালাতে পারবেন কি না— যেভাবে এই বইতে আমি ব্যবসা শুরু করার কথা বলেছি। যথেষ্ট সতর্কভাবে নিজের ব্যবসার জন্য সঠিকটি চয়ন করুন। সঠিক প্রতিষ্ঠান খুঁজে নেওয়ার জন্য নীচে চোদ্দ দফা সম্বলিত শর্তাবলী দেওয়া হল ঃ

১. বিগত কয়েক বছর ধরে প্রতিষ্ঠানের সাফল্যের ধারাবাহিকতা সম্বন্ধে খোঁজখবর নিন। প্রতিষ্ঠানের ম্যানেজমেন্ট দলের অভিজ্ঞতা ও পারদর্শীতা সম্বন্ধে জানার চেষ্টা করুন। এই বিশ্বাসের বশবর্তী হয়ে ঠকবেন না— সাফল্য পাওয়ার জন্য একটি নবনির্মিত প্রতিষ্ঠানের সঙ্গে কাজ শুরু করা শ্রেয়। এই বিশ্বাস আদতেই সত্যি নয়। শিল্পজগতে এইরকম অনেক নবাগত প্রতিষ্ঠান প্রথম কিছু বছর ব্যবসা করার পরে মুখ থুবড়ে পড়ে। আমি বলব নিজের বুদ্ধিমত্তা ও অধ্যবসায় দ্বারা, সতর্কভাবে চিন্তা করে সিদ্ধান্তে আসুন, কোথায় আপনার কঠোর পরিশ্রম, সময় ও নামযশ লগ্নি করতে চলেছেন। এই রকম বহু ভুঁইফোড় সংস্থা রয়েছে যারা নিরীহ মানুষকে বিভিন্ন প্রতিশ্রুতি দিয়ে রাতারাতি হাওয়ায় মিলিয়ে যায়, তাই সাবধানে পা ফেলুন। প্রতিষ্ঠানের ম্যানেজমেন্ট যেন হয় দূরদৃষ্টিসম্পন্ন এবং প্রতিটি নতুন অবস্থার সঙ্গে মানিয়ে নেওয়ার জন্য স্থিতিস্থাপক। ক্রমাগত উন্নতির জন্য তাঁরা যেন সর্বদা নিজের প্রতিটি দায়িত্ব কঠোরভাবে মেনে চলেন। ডিস্ট্রিবিউটারদের প্রাণপণ প্রচেষ্টার

ফলে সেই প্রতিষ্ঠান যেন অন্যান্য প্রতিযোগীদের থেকে যোজন যোজন এগিয়ে থাকে।

২. কোনো প্রকৃত উৎকৃষ্ট প্রতিষ্ঠান ব্যবসা শুরু করার জন্য আপনার কাছে কোনো অর্থ দাবি করে না। সেই সমস্ত প্রতিষ্ঠানের থেকে দূরত্ব বজায় রাখুন যারা আপনাকে প্রচুর অর্থের বিনিময়ে বহু পরিমাণে সামগ্রী কিনতে বলবে।

৩. সেই প্রতিষ্ঠানে প্রকৃত সামগ্রী বা পরিষেবার বিপণন হতে হবে, যা ক্রেতাদের সম্পূর্ণ সন্তুষ্টি প্রদান করতে সক্ষম। এটি পরীক্ষা করার সরল উপায় হল, দেখতে হবে কোনো বানিজ্যিক সুবিধা ছাড়াও সামগ্রী বা পরিষেবার বিপণন সম্ভব হচ্ছে কিনা। কিছু কিছু প্রতিষ্ঠান সরকারি আইন ও নিয়মকানুনকে বুড়ো আঙুল দেখাবার জন্য অনেক সময়ে নকল সামগ্রীর বিপণনে অভ্যস্ত।

৪. বিভিন্ন সামগ্রী ও পরিষেবার যথার্থ বিপণনের মাধ্যমে সঠিকভাবে অর্থ সমাগম হওয়া উচিত। সেই সমস্ত প্রতিষ্ঠানের থেকে দূরে থাকুন যারা আপনাকে স্থায়ী একটি আয়ের কথা বলে। আয় ও উপার্জন সংক্রান্ত সমস্ত কথাবার্তা স্বচ্ছ ও পূর্ণাঙ্গ হওয়া একান্ত বাঞ্ছনীয়।

৫. একটি সফল এবং ক্রমবর্ধমান ব্যবসা গড়ে তুলতে একটি প্রমাণিত ও শক্তিশালী প্রশিক্ষণ ব্যবস্থা অত্যন্ত জরুরি, যা আপনার সার্বিক উন্নতি ঘটাতে সক্ষম। বহু সম্ভাবনাময় মানুষ এই ক্ষেত্রে অকৃতকার্য হয়েছেন মাত্র একটি কারণে, তাঁরা সঠিক প্রশিক্ষণ ও নেতৃত্ব পাননি। সেই কারণে এমন একটি প্রমাণিত প্রশিক্ষণ ব্যবস্থার অত্যন্ত প্রয়োজন, যা ইতিমধ্যেই অনেক সফল ব্যবসায়ীকে সাফল্যের পথ দেখিয়েছে। এ ছাড়াও, আপনি একটি সুষ্ঠ পরিকাঠামোর মাধ্যমে এক বিশাল ও উৎপাদনশীল দল তৈরি করতে পারবেন। দলে দলে মানুষের ক্ষেত্রে ডাইরেক্ট সেলিং-এর দুনিয়ায় যোগ দেওয়ার এক অন্যতম কারণ হল বিকল্প আয়ের এক বিশাল সম্ভাবনা, এবং বিকল্প আয়ের এই প্রচেষ্টা তখনই সার্থক হবে যখন এখানে একটি অত্যাধুনিক প্রশিক্ষণ ব্যবস্থার অস্তিত্ব থাকবে।

যে-কোনো ডাইরেক্ট সেলিং প্রতিষ্ঠানের প্রধান মূলধন হল মানুষ, এবং আমি বিশ্বাস করি, শুধুমাত্র ভালো মানুষের দ্বারাই ভালোভাবে ব্যবসা করা সম্ভব। তাই সেরকম একটি প্রতিষ্ঠান খুঁজে বার করুন যেখানে আপনার সার্বিক উন্নতিসাধন সম্ভব—বিপণনের বিনিময়ে সামান্য অর্থ উপার্জন যেখানে ব্যবসার মূলমন্ত্র নয়। এই প্রশিক্ষণ ব্যবস্থার দ্বারা

আপনি যেন শুধুমাত্র বাণিজ্যিক দক্ষতা অর্জন করেই থেমে না যান, এখানে যেন আপনার ব্যক্তিত্ব, চরিত্র, নেতৃত্বের ক্ষমতা এবং মানুষের সঙ্গে যোগাযোগের ক্ষমতা সমৃদ্ধ হতে পারে। মোট কথা, এই শিক্ষার দ্বারা আপনি যেন উন্নতির পথে চালিত হতে পারেন।

৬. এমন একটি প্রতিষ্ঠান খুঁজে বার করুন যাদের সামগ্রী ও পরিষেবা হয় আকর্ষণীয়, অনন্য ও ফলদায়ী। ডাইরেক্ট সেলিং-এর দুনিয়াতে, ক্রেতার প্রশংসা ও সুপারিশ হল ব্যবসার সার্বিক উন্নতির প্রধান মাধ্যম। এবং এভাবে তখনই উন্নতি করা সম্ভব, যখন আপনার সামগ্রী হবে অনন্য, এবং পরিষেবার ক্ষেত্রে তা হবে বাজারের সেরা। উৎকর্ষে সেরা ও বৈচিত্রময় সামগ্রীর চাহিদা সবসময়ে তুঙ্গে, এবং এর সাহায্যে ব্যবসার উন্নতি অনস্বীকার্য।

৭. আপনার আয় ও উপার্জনের ক্ষেত্রে বোঝপড়া হতে হবে স্বচ্ছ ও বোধগম্য, যা আপনি নিজে সহজে বুঝবেন ও অন্যকে বোঝাতে পারবেন। আগামী কয়েক মাসের মধ্যে কোন ব্যক্তি আপনার দলে একজন সহকর্মী হিসেবে কাজ করবেন তা আপনার কাছে সম্পূর্ণ অজানা। আপনি জানেন না তাঁরা কীভাবে এই উপার্জন ও উপহারের চুক্তি সম্বন্ধে নিজেরা বুঝবেন ও অন্যদের বোঝাতে পারবেন। যদি এক মিনিটের মধ্যে এই আর্থিক চুক্তি অন্যকে বোঝাতে না পারেন, তাহলে এই চুক্তি যথেষ্ট জটিল। এই ব্যবসায় নিজের ভাবনাকে সম্প্রসারণ করা অত্যন্ত জরুরি, এবং যে জিনিস অত্যন্ত জটিল তাকে সহজে সম্প্রসারিত করা অসম্ভব।

৮. আপনার আপলাইন সহকর্মীদের কি আপনার জন্য কোনো সঠিক, অব্যর্থ পরিকল্পনার ছক কষা আছে? শুধুমাত্র অনুপ্রেরণা যথেষ্ট নয়। এই ব্যবসা শুরু করার ব্যাপারে নিজেকে প্রস্তুত করার আগে, সঠিকভাবে জেনে রাখা উচিত নিজের লক্ষ্যে পৌঁছোতে গেলে কতটা কঠোর পরিশ্রম করতে হবে আপনাকে। যদি এই ব্যাপারে সহকর্মীরা আপনাকে সঠিকভাবে পথের হদিশ দিতে পারেন তাহলে ঠিক আছে, নইলে আমি মনে করি, এই প্রতিষ্ঠান আপনার উন্নতি ও সাফল্যের জন্য যথাযোগ্য ঠিকানা নয়।

৯. খোঁজ নিয়ে দেখুন এই প্রতিষ্ঠান সমস্ত প্রয়োজনীয় নিয়মকানুন মেনে চলছে কিনা। দেশের সরকার যেভাবে আইন করে দিয়েছেন সেই অনুযায়ী আয়কর বিভাগে আয়কর জমা পড়ছে কিনা। ভালো করে

পরীক্ষা করে দেখুন এই প্রতিষ্ঠান সম্বন্ধে বাজারে কতটা সুনাম বজায় রয়েছে।

১০. প্রতিষ্ঠানে উৎপাদিত সামগ্রীর মান এতটাই ভালো হওয়া উচিত যাতে আপনি নিজের ও পরিবারের জন্য সেগুলি ব্যবহার করতে পারেন। যে-কোনো প্রতিষ্ঠানের সামগ্রীর ক্ষেত্রে ক্রেতারাই হলেন শেষ কথা, তাঁদের প্রশংসা সেই প্রতিষ্ঠানকে সাফল্য এনে দিতে পারে, কারণ অন্যের সঙ্গে ভালো জিনিসের খবর ভাগ করে নেওয়াই হল মানুষের সার্বজনীন স্বভাব। যখন আপনার সহকর্মীরা সেই বিশেষ সামগ্রীকে পছন্দ করবেন, তাঁদের পক্ষে সেটিকে মানুষের কাছে পৌঁছে দেওয়া বা সেটির প্রশংসা করা অত্যন্ত সহজ হয়ে ওঠে—যার ফলে স্বভাবতই ব্যবসার উন্নতিসাধন হয়। ডিস্ট্রিবিউটারেরা যখন একটি বিশেষ সামগ্রী বার বার কিনতে থাকেন, তখন প্রতিষ্ঠানের তরফ থেকে তাঁদের পুরস্কৃত করে উৎসাহ দেওয়া হয়।

১১. ব্যবসা শুরুর জন্য কোনো বিশেষ প্যাকেজ বা কিটের ব্যবহার নিষ্প্রয়োজন। মানুষ নিজের ইচ্ছেমতো, নিজের অভিরুচি অনুসারে সামগ্রী বা পরিষেবা পছন্দ করার ব্যাপারে স্বাধীন।

১২. যাচাই করে নিন, যে উপার্জন করার জন্য প্রতিষ্ঠানের সঙ্গে কোনো নিয়োগ সংক্রান্ত চুক্তি জরুরি নয়। যে পরিমাণ সামগ্রীর বিপণন হবে, তার উপর ভিত্তি করে উপার্জনের পরিমাণ ধার্য হবে, সেই প্রতিষ্ঠানে কতজন মানুষ কর্মরত তার সঙ্গে আয়ের কোনো সম্পর্ক নেই।

১৩. প্রতিষ্ঠানের উৎপাদিত সামগ্রী বা পরিষেবা যাতে ঠিক সময়ে ও সহজভাবে ক্রেতাদের কাছে পৌঁছে যেতে পারে সেই পরিকাঠামো কিন্তু এই ব্যবসায় অত্যন্ত জরুরি।

১৪. অত্যন্ত সতর্কভাবে নিজের ওপরতলার সহকর্মীদের (এঁদের আপলাইন বলা হয়) বেছে নিন। ব্যবসার শুরুতে তাঁদের সঙ্গে আপনাকে ব্যবসার যাবতীয় পরিকল্পনা নিয়ে আলোচনায় বসতে হবে। আপনি তাঁদের কাছ থেকে শিক্ষাগ্রহণ করবেন ও তাঁদের অনুসরণ করবেন। এমন সমস্ত অভিজ্ঞ নেতাদের বেছে নিন এঁদের মধ্যে থেকে, যারা নিজেদের প্রমাণিত করেছেন নিজের সাফল্য, আশাবাদী চিন্তাধারা, নামযশ ও প্রতিপত্তি, টিকে থাকার ক্ষমতা, অসাধারণ দক্ষতা, ব্যবসা তৈরির ক্ষেত্রে অসামান্য ব্যুৎপত্তি, এবং সর্বোপরি এক পরিশীলিত চরিত্রের সাহায্যে। তাঁরা আপনাকে ক্রমাগত উন্নতি করার পথে অনুপ্রেরণা ও ইন্ধন জুগিয়ে যাবেন। তাঁদের সঙ্গে আপনার কাজ করার পদ্ধতি মিলে

যাবে। যখন আপনি নিজের ওপরতলার সহকর্মীদের দিকে তাকান, বা কোনো বিশেষ ইভেন্টে যান, তাঁদের হাবভাব ও আচার ব্যবহারের সঙ্গে আপনার চালচলনের সাযুজ্য দেখা যায়? যে ভাষা ও সংস্কৃতি অনুযায়ী তাঁরা আপনাকে শিক্ষাপ্রদান করেন, তা যেন আপনাকে অনুপ্রেরণা জোগায় এবং আপনি যা করছেন তাতে যেন আপনি গৌরব বোধ করতে পারেন।

এই পরিসরে আপনি অনেক ডাইরেক্ট সেলারের সংস্পর্শে আসবেন যারা, মানুষ যেভাবে পোশাক পরিবর্তন করেন সেভাবে প্রতিষ্ঠান বদলাতে অভ্যস্ত। যদি কোনো যুক্তিসঙ্গত কারণে কোনো মানুষ একবার বা দু'বার প্রতিষ্ঠান পরিবর্তন করেন তা সহজেই অনুমেয়, কিন্তু এভাবে পরের পর বিভিন্ন সংস্থা বদলানো যদি কারো অভ্যেসে পরিণত হয়, নিজের ভবিষ্যৎ সম্পর্কে তাঁদের উপর নির্ভর করার আগে ভালো করে ভেবে দেখুন। হয়তো তাঁরা নিজের জায়গায় ভুল নন, কিন্তু আমি চাইব আপনি যাতে একটি সঠিক সিদ্ধান্ত গ্রহণ করতে পারেন।

উপরোক্ত এই সমস্ত নির্দেশাবলী কোনো স্থায়ী আইন বা নিয়ম নয়, কিন্তু এগুলি আপনার সাফল্যের জন্য একান্ত অপরিহার্য। ডাইরেক্ট সেলিং-এর দুনিয়ায় আমার দীর্ঘ ১৩ বছরের অমূল্য অভিজ্ঞতার দ্বারা পাওয়া শিক্ষা এগুলি। আমার একমাত্র উদ্দেশ্য হল একটি সঠিক সিদ্ধান্ত নিতে পারার জন্য আপনাকে প্রস্তুত করে দেওয়া। শেষ পর্যন্ত এই সিদ্ধান্ত আপনি গ্রহণ করবেন, এবং আমি নিশ্চিত যে আপনি সঠিকভাবে চয়ন করতে সক্ষম হবেন।

ডাইরেক্ট সেলিং—ভারতীয় ও আন্তর্জাতিক পটভূমিকা

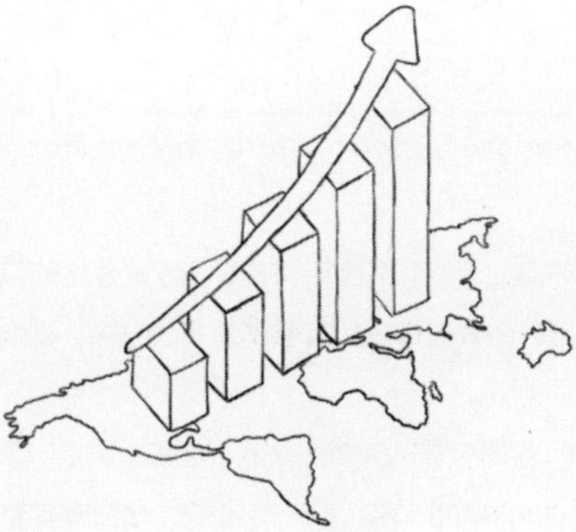

বিশ্বাস করা হয়, ডাইরেক্ট সেলিং-এর ধ্যান ধারণা ১৯৩০ থেকে ১৯৪০ সালের মধ্যবর্তী সময়ে আমেরিকায় সর্বপ্রথম আত্মপ্রকাশ করে। ক্রমে, এই বাণিজ্যিক মডেলের অভিনব পদ্ধতি, প্রক্রিয়া ও সুযোগ-সুবিধার সাহায্যে তুমুল জনপ্রিয়তা অর্জন করে সারা পৃথিবীতে সাফল্যের ডানা মেলে, এবং আজ পর্যন্ত তা একই গতিতে বৃদ্ধি পেয়ে চলেছে। WFDSA এর বার্ষিক রিপোর্ট ২০১৯ অনুযায়ী (World Federation of Direct Selling Associations, আমেরিকা, স্থাপিত ১৯৭৮) সারা পৃথিবীর ডাইরেক্ট সেলিং-এর বিপণনের পরিমাণ ২০১৮ সালে দাঁড়িয়েছিল ১৯২.৯০ কোটি US ডলার। সারা পৃথিবীর সমগ্র বিপণনের ৭৯ শতাংশ এসেছিল প্রথম সারির ১০টি দেশ থেকে, এবং ২৪টি দেশ ১ কোটি US ডলার অর্থের উপর বিপণন করতে সক্ষম হয়েছিল।

নীচে দেওয়া ছবির মাধ্যমে প্রথম সারির ১০টি দেশের মাথাপিছু বিপণনের হিসেব দেওয়া হল ঃ

সারা পৃথিবীর ডাইরেক্ট সেলিং-এর বিপণন ২০১৮

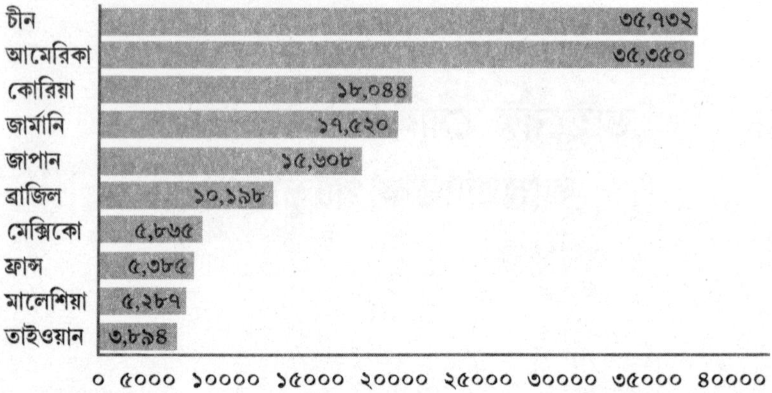

এই রিপোর্ট অনুযায়ী, সারা পৃথিবী জুড়ে ১১৮.৪ কোটি মানুষ শুধু ২০১৮ সালে ডাইরেক্ট সেলিং-এর ব্যবসার অন্তর্ভুক্ত হয়েছেন, এবং এই সংখ্যা ব্যাপক হারে ক্রমবর্ধমান।

আমাদের দেশে ডাইরেক্ট সেলিং-এর অত্যাধুনিক চিন্তাধারা আত্মপ্রকাশ করে ৯০ দশকের মাঝামাঝি সময়ে। অগণিত প্রতিকূলতা সত্ত্বেও এই শিল্প ক্রমেই বৃদ্ধি পেতে থাকে ভারতীয় বাণিজ্যিক মহলে। এই সময়ে ভুঁইফোড়ের মতো বহু বেআইনি পিরামিড স্কীম রাতারাতি গজিয়ে উঠে মানুষকে প্রতারিত করে, এই ক্রমবর্ধমান বাণিজ্যিক মডেলের বদনাম তৈরি করে দেশ জুড়ে। বহু মানুষ, যাদের কাছে এই অসামান্য ব্যবসার সার্বিক গুরুত্ব ও গভীরতা বোধগম্য হয়নি, নিজের ইচ্ছানুসারে ব্যবসা শুরু করে নিজের নিজের মতে সাফল্যের চেষ্টা করে স্বভাবতই ব্যর্থ হন।

কিন্তু বিগত কয়েক বছর ধরে, অগণিত ব্যবসায়িক সংগঠন ও সরকারি এজেন্সি এই বাণিজ্যিক মডেলের প্রসার ও বিস্তারে উন্নতি আনতে, একটি আশাব্যঞ্জক পরিমণ্ডল ও সুঠাম পরিকাঠামো তৈরি করতে বদ্ধপরিকর হয়েছেন। আস্তে আস্তে মানুষ এই ব্যবসার মূল উদ্দেশ্য ও অপরিসীম সম্ভাবনার কথা উপলব্ধি করতে শুরু করেছেন। এই পরিসরে অনবরত জ্ঞান ও শিক্ষা মানুষকে সঠিকভাবে এই ব্যবসা শুরু করার ইন্ধন জোগাচ্ছে, এবং নিজের জীবনের স্বপ্নকে সত্যি করে তোলার কথা ভাবতে শেখাচ্ছে।

FICCI এই ব্যাপারে এক অসাধারণ ভূমিকা নিয়েছে, এবং এই ব্যবসা সংক্রান্ত বিভিন্ন ধরনের রিপোর্ট FICCI -এর ওয়েবসাইটে সর্বক্ষণের জন্য উপলব্ধ। দেশের সরকার ইতিমধ্যেই ভারতবর্ষে ডাইরেক্ট সেলিং সম্পর্কে সরকারি

নির্দেশাবলী জারি করে দিয়েছেন সেপ্টেম্বর ২০১৬তে। সেই সময় থেকে, ভারতে এই বাণিজ্যিক মডেলের রমরমা শুরু হয়ে গেছে। FICCI-KPMG থেকে একটি সাম্প্রতিক রিপোর্টে জানা গেছে যে ২০২৫ সালের ভিতর ভারতে ডাইরেক্ট সেলিং-এর ক্ষেত্রে রিটেল সেলস পৌঁছে যেতে পারে ৬৪,৫০০ কোটি টাকায়। এর ফলে ১.৮ কোটি ভারতীয় মানুষের সামনে স্বনির্ভর কর্মসংস্থানের পথ খুলে যাবে, যার মধ্যে ৬০ শতাংশ হলেন মহিলা।

আমি বিশ্বাস করি, এই বাণিজ্যিক মডেল প্রত্যেকের জন্য এক অসাধারণ সুযোগের ডালি নিয়ে প্রস্তুত, এবং ভারতবর্ষে ডাইরেক্ট সেলিং-এর ব্যবসার এক স্বর্ণযুগ শুরু হতে আর বিশেষ দেরি নেই।

আপনার ডাইরেক্ট সেলিং ব্যবসা শুরু করার সঠিক পথ

সহস্র মাইলের যাত্রার শুরু হয় একটি সামান্য পদক্ষেপ দিয়ে।

—লাও জু

যে-কোনো একটি ব্যবসা সঠিকভাবে শুরু করাই সবচেয়ে বড় কথা, বা আমাদের জীবনে যে-কোনো লক্ষ্যে সঠিকভাবে শুরু করাটাই মুখ্য। কিন্তু ডাইরেক্ট সেলিং-এর ক্ষেত্রে একটি সঠিক শুরুর গুরুত্ব সাধারণের দ্বিগুণ। এই ব্যবসার ক্ষেত্রে আপনি কোনো অর্থ লগ্নি করেননি, এবং এখানে কোনো অফিস বা মালিকের অস্তিত্ব না থাকার কারণে, প্রথমবার কোনো প্রতিকূলতার সম্মুখীন হলেই হাল ছেড়ে দিয়ে পালিয়ে যাওয়ার প্রবণতা সবচেয়ে বেশি হয়। আমি মনে করি, ব্যবসা শুরুর কয়েক সপ্তাহ ধরে আপনাকে এই তিনটি শর্তকে শিরোধার্য করে চলতে হবে— ব্যবসা সম্পর্কে অবগতি, টিকে থাকার মানসিকতা এবং আকাশে ডানা মেলে দেওয়া।

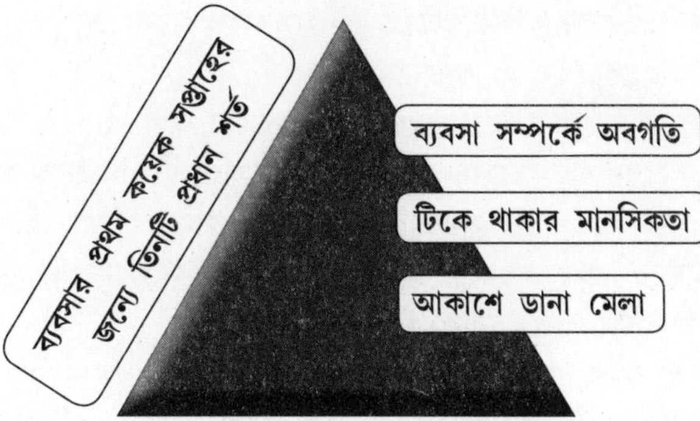

১. **ব্যবসা সম্পর্কে অবগতি ঃ** আপনাকে এই ব্যবসার মূল স্তম্ভগুলিকে চিনে নিতে হবে—বিপণনের যাবতীয় সামগ্রীর তথ্য, আয় ও উপার্জন সংক্রান্ত নিয়মাবলী, বিভিন্ন প্রশিক্ষণ বা ইভেন্টের তথ্য এবং এই ব্যবসা শুরু করার জন্য প্রয়োজনীয় বিভিন্ন কর্মকাণ্ড। ব্যবসা সম্পর্কে সমস্ত কিছু বুঝে নেওয়ার শ্রেষ্ঠ উপায় হল প্রত্যেকটি ইভেন্টে যোগদান করা এবং প্রভূত অভিজ্ঞতাসম্পন্ন বিশেষজ্ঞদের মূল্যবান মতামত গ্রহণ করা।

২. **টিকে থাকার মানসিকতা ঃ** নতুন পরিসরে সমস্ত কিছু নিজের আয়ত্তে আনার জন্য সময় লাগে। যে-কোনো পরিবর্তন বা নতুন কাজে প্রথম প্রথম মানিয়ে নেওয়া দুরূহ ব্যাপার। দয়া করে মনে রাখবেন, আজকে যিনি একজন বিশেষজ্ঞ, তিনি জীবন শুরু করেছিলেন একজন শিক্ষার্থী হিসেবেই। প্রত্যেক শিক্ষক প্রথমে একজন ছাত্র ছিলেন। তাই আগামী কয়েক মাসের জন্য ব্যবসার অভ্যন্তরে নিজেকে সঁপে দিন। প্রথম প্রতিকূল অবস্থার সম্মুখীন হয়েই হাল ছেড়ে দেবেন না। যদি যুগের পর যুগ ধরে ১৭৯টি দেশের লক্ষ লক্ষ মানুষের স্বপ্নপূরণ করে আসতে পেরেছে এই অসাধারণ ব্যবসা, তাহলে এটি আপনার ক্ষেত্রে অকৃতকার্য হবে কেন?

কর্মক্ষেত্রে ভুল হতেই পারে, কিন্তু তাই জন্য সেখান থেকে ইস্তফা দেওয়া কোনো কাজের কথা নয়। কোনো সমস্যা বা প্রতিকূল পরিস্থিতিতে কখনো হাল ছেড়ে দেবেন না। ব্যবসার পরিকাঠামো, নিয়মকানুন অথবা যেভাবে এই কর্মকাণ্ড সাধিত হয় তা যদি আপনার পছন্দ না হয়, আপনি ব্যবসা করা বন্ধ করে দিতে পারেন, কিন্তু তা করার আগে সমস্ত কিছু সম্পূর্ণভাবে বুঝে নেওয়া উচিত। হতে পারে আপনি হয়তো একটি ভুল প্রতিষ্ঠান চয়ন করেছেন, বা হয়তো একটি অনুপযুক্ত সহকর্মী বা আপলাইন সম্বলিত দলে যুক্ত হয়েছেন। চেষ্টা করুন ব্যবসার ক্ষেত্রে এগুলিকে বদলে ফেলার, কিন্তু

সামান্য প্রতিকূলতার পরিস্থিতিতে এই অসাধারণ ব্যবসা ছেড়ে চলে যাওয়ার কথা চিন্তা করবেন না কখনো।

যে মুহূর্তে আপনার মনে হাল ছেড়ে দেওয়ার কথা আসবে, মনে করার চেষ্টা করবেন এই ব্যবসায় আপনি কেন এসেছিলেন। নিজেকে অন্তত তিন মাস থেকে এক বছর সময় দিন, এবং এই সময়ের মধ্যে আপলাইনের সহকর্মীদের এবং সহযোগিতাপূর্ণ পরিমণ্ডলের সাহায্যে নিজের ক্ষমতা অনুযায়ী চেষ্টা করতে থাকুন।

৩. **আকাশে ডানা মেলা ঃ** আমার স্থির বিশ্বাস, যে-কোনো কাজ নিজের হাতে করলে শিক্ষা স্বয়ংসম্পূর্ণ হয়। আমি নিজের অভিজ্ঞতা থেকে বলতে পারি যে বিশেষ কোনো একটি কাজের উপর্যুপরি অনুশীলন করা হলে, অনায়াসেই সেই কাজে অভিজ্ঞ ও সুদক্ষ হয়ে ওঠা সম্ভব। তাই যত তাড়াতাড়ি সম্ভব, বিপণনের সামগ্রীগুলি নিজে ব্যবহার করতে শুরু করুন, বিভিন্ন কর্মকাণ্ডে নিজেকে ব্যস্ত করে রাখুন। যেমন—মানুষের সঙ্গে সাক্ষাৎকার, নিজের সামগ্রীর প্রসার ও বিস্তার, বাণিজ্যিক সুযোগ সুবিধার বন্টন, বিভিন্ন ইভেন্টে উপস্থিত থাকা, মানুষকে এই সমস্ত ইভেন্টে আমন্ত্রণ জানানো ইত্যাদি ইত্যাদি। প্রতি মিটিং এবং ফোনালাপের মাধ্যমে আপনার জ্ঞান ও অভিজ্ঞতার উন্মেষ ঘটতে বাধ্য।

নিজের ব্যবসা শুরু করার এই কঠিন ও গুরুত্বপূর্ণ পরিস্থিতিকে সামাল দেওয়ার জন্য, আমি আপনাকে একজন স্বয়ংসম্পূর্ণ বন্ধুর খোঁজ দিতে পারি। এমন একজন বিশ্বাসী বন্ধু যে সবসময় আপনার পাশে থাকবে, যে এই পরিসরে শুধু যে লড়াই করতে শেখাবে তাই নয়, সে আপনাকে এই ব্যবসায় সাফল্যের পথে চালিত করতে সক্ষম। সেই বন্ধু আর কেউ নয়, বেস্টসেলার তালিকায় এক নম্বর, বহুপঠিত এবং ডাইরেক্ট সেলিং ও নেটওয়ার্ক মার্কেটিং-এর দুনিয়ায় সর্বজনবিদিত এক অপরিহার্য পাঠ্যপুস্তক—Be a Network Marketing Millionaire।

এই বইটির লেখক হবার কারণে আমি এর সুপারিশ করছি না, করছি এর অসামান্য বিষয়বস্তুর কারণে। ১২ বছর ধরে এই পরিসরে ৭ লক্ষের চেয়ে বেশি মানুষের সঙ্গে কাজ করার অমূল্য জ্ঞান ও অভিজ্ঞতা দিয়ে রচিত হয়েছে এই বই। ব্যবসা শুরু করার জন্য যে প্রতিষ্ঠান আপনি চয়ন করুন না কেন, বিভিন্ন পদ্ধতি ও প্রক্রিয়া, নিত্যনতুন কর্মপ্রণালী, অত্যাধুনিক কর্মকৌশল এবং পরিকল্পনা সম্বলিত এই বই আপনাকে এনে দেবে চূড়ান্ত সাফল্যের স্বাদ—যে-কোনো প্রতিষ্ঠান, বাণিজ্যিক ধ্যানধারণা, সামগ্রী বা পরিষেবার ক্ষেত্রে। আপনি যদি এই বিশেষ বইটির সূচিপত্র খুঁটিয়ে দেখেন, আপনি বুঝতে পারবেন

যে ডাইরেক্ট সেলিং বা নেটওয়ার্ক মার্কেটিং-এর পরিসরে সম্ভাব্য প্রতিটি প্রশ্নের উত্তর এখানে দেওয়া হয়েছে। ডাইরেক্ট সেলিং-এর দুনিয়ায় সাফল্য পেতে হলে এই বইটির অবদান অনস্বীকার্য।

যেদিন কিছু সামগ্রী বা পরিষেবা কেনেন বা ব্যবসার জন্য নাম নথিভুক্ত করেন, সেদিন থেকে আপনার ব্যবসা শুরু হয়ে যায় না। যেদিন এই ব্যবসার প্রতি সম্পূর্ণভাবে বিশ্বাস ও ভরসা করতে শিখবেন, বুঝতে পারবেন যে সাফল্যের শিখরে পৌঁছোতে হলে আপনাকে কীভাবে কাজ করতে হবে, যেদিন আপনার বাণিজ্যিক মিটিং বা ইভেন্টগুলির সম্পূর্ণ দখল নিতে পারবেন, জানবেন সেদিন থেকে নতুন ব্যবসার গোড়াপত্তন হল। যখন দেখব আপনি অন্তত ৩০টির উপর একক মিটিং সম্পন্ন করেছেন, এবং তার সঙ্গে অন্তত ১০টি প্রশিক্ষণ সংক্রান্ত ইভেন্টে যোগদান করেছেন, আমি মনে করব সেদিনই আপনার ব্যবসা শুরু হল।

প্রথমেই নিজের সমস্ত সময় এই ব্যবসায় লগ্নি করবেন না। জল কতটা গভীর সেটা বোঝার জন্য কেউ জলের মধ্যে দুই পা ডুবিয়ে দেয় না, এক পা ডাঙায় রাখে। আমার জানা নেই আদৌ আপনি এই ব্যবসা চালাতে সক্ষম কিনা। একবার চেষ্টা করে দেখুন। পার্ট টাইমের ভিত্তিতে আপনি নিজের ব্যবসার গোড়াপত্তন করতে অকৃতকার্য হলে, জানবেন সমস্ত পরিশ্রম ও সময়কে লগ্নি করেও এই ব্যবসা আপনি সফলভাবে গড়ে তুলতে পারবেন না। প্রথমে নিজের শিক্ষা সম্পন্ন করুন। যখন প্রস্তুত হবেন, তখন নিজের সবটা দিয়ে এই ব্যবসা গড়ে তুলুন।

ডাইরেক্ট সেলিং-এ পদস্খলনের কারণ

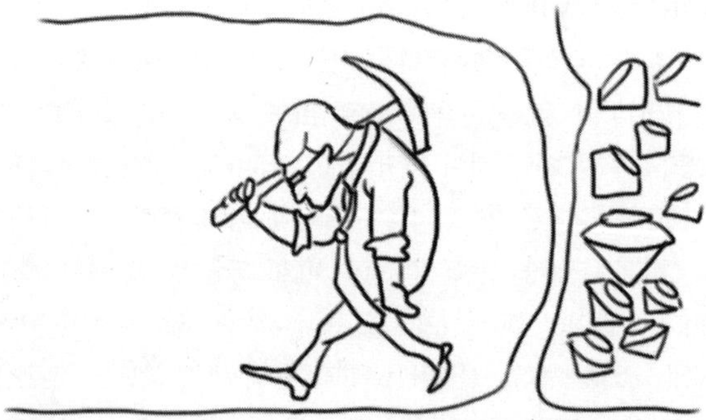

আপনার প্রশ্ন ঃ *ডাইরেক্ট সেলিং-এর ব্যবসার জগতে যদি এত ভালো ভালো জিনিসের সমাহার, এবং প্রতি ক্ষেত্রে সহযোগিতা ও সাহায্যের হাতছানি, তাহলে এই ব্যবসায় এত মানুষের পদস্খলনের কারণ কী?*

আমি বিশ্বাস করি, ডাইরেক্ট সেলিং হল অন্য যে-কোনো সাধারণ ব্যবসার মতো একটি ব্যবসা। যে যে কারণে মানুষ নিজের জীবনের বিভিন্ন ক্ষেত্রে—নিজের চাকরি বা ব্যবসায় অকৃতকার্য হন, সেই এক কারণেই তাঁরা এই পরিসরেও সাফল্যের স্বাদ গ্রহণ করতে পারেন না। তা সত্ত্বেও, এই ব্যবসার ক্ষেত্রে কিছু বিশেষ কারণ রয়েছে, যা একটি ক্ষুদ্র আলোচনার মাধ্যমে বুঝে নেওয়া সম্ভব। নীচে দেওয়া কারণগুলির দ্বারা সহজেই বুঝে নিতে পারবেন, কেন বেশিরভাগ মানুষ এই ব্যবসার সপক্ষে কথা বলতে নারাজ।

যদিও আপনার এই প্রশ্নের উত্তর আমি এখানে দিচ্ছি, দয়া করে মাথায় রাখবেন ডাইরেক্ট সেলিং-এর ব্যবসার ক্ষেত্রে সিংহভাগ 'বিফলতা'-র শিকার তাঁরাই সহজে হন, যারা কোনোদিন নিজের বিপণনের সামগ্রীর একটি প্যাকেট

খুলেও দেখেননি, বা প্রয়োজনীয় প্রশিক্ষণের একটি ক্লাসেও কখনো উপস্থিত থাকেননি। এঁদের মধ্যে বেশিরভাগ মানুষ নিজেদের সামগ্রী বা পরিষেবার সম্বন্ধে সঠিকভাবে জানেন না, তাঁরা জানেন না প্রতিষ্ঠানের আয় সংক্রান্ত নিয়মাবলীর সম্বন্ধে। এই সমস্ত মানুষ সানন্দে অন্য কোনো সাধারণ ব্যবসা থেকে প্রথমবার কিছু অর্থ উপার্জন করার জন্য, বছরের পর বছর হন্যে হয়ে বসে থাকতে রাজি। ডাইরেক্ট সেলিং-এর ব্যবসায় একটি ঘণ্টাও সময় না দিয়ে, একবিন্দু পরিশ্রম না করে, নির্দ্বিধায় এই অসাধারণ ব্যবসাকে দোষারোপ করতে পিছপা হন না এই ধরনের অধিকাংশ মানুষ।

এছাড়াও কোনো কাজে অকৃতকার্য হতে গেলেও, প্রথমে সেই কাজ শুরু করা অতি অবশ্যই প্রয়োজন। শুধুমাত্র কিছু সামগ্রী বা পরিষেবা কেনা, বা একটা দুটো মিটিং-এ অংশগ্রহণ করার অর্থ একটি ব্যবসা শুরু করা নয়। বেশিরভাগ মানুষ যারা বলেন তাঁদের ক্ষেত্রে ব্যবসা ঠিক পথ নয়, তাঁরা কখনো এক দিনে মনোযোগ সহকারে, একটানা ৬ থেকে ১০ ঘণ্টাও কাজ করেননি। ডাইরেক্ট সেলিং-এর দুনিয়াতে দীর্ঘ ১৩ বছরের অভিজ্ঞতা থেকে আমি জানি, কোন কোন কারণে বাণিজ্যিক ক্ষেত্রে মানুষের পদস্খলন ঘটে। এগুলি হল ঃ

১. **ব্যবসার প্রতি মানুষের তাচ্ছিল্য ঃ** বেশিরভাগ মানুষের এই ব্যাপারে দূরদৃষ্টি নেই যে এই ব্যবসা তাঁদের জীবন কীভাবে বদলে দিতে পারে। এমন অনেকে আছেন যারা এই ব্যবসাকে প্রকৃত ব্যবসা হিসেবে ধর্তব্যের মধ্যেই আনেন না। আমার ভীষণ কষ্ট হয় যখন দেখি মানুষ কত সহজে ছেড়ে চলে যাচ্ছেন, তাঁরা বোঝার চেষ্টা করেন না এই ব্যবসা কীভাবে তাঁদের উন্নতিসাধন করতে পারত। তাঁরা একে তুচ্ছ তাচ্ছিল্য করেন, তাঁরা এই ব্যবসায় নিজেদের পুরোটা দেন না, স্বভাবতই তাঁরা যথযথ ফল পান না। অবশেষে তাঁরা এই ব্যবসা থেকে বিদায় নেন এই বিশ্বাস নিয়ে, যে এটা আদতে কোনো ব্যবসাই ছিল না!

২. **ভ্রান্ত ধারণা নিয়ে ব্যবসা শুরু করা ঃ** বহু মানুষ ব্যবসায় যোগদান করেন এই ধারণার বশবর্তী হয়ে, এখানে সবকিছু অত্যন্ত সহজলভ্য। তাঁরা মনে করেন একবার যদি নিজেদের ব্যবসা শুরু করে কয়েকজন বন্ধুবান্ধবের সঙ্গে কথাবার্তা বলা যায়, প্রত্যেকে মিলে ব্যবসা চালিয়ে নিয়ে যাবেন এবং এই ব্যবসা স্বয়ংক্রিয়ভাবে তাঁদের আয়বৃদ্ধি ঘটাবে। মানুষ প্রচুর সামগ্রী বা পরিষেবা কিনে ভাবেন যে এই ব্যবসা একটি লটারি অথবা রাতারাতি বড়লোক হবার সহজ উপায় মাত্র। এই ব্যবসায় যারা নতুন এসেছেন, ব্যবসা সম্বন্ধে আগের কোনো অভিজ্ঞতা না থাকায় সেটিকে

সফলভাবে দাঁড় করাবার জন্য কি পরিমাণ চেষ্টা ও পরিশ্রমের প্রয়োজন পড়ে, সে সম্বন্ধে কোনো ধারণা তাঁদের থাকে না।

এই সমস্ত ভ্রান্ত ধারণা বা আশা সাধারণ মানুষের মস্তিষ্কপ্রসূত হতে পারে, আবার কারো কারো ক্ষেত্রে এই ধারণা তাঁদের কাছ থেকে আসে যারা নতুন কাউকে এই ব্যবসার সঙ্গে পরিচিত করিয়ে দেন। কিন্তু এখানে কাজ করতে গিয়ে তাঁরা দেখেন যে বাস্তব পরিস্থিতি তাঁদের ধারণার সঙ্গে মিলছে না, এবং এখানেও সাফল্যের জন্য কঠোর পরিশ্রম করতে হবে, তাঁরা সরাসরি হাল ছেড়ে দিয়ে বিদায় নেন।

৩. **শূন্য অর্থলগ্নি ঃ** এই ব্যবসার সবচেয়ে বড় সুবিধা হয়ে দাঁড়াতে পারে ব্যবসার ক্ষেত্রে সবচেয়ে বড় অভিশাপ। ডাইরেক্ট সেলিং-এর ক্ষেত্রে কোনো অর্থলগ্নি, পরিকাঠামো, কর্মী বা মূলধনের বোঝা না থাকায়, যে-কোনো ব্যক্তি এসে নিজেকে সেই ব্যবসার মালিক হিসেবে ঘোষণা করতে পারেন। ব্যবসায় এত সহজে প্রবেশাধিকার পাওয়ার কারণে অশিক্ষিত ও অপরিণত মানুষের ভিড় জমে যায় এখানে যারা পরে অভিযোগ করেন, 'এ ব্যবসা কোনো কাজেই লাগে না।' সত্যি বলতে গেলে, যেহেতু তাঁদের ক্ষেত্রে কোনো অর্থলগ্নি বা ঝুঁকির প্রশ্ন নেই, এই ব্যবসার প্রতি তাঁদের কোনো মনোযোগ বা দায়বদ্ধতা তৈরি হয় না। যেহেতু কিছু সামগ্রী কেনার সঙ্গে সঙ্গে তাঁদের যাবতীয় দায়িত্ব শেষ হয়ে যায়, তাঁদের কখনোই মনে হয় না যে তাঁরা এমন একটি কর্মকাণ্ড শুরু করেছেন, যা তাঁদের নিজের ভবিষ্যৎ ও পরবর্তী প্রজন্মের ভবিষ্যৎ বদলে দেওয়ার ক্ষমতা রাখে।

৪. **দায়বদ্ধতার অভাব ঃ** ব্যবসায় সাফল্যের জন্য যেভাবে প্রচণ্ড পরিশ্রম করা উচিত, তার তত্ত্বাবধান করার জন্য যেহেতু এখানে কোনো আধিকারিক বা মালিকের অস্তিত্ব নেই, এটি সম্পূর্ণভাবে নিজের দায়বদ্ধতা। এখানে কেউ বলে দেবে না আপনি কতক্ষণ কাজ করবেন, কোথায় করবেন বা কীভাবে করবেন। নিজেকে নিজে চালনা করা মানুষের একটি অতীন্দ্রিয় ক্ষমতা বিশেষ, এবং এই ব্যবসা থেকে বেশিরভাগ মানুষের বিদায় নেওয়ার কারণ হল নিজেকে অনুপ্রাণিত করতে না পারা এবং দায়বদ্ধতার অভাব।

৫. **ইস্তফার সময় আর্থিক দায়িত্বহীনতা ঃ** যেহেতু এই ব্যবসা থেকে বিদায় নেওয়ার সময় কোনোরকম আর্থিক দায়বদ্ধতা থাকে না, সেই কারণে মানুষ অতি সহজেই হাল ছেড়ে দিয়ে বিদায় নিতে পারেন। এছাড়াও যখন দেখবেন আপনার পরিচিত মহলের অনেকেই ব্যবসা থেকে ইস্তফা দিয়েছেন, জানবেন আপনি সেই অকৃতকার্য দলের এক অন্যতম সদস্য।

যখন এই ব্যবসা থেকে আপনি বিদায় নিচ্ছেন, আলাদা করে একজন বিফল ব্যবসায়ী হিসেবে কেউ মনে রাখবে না, অতি সহজেই মানুষ আপনাকে ভুলে যাবেন।

অনেক ডাইরেক্ট সেলিং সংস্থা স্বাস্থ্য পরিপূরক সংক্রান্ত সামগ্রী বিপণন করে। এছাড়াও, অনেক কেমিস্টের বিপণী একই সামগ্রী বিপণন করে। যদি একজন কেমিস্ট একটি বিশেষ দিনে কোনো কিছু বিপণন করতে না পারেন, তাহলে কি তিনি পরের দিন তাঁর বিপণী বন্ধ রাখবেন? অবশ্যই না। সাধারণ ব্যবসার ক্ষেত্রে, প্রথমবার লাভ করার আশায় মানুষ বছরের পর বছর অপেক্ষা করতে রাজি থাকেন, কারণ সেই ব্যবসার গোড়াপত্তনে তাঁরা প্রচুর অর্থলগ্নি করেছেন, এবং সব মিলিয়ে এমন একটি পরিকাঠামো গড়ে তুলেছেন যা সমূলে বিনষ্ট হবে যদি তাঁরা কখনো নিজেদের ব্যবসা বন্ধ করে দেওয়ার সিদ্ধান্ত নিয়ে ফেলেন। এর সঙ্গে মনে কাজ করে আতঙ্ক, যদি কোনো কারণে তাঁরা নিজেদের বিপণি বন্ধ করে দেন, পরিবার পরিজনদের কাছে ব্যর্থ হিসেবে পরিগণিত হবেন তাঁরা। যেহেতু নেটওয়ার্ক মার্কেটিং-এর ক্ষেত্রে এরকম কোনো বাধ্যবাধকতা নেই, মানুষ স্বাধীনভাবে ব্যবসা ছেড়ে চলে যেতে পারেন।

যখন মানুষ আমাকে বলতেন যে তাঁরা ব্যবসা করা ছেড়ে দিয়েছেন, আমার ভীষণ মজা লাগত। আমি তাঁদের প্রশ্ন করতাম, 'আপনারা সেই কাজ থেকে ইস্তফা দিতে পারেন, যে কাজ নিজেরা শুরু করেছেন। আপনারা এই ক্ষেত্রে শুধু কিছু সামগ্রী বা পরিষেবা কিনেছেন এবং একে কোনোভাবেই একটি নতুন ব্যবসা শুরু করার সঙ্গে তুলনা করা যায় কি?' অনেক মানুষ আবার এই ব্যবসার ক্ষেত্রে এমন ব্যবহার করেন যেন এটি একটি সাপ্তাহিক বা মাসিক লটারি বা শখ বিশেষ। বুঝতে হবে, আপনি কি কখনো কোনো শখ থেকে বিদায় নিতে সক্ষম?

৬. **নিয়মানুবর্তিতার অভাব ঃ** প্রত্যেক ব্যবসা বা পেশার ক্ষেত্রে একটি পূর্ণাঙ্গ কর্মপদ্ধতি ও নিয়মকানুনের বেড়াজাল থাকা অত্যন্ত প্রয়োজনীয়, এবং একমাত্র এই ঘেরাটোপের মধ্যে থেকে সাফল্য অর্জন করা সম্ভব। স্বভাবতই, ডাইরেক্ট সেলিং-এর ব্যবসার ক্ষেত্রেও এইরকম নিয়মকানুন ও কর্মপদ্ধতির অস্তিত্ব থাকা স্বাভাবিক। এই ব্যবসা সুষ্ঠভাবে গড়ে তুলতে গেলে কিছু নির্দিষ্ট নিয়মকানুন মেনে চলতে হবে। বেশিরভাগ মানুষ এই ব্যবসায় আসেন এই মনোভাব নিয়েঃ 'এখানে কীভাবে সাফল্য আসে

আমার জানা আছে। এ কাজ আমি আগেও করেছি। এ সম্বন্ধে আমার জ্ঞান আছে যথেষ্ট, আমার জনৈক বন্ধু এই ব্যবসায় রয়েছেন, দয়া করে আমাকে শেখাতে আসবেন না এখানে কীভাবে কাজ করতে হয়।'

এখানে প্রধান সমস্যা হল, মানুষ নিজের ব্যবহার বা নাক উঁচু স্বভাবের জন্য কারো কথা শুনতে চান না। তাঁরা নিজস্ব কর্মপদ্ধতি বা কর্মশৈলী অনুযায়ী কাজ করতে চান। যখন তাঁরা পরাজয়ের সম্মুখীন হন, এক কথায় ব্যবসা ছেড়ে চলে যেতে যেতে অনুযোগ করতে থাকেন, 'আমি শুরু থেকেই জানতাম, এই সব ব্যবসায় কিছু পাওয়া যায় না... এই কারণেই কেউ এইসব ব্যবসায় আসে না... এই জন্যেই মানুষ এই ব্যবসার সম্বন্ধে নিন্দে করে' ইত্যাদি ইত্যাদি। দুঃখের কথা হল, একজন ডাক্তার হবার জন্য আপনি বছরের পর বছর পড়াশোনা চালিয়ে যেতে প্রস্তুত। একজন ইঞ্জিনিয়ার বা চার্টার্ড অ্যাকাউন্ট্যান্ট হতে গেলে, আপনাকে বহু বছর সময় ও বহু পরিমাণে অর্থ ব্যয় করতে হয়। কিন্তু একজন সফল ডাইরেক্ট সেলার হতে গেলে, আপনি মাত্র কিছু দিন ব্যয় করতে প্রস্তুত নন—কিন্তু আপনি জানেন যে এই ব্যবসা আপনাকে দিতে পারে অপর্যাপ্ত অর্থ, কর্মক্ষেত্রে স্বাধীনতা এবং একটি স্বপ্নময় জীবনযাপনের নিশ্চিন্ত আশ্রয়।

'অল্প বিদ্যা ভয়ংকরী' প্রবাদটির এ এক জ্বলন্ত দৃষ্টান্ত। শুধুমাত্র এই পেশাতেই নয়, অন্যান্য পেশার ক্ষেত্রেও এই এক শর্ত বর্তমান। পার্থক্য মাত্র একটি জায়গায়—অন্যান্য পেশায় মানুষ এই প্রবাদটিকে অক্ষরে অক্ষরে পালন করে চলেন, কিন্তু এই পরিসরে, এর সত্যাসত্য উপলব্ধি করতে তাঁদের বেশ কিছু সময় লেগে যায়।

৭. **মনোযোগ ও সময়ের অভাব ঃ** বেশিরভাগ মানুষের ক্ষেত্রে ডাইরেক্ট সেলিং-এর ব্যবসার ক্ষেত্রটি মূলত পার্ট টাইম ভিত্তিক। তাঁদের একটি বাঁধা পেশা বা চাকরি বা ব্যবসা রয়েছে, এবং শুধুমাত্র একটি দ্বিতীয় বিকল্প আয়ের ব্যবস্থা সুনিশ্চিত করতেই তাঁরা ডাইরেক্ট সেলিং-এর দুনিয়ায় প্রবেশ করেন। প্রাথমিকভাবে তাঁদের ব্যবসা বা কর্মক্ষেত্রে নিজেরা প্রচুর ব্যস্ততা এবং চাপের মধ্যে থাকেন। ব্যক্তিগত জীবন ও পেশার মধ্যে যথাযথ ভারসাম্য আনতে গিয়ে তাঁরা হিমশিম খেতে থাকেন। জীবনে বিকল্প আয়ের ব্যবস্থার প্রয়োজন যতটাই থাক না কেন, নিজস্ব উপার্জন অনুযায়ী নিজের জীবনযাপনের মানদণ্ড তাঁরা সাজিয়ে নিতে সক্ষম হয়েছেন ইতিমধ্যেই।

যেহেতু তাঁদের জীবনে ইতিমধ্যেই এত কিছু একসঙ্গে ঘটে চলেছে, ডাইরেক্ট সেলিং-এর ব্যবসার ক্ষেত্রে এঁরা সম্পূর্ণ মনোযোগ ও যথেষ্ট সময় দিতে পারেন না। তাঁরা অপেক্ষা করে থাকেন একটি বিশেষ দিনের জন্য যেদিন এই ব্যবসার প্রতি অন্তত কিছু সময় দিতে পারবেন, এবং এভাবে অপেক্ষা করতে করতে এই ব্যবসার প্রতি তাঁদের আগ্রহ ও উদ্যম অচিরেই নিঃশেষিত হয়ে যায় এবং তাঁরা হাল ছেড়ে দিয়ে ব্যবসা গুটিয়ে ফেলেন।

৮. **কিছু জনশ্রুতি ও ভুল ধারণা নিয়ে চলা ঃ** অনেক মানুষ কিছু প্রচলিত জনশ্রুতি ও ভুল ধারণার বশবর্তী হয়ে এই ব্যবসা শুরু করেন যা তাঁদের সাফল্যের উপর খারাপ প্রভাব ফেলে।

'এই ব্যবসার খুঁটিনাটি আমার জানা' বিশ্বাস করুন, এই ব্যবসায় অকৃতকার্য হওয়া ৯০ শতাংশ মানুষ ভাবতেন যে তাঁরা এই ব্যবসা সম্পর্কে সবকিছু জানতেন। কোনো কাজ শুরু করার আগেই যদি কেউ সেই কাজের সম্বন্ধে সবকিছু জেনে থাকেন, তাহলে তিনি অকৃতকার্য না হয়ে সাফল্যের শিখরে পৌঁছে যেতেন অনায়াসেই। এই ব্যবসায় দীর্ঘ ১৩ বছর অবিরাম কাজ করার পরে, আমি আজও মনে করি এটির সম্বন্ধে আমার অনেক কিছু শিখতে বাকি রয়ে গেছে। এই জনশ্রুতি বা অতিরিক্ত আত্মবিশ্বাস মানুষের জীবন গড়ে ওঠার আগেই ধ্বংস করে দেয়।

'এই ব্যবসার কাজ ভীষণ কঠিন' ব্যবসায় আসার প্রথম প্রথম আমিও এই ধারণার বশবর্তী ছিলাম। কিন্তু ক্রমশ উপলব্ধি করতে শিখি যে জীবনে কিছুই সহজ বা জটিল নয়। আসুন কিছু সহজ উপমা দেওয়া যাক। হাতঘড়ির ফিতে ছিঁড়ে গেলে আমি সেটা ঠিক করার চেষ্টা করি। এই কাজ আমার কাছে জটিল হলেও, একজন ঘড়িওয়ালার কাছে এর চেয়ে সহজ আর কোনো কাজ হতে পারে না। এই সামান্য কাজটি করতে তাঁর মাত্র এক মিনিট সময় লাগতে পারে, এবং সম্ভবত এটি করার জন্য তিনি কোনো পারিশ্রমিক দাবি করবেন না। আমার স্ত্রী আমার জন্য বিভিন্ন রান্না করতে ভালোবাসেন, এবং তিনি যখন আমার জন্য যত্নসহকারে আটার রুটি বানান, প্রতিটি রুটি একরকম গোলাকার ও নরম হয়। কিন্তু কল্পনা করুন এই রুটি যদি আমি বানাতে শুরু করি, এক একটি রুটি এক একটি ভিন্ন প্রদেশের আকার ধারণ করবে, এবং একমাত্র ঈশ্বর জানেন এই কাজ করতে গিয়ে আমি রান্নাঘরে কী কেলেঙ্কারি কাণ্ড ঘটিয়ে ফেলতে পারি। রুটি বানানোর কাজ আমার কাছে কঠিন হলেও, আমার স্ত্রীর কাছে তা অতি সহজ। জীবনের প্রতিটি ক্ষেত্রে এই নিয়ম খাটে— কোনো কাজ সহজ

বা জটিল নয়, যে কাজ আপনি সঠিকভাবে শিখতে চান এবং প্রতিদিন অনুশীলন করতে পারেন, সময়ের সঙ্গে সঙ্গে আপনি সেই কাজে সুদক্ষ হয়ে উঠবেন।

কিছু মানুষের জন্য সাইকেল চালানো একটি অতীব কঠিন কাজ, অন্যদিকে এই পৃথিবীতে অন্যান্য মানুষ আছেন যারা অবলীলায় বিমান ও মহাকাশযান চালাতে অভ্যস্ত। আজ যে কাজ করতে আপনি অভ্যস্ত, তা এক সময়ে আপনার কাছে অত্যন্ত জটিল ছিল। আপনার অধ্যবসায় ও শেখার জেদের কাছে সেই কাজ আজ হার মানতে বাধ্য হয়েছে, আজ তাতে আপনি সিদ্ধহস্ত। তাই মনে রাখবেন, অবিরাম অনুশীলনের ফলে ডাইরেক্ট সেলিং-এর ব্যবসাও আপনার কাছে অত্যন্ত সহজ হয়ে উঠবে সময়ের সঙ্গে সঙ্গে।

'এই ব্যবসায় কোনো সম্মান নেই' পৃথিবীতে অনেক মানুষ রয়েছেন যারা মনে করেন, তাঁদের বেছে নেওয়া কর্মক্ষেত্র বা পেশা ঠিক করে দেয় তাঁদের সামাজিক সম্মান ও সাফল্যের পরিমাণ। আমাকে এমন একটি পেশা দেখান, যেখানে প্রত্যেক মুহূর্তে সম্মান পাবেন আপনি। অনেক ডাক্তার রয়েছেন যাদের মানুষ সম্মান করেন, আবার কিছু ডাক্তার রয়েছেন যারা সমাজের চোখে ঘৃণার পাত্র। অনেক ধর্মগুরু রয়েছেন যাদের ভক্ত ছড়িয়ে রয়েছেন দুনিয়া জুড়ে, আবার কিছু ধর্মগুরু রয়েছেন কারাগারের অভ্যন্তরে। আছেন অনেক সম্মানীয় চার্টার্ড অ্যাকাউন্ট্যান্ট, উকিল, ইঞ্জিনিয়ার, এবং অন্যান্য পেশার মানুষ—এবং সারা পৃথিবী জুড়ে রয়েছেন কোটি কোটি মানুষ যারা নিজের জীবনের লড়াই লড়ে চলেছেন প্রতিনিয়ত। তাঁদের মধ্যে অনেকে প্রতারক হিসেবে মানুষের কাছে পরিচিত। আমি আমার জীবনে যে শিক্ষা পেয়েছি তা হল ঃ আপনার পেশা আপনাকে সম্মান বা সাফল্য দেয় না, আপনার অধ্যবসায়, আপনার সৎ প্রচেষ্টা, এবং কাজের প্রতি আনুগত্য, যার দ্বারা আপনি নিজের পেশাকে সামলান, তা ঠিক করে দেয় আপনার প্রতি মানুষের সম্মান, প্রশংসা এবং অর্থনৈতিক সাফল্য যা আপনি অর্জন করতে সক্ষম। আমি যখন এই কথা বলি, আমি সেই সমস্ত ব্যবসা সম্পর্কে বলি যেগুলি সর্বতোভাবে আইনানুগ এবং বাণিজ্যিক নিয়মকানুন মেনে চলে। তাই ব্যবসার সাফল্যের ক্ষেত্রে আপনাকে বেছে নিতে হবে একটি সঠিক প্রতিষ্ঠান ও একজন শ্রেষ্ঠ প্রশিক্ষক।

'এই ব্যবসার দ্বারা এত পরিমাণে আয় কীভাবে সম্ভব?' যে-কোনো অন্য ব্যবসার মতোই এই ব্যবসা আপনাকে সমপরিমাণ অর্থ উপার্জন করতে সাহায্য করবে। এই ব্যবসার ক্ষেত্রে কত পরিমাণ অর্থ আপনি

উপার্জন করতে পারবেন তা নির্দিষ্ট নয়, প্রতিষ্ঠানের সার্বিক ব্যবসা এবং বিপণন ঠিক করে দেয় আপনার উপার্জনের পরিমাণ কতটা হতে পারে। যদি ব্যবসা শুরু করার পরে আপনি সঠিকভাবে সামগ্রী বা পরিষেবার বিপণন করতে না পারেন, আপনি কোনো অর্থ উপার্জন করতে পারবেন না। এই ব্যবসার ক্ষেত্রে আয়ের পরিমাণ সরাসরি নির্ভর করে আপনি ও আপনার সহকর্মীরা কতটা বিপণন করতে পারছেন তার উপর, এবং এই নিয়ম প্রত্যেকটি ব্যবসার ক্ষেত্রে প্রযোজ্য। সমগ্র আয়ের একটি বাঁধা ধরা অংশ সবাইকে ভাগ করে দেওয়া হয়, এবং যে ব্যক্তি সবার চেয়ে বেশি পরিমাণে বিপণনে সফল, তিনি বেশি পরিমাণে আয় করতে সক্ষম—এই ব্যাপারটি এতটাই সরল।

'আমি বিপণনের ক্ষেত্রে যথাযোগ্য নই' বহু মানুষ ডাইরেক্ট সেলিং-এর দুনিয়ায় পদার্পণ করতে চান না, তার অন্যতম প্রধান কারণ হল, সেই সমস্ত মানুষ মনে করেন যে বিপণনের ক্ষেত্রে তাঁরা একেবারেই উপযুক্ত নন। তাঁরা মনের ভিতর এই ভ্রান্ত ধারণা পোষণ করেন যে ডাইরেক্ট সেলিং-এর ব্যবসা শুধুমাত্র বিভিন্ন সামগ্রী বা পরিষেবার বিপণন মাত্র। এই ব্যবসার মূলে রয়েছে মানুষের সঙ্গে বিনিময় ও যোগাযোগের ক্ষমতা, এবং মানুষ একটি সামাজিক প্রাণী হবার দরুন, বিনিময় তাঁদের সহজাত। এই ব্যবসার প্রধান চাবিকাঠি হল সম্পর্কের বন্ধন, মানুষকে শক্তিপ্রদান করা, নেতৃত্ব গড়ে তোলা এবং সমমনস্ক মানুষের সমষ্টি গড়ে তোলা। এর উপর, আপনার আপলাইনের সহকর্মীরা প্রতিনিয়ত আপনার বিপণনের ও যোগাযোগের ক্ষমতার উন্নতিসাধনে ব্যস্ত থাকবেন। আমরা একটি জিনিসের উপর কখনো জোর দিই না—যে নিজেদের জীবনের প্রতি মুহূর্তে আমরা বিপণন করে চলেছি। যদি বিপণনের ক্ষেত্রে আপনি আতঙ্কিত হন, আমি আপনাকে বলব To Be a Network Marketing Millionaire—বইটিতে বিপণনের মানসিকতা সম্পর্কে একটি বিশেষ অধ্যায়ের সাহায্য নিতে। আসুন, বিপণন নামের এই ধাঁধাটির সমাধান করে ফেলা যাক।

ঘটনাচক্রে, আমার জীবনে অগণিত মানুষ দেখেছি যারা ডাইরেক্ট সেলিং-এর ব্যবসায় অত্যন্ত জঘন্যভাবে অকৃতকার্য হয়েছেন। তার একমাত্র কারণ হল তাঁরা নিজেদের সামগ্রীর বিপণনের ক্ষেত্রে এতটাই শ্রেষ্ঠ ছিলেন যে উত্তরসূরিরা তাঁদের ক্ষমতার কাছাকাছি যেতে পারেননি। এই ব্যবসায় নিজের বিপণন ক্ষমতাই মুখ্য নয়, এখানে আপনার নকল করার ক্ষমতা হল সাফল্যের অন্যতম চাবিকাঠি। আমি মানুষের মনে এই বিশেষ ধারণার

প্রসার ঘটাবার চেষ্টায় থাকি যখন তাঁরা ডাইরেক্ট সেলিং-এর প্রশিক্ষণ গ্রহণ করতে বিভিন্ন ইভেন্টে যোগদান করেন ঃ 'ডাইরেক্ট সেলিং-এর দুনিয়ায় আমরা অত্যাশ্চর্য কিছু করে দেখাই না, আমরা নকলনবিশ হিসেবে কাজ করি।' এ ছাড়াও, বিপণন বিভাগের কর্মীদের ক্ষেত্রে, একটি বিপণনের প্রক্রিয়া শেষ করার সঙ্গে সঙ্গে তাঁদের দায়িত্ব শেষ হয়, কিন্তু ডাইরেক্ট সেলিং-এর ক্ষেত্রে, বিপণনের শেষ হওয়ার অর্থ—তাঁদের দায়িত্ব শুরু।

একইভাবে দেখতে গেলে, আমি জীবনে অনেক মানুষ দেখেছি যারা যে-কোনো মঞ্চে অত্যন্ত অভ্যস্ত এবং সুদক্ষ হওয়া সত্ত্বেও ডাইরেক্ট সেলিং-এর দুনিয়ায় এসে সাফল্যের মুখ দেখতে পারেননি। একবারও বলছি না, যে সমস্ত মানুষের যোগাযোগ স্থাপনের ক্ষমতা অত্যন্ত ভালো, বা যাদের বিপণন ক্ষমতা অত্যন্ত বেশি, তাঁরা এই পরিসরে সফল হতে পারবেন না। আমি বলতে চাই যে একটি সফল ডাইরেক্ট সেলিং-এর ব্যবসার গোড়াপত্তন করার জন্য এই বিশেষ ক্ষমতাগুলি কখনোই অপরিহার্য নয়।

ডাইরেক্ট সেলিং-এর ক্ষেত্রে, অন্যান্য কোনো বিষয়ের উপর গভীরভাবে জানার প্রয়োজন হলে, বেস্টসেলারের তালিকায় উপরে থাকা আমার বই—To Be a Network Marketing Millionaire—অবশ্যই হাতে তুলে নিয়ে দেখতে পারেন।

আপনার জন্য পাঁচ মিনিটের অনুশীলন

জ্ঞান হল মানুষের অন্তর্নিহিত শক্তি বিশেষ, এটিকে সত্যিকারের শক্তি হিসেবে পরিণত করতে অনুশীলন ও যথাযোগ্য ব্যবহার অত্যন্ত প্রয়োজনীয়। আপনি তখনই একটি ক্ষমতার অনুশীলন ও ব্যবহার করতে পারেন যখন সেই ক্ষমতা আপনি আয়ত্ত করেছেন, এবং একটি বিশেষ কাজ বারবার করার মাধ্যমে শ্রেষ্ঠ শিক্ষা অর্জন করা সম্ভব।

এই বই পড়ার পরে ডাইরেক্ট সেলিং সম্পর্কে আপনি যা যা শিখতে পেরেছেন, তার মধ্যে থেকে সেরা পাঁচটি জিনিস খুব তাড়াতাড়ি লিখে ফেলতে অনুরোধ করছি, আগামী পাঁচ মিনিট সময় ধরে। এই বইতে যে বিষয়ে পড়ে আপনার সবচেয়ে ভালো লেগেছে সে সম্বন্ধে লিখতে পারেন, বা এই বই পড়ার পরে আপনার মনে থাকা কোনো সনাতন ধ্যানধারণা, যার আমূল পরিবর্তন ঘটে গেছে। আপনাকে বইয়ের পাতা উল্টে সেই নির্দিষ্ট শব্দগুলি খুঁজে বার করে লিখতে হবে না। নিজের পছন্দমতো মনে যা আসে তাই লিখে ফেলুন তাড়াতাড়ি। এই অনুশীলন কিন্তু আপনি একান্ত নিজের জন্যেই করছেন। এই অনুশীলন নিজের নোটবুকেও করতে পারেন। এই পদ্ধতি আপনার পড়া যে কোনো বইয়ের ক্ষেত্রেও প্রয়োগ করতে পারেন।

১ ______________________________

____

____

২ ______________________________

____

____

৩ ______________________________

____

____

৪ ______________________________

____

____

৫ ______________________________

____

____

পরবর্তী পদক্ষেপ

আপনার পরবর্তী পদক্ষেপের মাধ্যমে আপনার সিদ্ধান্তের যৌক্তিকতা মাপা সম্ভব। যদি আপনি ইতিমধ্যে নতুন কোনো পদক্ষেপ না নিয়ে থাকেন, আপনি কোনো সিদ্ধান্ত নিতে পারেননি।

—টোনি রবিন্স

এই বইটি পড়ার জন্য আপনাকে অসংখ্য ধন্যবাদ। সমগ্র বইটি পড়ে এই পাতা পর্যন্ত পৌঁছোবার জন্য কোনো প্রশংসাই আপনার জন্য যথেষ্ট নয়। এতেই পরিষ্কার বোঝা যায় নতুন কিছু শেখার ও তার সাহায্যে উন্নতি করার জন্য আপনার অদম্য স্পৃহা। আপনাকে আমার আন্তরিক অভিনন্দন।

ভাগ করে নেওয়ার আনন্দ সবচেয়ে বেশি। যদি এই বইটি আপনার মনোগ্রাহী হয়ে উঠতে পেরে থাকে, দয়া করে যতজনের সঙ্গে সম্ভব এটিকে ভাগ করে নিন—আপনার পরিবার, বন্ধুবান্ধব, দলের সদস্যরা, সম্ভাবনাময় মানুষদের এবং যে সমস্ত মানুষের জন্য আপনি চিন্তাভাবনা করেন। আপনার ব্যবসা সংক্রান্ত চিন্তাধারা এবং সামগ্রী বা পরিষেবা সম্বন্ধে তাঁদের সঙ্গে আলোচনা করার আগে আপনার সম্ভাব্য ক্রেতাদের এই বইটি সানন্দে পড়তে দিতে পারেন। আমি

নিশ্চিত যে যখন তাঁরা বইটি আপনাকে ফেরত দেবেন, তাঁরা সবদিক থেকে প্রস্তুত হয়ে আপনার সঙ্গে আলোচনায় বসতে পারবেন।

আমি যারপরনাই কৃতজ্ঞ থাকব ও অত্যন্ত বাধিত হব যদি আপনি এই বইটি ও আমাদের প্রকাশনী থেকে প্রকাশিত অন্য কোনো বই সম্পর্কে আপনার মূল্যবান মতামত সবার সঙ্গে বিনিময় করেন। আমাদের বই, ভিডিও ও প্রভৃতি সম্বন্ধে যদি আপনার কোনো বিশেষ পরামর্শ থেকে থাকে, বা কোনো বিশেষ অধ্যায়ের উন্নতি বা পরিবর্তনের প্রয়োজনীয়তা বোধ করেন, দয়া করে আমাদের জানাতে ভুলবেন না।

যদি ডাইরেক্ট সেলিং-এর ব্যবসাকে নিজের পেশা হিসেবে বেছে নিতে চান, এবং এই ব্যাপারে আপনার যদি কোনো প্রশ্ন থাকে, আমি আপনাকে—To Be a Network Marketing Millionaire—বইটি পড়ার অনুরোধ করব। এই বইটির প্রথম সংস্করণের সময়ের পর থেকে, আপনি ৬টি ভারতীয় ভাষায় অনুবাদ পেতে পারেন সমস্ত জায়গায়, যেখানে উৎকৃষ্ট বই পাওয়া যায়। এই বিশেষ ব্যবসা সম্পর্কে আপনি যা যা জানতে চান, তা এই বইয়ে উপলব্ধ। যারা ডাইরেক্ট সেলিং-এর ব্যবসার দুনিয়ার বাসিন্দা নন, তাঁদের কাছেও এই বইয়ের মূল্য অপরিসীম। এর মধ্যে উদ্যোগ সংক্রান্ত আলোচনা, বিপণন, নেতৃত্ব, দলগত প্রচেষ্টা, সম্পর্কের বন্ধন, এবং জীবনে সাফল্য অর্জন করতে পারার উপর অমূল্য কিছু অধ্যায় সাজিয়ে রাখা হয়েছে।

সারা পৃথিবীতে ডাইরেক্ট সেলিং ও নেটওয়ার্ক মার্কেটিংয়ের উপরে আমাদের কাছে আছে এক বৃহত্তম ও অত্যাধুনিক প্রশিক্ষণ ব্যবস্থা—অনলাইন কোর্স, বিনামূল্যে ভিডিও প্রশিক্ষণ, বিনামূল্যে ই-বুকের সম্ভার, লাইভ ওয়ার্কশপের ব্যবস্থা, অগণিত বইপত্র, আধুনিকতম শিক্ষা ব্যবস্থা এবং আরো অনেক কিছু।

সবসময় মনে রাখবেন আপনার সাফল্য নির্ভর করছে একটি সঠিক প্রতিষ্ঠান ও একজন শ্রেষ্ঠ প্রশিক্ষকের চয়নের উপরে।

আপনার স্বপ্নের জীবন গড়ে তুলতে এবং সাহায্যার্থে আমি সবসময় আপনার পাশে রয়েছি।

আপনার সাফল্যের অংশীদার,
দীপক বাজাজ

পরামর্শ/প্রশ্ন— info@deepakbajaj.biz; www.deepakbajaj.biz

দীপক বাজাজের জীবন বদলে দেওয়া বিশেষ পদ্ধতি ও সমাধান

সাফল্যের জন্য কোনো গোপন মন্ত্র নেই, নিয়মানুবর্তিতা সাফল্য এনে দেয় জীবনে।

—দীপক বাজাজ

দুই যুগের বেশি সময় ধরে, আমি একভাবে মনোযোগ সহকারে মানুষের শক্তিবর্ধনের উদ্দেশে নিত্যনতুন পদ্ধতি, প্রক্রিয়ার উদ্ভাবন করে চলেছি যাতে তাঁরা সুনিশ্চিতভাবে এবং দ্রুত নিজেদের জীবনের স্বপ্নকে বাস্তবায়িত করে তুলতে পারেন। সত্যি কথা বলতে, এই হল আমার জীবনের অন্যতম ব্রত। আমার বিভিন্ন বই, বক্তৃতা, ভিডিও, অনলাইন কোর্স, ওয়ার্কশপ এবং এই পরিসরে আমি যা যা করি, তার আকর্ষণের কেন্দ্রবিন্দু হল আমার জীবনের এই লক্ষ্য। আমার দৃঢ় বিশ্বাস যে, আমাদের প্রত্যেকের ভিতরে, জীবনে বড় হয়ে ওঠার জন্য প্রয়োজনীয় উপকরণ রয়েছে। সাফল্য অর্জনের জন্যে আমরা সর্বদা প্রস্তুত, এবং প্রত্যেকেই একটি সাফল্যমণ্ডিত, আনন্দঘন, আশীর্বাদধন্য ও সচ্ছলতায় পরিপূর্ণ জীবনের অভিলাষী। আমার ব্যবসার অংশীদার এবং দলের

সহকর্মীদের সঙ্গে একযোগে, আমি চাই আপনার জীবনে উন্নতি, সাফল্য, আনন্দ ও প্রাচুর্যের পথে সাবলীলভাবে এগিয়ে যাওয়ার পথে কিছু অবদান রাখতে। সেই কারণেই আমরা অত্যাধুনিক ও প্রমাণিত পদ্ধতি ও সমাধানের অন্বেষণে সবসময় ব্যস্ত।

আমার আবিষ্কার করা প্রতিটি পদ্ধতি ও প্রশিক্ষণ একটি প্রধান লক্ষ্যকে মাথায় রেখে গড়ে তোলা হয়েছে— যা আপনার মধ্যে আনবে তাৎক্ষণিক বদল ও চিরস্থায়ী পরিবর্তন। জ্ঞান, দক্ষতা, মানসিকতা ও আবেগের ক্রমাগত উন্নতির দ্বারাই মানুষের মধ্যে পরিবর্তন নিয়ে আসা সম্ভব। এবং এই কাজের জন্য প্রয়োজন হয় সঠিক প্রশিক্ষণ ও পদ্ধতির, শুধুমাত্র অনুপ্রেরণা দিয়ে এই উদ্দেশ্য সফল হতে পারে না। অনুপ্রেরণা হল অস্থায়ী, কিন্তু শিক্ষা ও দক্ষতার দ্বারা পরিবর্তন হল মানুষের জীবনে চিরস্থায়ী। দীপক বাজাজের দলের কাছে রয়েছে ডাইরেক্ট সেলিং ও জীবনের বিভিন্ন ক্ষেত্রে চূড়ান্ত সাফল্য পাওয়ার জন্য বিভিন্ন অত্যাধুনিক পদ্ধতি, প্রক্রিয়া, প্রণালী ও প্রযুক্তি সম্বলিত দুনিয়ার অন্যতম শ্রেষ্ঠ সম্ভার। এই সম্পর্কিত সমস্ত বিস্তারিত তথ্য আমাদের ওয়েবসাইটে খুঁজে নিতে পারেন— www.deepakbajaj.biz।

প্রধান কিছু পদ্ধতি ও সমাধানের কিছু অংশ আপনার সুবিধার্থে এখানে দেওয়া হল ঃ

১. **বিনামূল্যে ভিডিওর মাধ্যমে প্রশিক্ষণ**—দীপক বাজাজের ইউটিউব চ্যানেল আজকে অনলাইন দুনিয়ার সবচেয়ে উৎকৃষ্ট ও পরিবর্তনের অনুপ্রেরণাদায়ী প্রশিক্ষণের উৎস বলে পরিগণিত। এতে রয়েছে অগণিত শিক্ষামূলক ভিডিও যা আপনার জীবনে পরিবর্তন নিয়ে আসতে সক্ষম, যেখানে আপনি পাবেন জ্ঞান, নিত্যনতুন পদ্ধতি ও কৌশলের তথ্য, এবং প্রযুক্তি যা আপনাকে পরবর্তী স্তরে উত্তীর্ণ করে তুলতে সক্ষম। এখানে আপনি ডাইরেক্ট সেলিং, নেটওয়ার্ক মার্কেটিং, পারস্পরিক সম্পর্ক, দল গঠনের নিয়মাবলী, সাফল্য, লক্ষ্য, নেতৃত্ব, নিজের বক্তব্য পেশ করা এবং আরো অন্যান্য বিষয়ে সমৃদ্ধ হতে পারেনঃ www.youtube.com/deepakbajaj

২. **অনলাইন কোর্স**—বর্তমান পরিস্থিতির সম্মুখীন হতে, নিজের বাড়িতে বসে অনায়াসেই আমাদের অনলাইন কোর্সগুলির সাহায্যে আন্তর্জাতিক দুনিয়ার সম্পর্কে জ্ঞান, বিভিন্ন পদ্ধতি, দক্ষতা, এবং নিত্যনতুন প্রযুক্তি ও প্রণালী নিজের আয়ত্তে নিয়ে আসতে পারবেন। এই কোর্সগুলি এক অত্যাধুনিক প্রযুক্তির দ্বারা গঠিত, যার সাহায্যে প্রতিটি প্রোগ্রামের থেকেই আপনি সমৃদ্ধ হতে সক্ষম।

৩. **বই**—এই মুহূর্তে নিজের হাতে যে বইটি ধরে রয়েছেন এটি হল দীপক বাজাজের দ্বিতীয় বই। তাঁর লেখা প্রথম বইটি ২০১৮ সালে প্রকাশ হওয়ার সঙ্গে সঙ্গে বেস্টসেলার তালিকায় নিজের স্থান অধিকার করে নিয়েছে, এবং ডাইরেক্ট সেলিং-এর দুনিয়ায় বহুপঠিত একটি অমূল্য ও অপরিহার্য গাইডবুক হিসেবে পরিগণিত হয়েছে সারা পৃথিবী জুড়ে। To Be a Network Marketing Millionaire নামের এই বইটি প্রত্যেক মানুষের জন্য নিতান্ত অপরিহার্য, যারা ডাইরেক্ট সেলিং-এর মাধ্যমে সাফল্য পাওয়ার স্বপ্ন দেখেন। এ ছাড়াও আমাদের কিছু অসামান্য ই-বুক রয়েছে, যা নিজের ইচ্ছেমতো সম্পূর্ণ বিনামূল্যে আমাদের ওয়েবসাইট www.deepakbajaj.biz থেকে ডাউনলোড করে নিতে পারেন।

৪. **লাইভ ওয়ার্কশপ**—দীপক বাজাজের লাইভ ওয়ার্কশপগুলি সারা পৃথিবীতে অত্যন্ত জনপ্রিয়তা অর্জন করেছে সেগুলির অসামান্য উপস্থাপনা এবং বাস্তব জীবনে পরিবর্তন আনতে পারার সার্থক ও প্রমাণিত পদ্ধতি ও প্রক্রিয়ার কারণে। দীপক বাজাজ ইতিমধ্যেই ৭ লক্ষের বেশি মানুষকে শিক্ষাপ্রদান ও প্রশিক্ষণ দিয়েছেন। এগুলির অসামান্য কর্মশৈলী, ফলপ্রসূ পদ্ধতি, শ্রেষ্ঠ আন্তর্জাতিক মানের বইপত্র, এবং জীবনের উন্নতিসাধনে প্রয়োজনীয় প্রক্রিয়া ও প্রযুক্তির কারণে, এই ওয়ার্কশপগুলিতে কখনো একটিও আসন খালি থাকে না।

৫. **সোশ্যাল মিডিয়া**—সোশ্যাল মিডিয়ার বিস্তীর্ণ জগতে ইউটিউব, ইন্সটাগ্রাম, ফেসবুক, লিংকডিন, টিকটক ইত্যাদি বিভিন্ন প্রাঙ্গণে দীপক বাজাজকে ফলো করলে, সম্পূর্ণ বিনামূল্যে পেয়ে যেতে পারেন তাঁর উদ্ভাবন করা বিভিন্ন বিষয়ে অমূল্য জ্ঞান, অত্যাধুনিক পদ্ধতি, প্রযুক্তি ও প্রণালী সম্বন্ধীয় প্রয়োজনীয় তথ্য।

৬. **শ্রেষ্ঠ শিক্ষাদান ব্যবস্থা**—যারা জীবনে সর্বশ্রেষ্ঠ হয়ে উঠতে চান, এবং আশা করেন সেই উন্নতি তাঁরা করবেন অতি অল্প সময়ে, তাঁদের জন্যে আছে একটি বিশেষ উচ্চমানের শিক্ষাদানের ব্যবস্থা, যেখানে আপনার সঙ্গে ব্যক্তিগতভাবে দীপক বাজাজ স্বয়ং কাজ করবেন একযোগে। তিনি সরাসরি চেষ্টা করবেন আপনাকে বা আপনার প্রতিষ্ঠানকে উন্নতির পরবর্তী স্তরে উত্তীর্ণ করতে, যে পরিসরে আপনি কাজ করতে ইচ্ছুক—স্বাস্থ্য, আনন্দ, ব্যবসাকে লাভজনক করে তোলা, ব্যবসার প্রসার ও বিস্তার, আবেগজনিত প্রতিকূলতা এবং অন্যান্য বিষয়ের উপর।

৭. **বক্তব্য প্রকাশ**—অগণিত প্রতিষ্ঠান, সংস্থা, সরকারি প্রতিষ্ঠান এবং অসংখ্য স্বাধীন ব্যবসায়িক সংগঠন প্রতিনিয়ত দীপক বাজাজকে আমন্ত্রণ জানান, শুধুমাত্র তাঁর অসাধারণ বাকপটুত্বের সাহায্যে দর্শকদের হতবাক করে দেওয়ার জন্য নয়। তাঁর প্রবল শক্তিসম্পন্ন বক্তব্য মানুষের ধ্যানধারণাকে মুহূর্তে প্রভাবিত করতে সক্ষম। তাঁর এই বক্তৃতাগুলি সাধারণত ৩০ মিনিট থেকে শুরু করে ২ ঘণ্টা পর্যন্ত চলে, এবং অংশগ্রহণকারীদের চাহিদা অনুযায়ী বাড়তে বা কমতেও পারে। প্রত্যেকটি বক্তৃতা দীপক বাজাজ এক অননুকরণীয় পন্থার মাধ্যমে ছয় ভাগে ভাগ করে দর্শকদের সামনে পেশ করেন।

৮. **অত্যাধুনিক প্রশিক্ষণ**—দীপক বাজাজ এবং তাঁর সমগ্র দল অতি যত্ন সহকারে প্রশিক্ষণের ব্যবস্থা করে থাকেন বিভিন্ন বিষয়ের উপর, বিভিন্ন পেশার মানুষ যেমন প্রতিষ্ঠান, বিশ্ববিদ্যালয়, সরকারি সংস্থা এবং বিভিন্ন স্বাধীন ব্যবসায়ীদের জন্য। দীপক বাজাজের দীর্ঘদিনের পেশাদারি ক্ষেত্রে অভিজ্ঞতা, আন্তর্জাতিক NLP Certification এবং এই পরিসরে ৭ লক্ষের বেশি মানুষকে সাফল্যের সঙ্গে প্রশিক্ষণ দেওয়ার দীর্ঘ ১৬ বছরের অমূল্য অভিজ্ঞতা তাঁর প্রতিটি সেশনে মানুষের ভিতরে তাৎক্ষণিক বদল ও চিরস্থায়ী পরিবর্তন নিয়ে আসতে সফল হয়।

এই সংক্রান্ত সমস্ত প্রয়োজনীয় তথ্যের জন্যঃ www.deepakbajaj.biz

কৃতজ্ঞতা স্বীকার

আমার আন্তরিক শ্রদ্ধা ও কৃতজ্ঞতা জ্ঞাপন প্রতি পাঠকের কাছে, নেটওয়ার্ক মার্কেটিং অ্যাসোসিয়েটদের কাছে ইউটিউব সাবস্ক্রাইবারদের কাছে, সোশ্যাল মিডিয়ার ফলোয়ারদের কাছে, ওয়ার্কশপে অংশগ্রহণকারীদের কাছে, প্রশিক্ষকদের কাছে, আমার দলের সহকর্মীদের কাছে এবং অন্যান্য প্রত্যেকের কাছে যারা আমার জীবনকে সমৃদ্ধ করেছেন নিজের জ্ঞান ও উপস্থিতি দিয়ে। আপনাদের সঙ্গে প্রতিটি কথোপকথনের মধ্যে দিয়ে আমি ঋদ্ধ হয়েছি, এবং আজ আমি যেখানে আছি, সেখানে পৌঁছোতে সক্ষম হয়েছি। আমার প্রতিটি পদক্ষেপে পেয়েছি আপনাদের ক্রমবর্ধমান ভালোবাসা, সমর্থন ও প্রার্থনা। আমার জন্য এবং আমার জীবনের উন্নতিসাধনে আপনারা যা যা করেছেন তার ঋণ কখনো পরিশোধ করা সম্ভব নয়, সম্ভব নয় ধন্যবাদ দিয়ে আপনাদের ছোট করা। এই বইটি আমার নিজস্ব সত্ত্বা, এবং আমার এই সত্ত্বাকে গড়ে তুলেছেন আপনারা। এই বই আপনাদের উদ্দেশে আমার শ্রদ্ধাঞ্জলি। অশেষ কৃতজ্ঞতা জানবেন।

জীবনে আমি যে কাজই করি না কেন, চব্বিশ ঘণ্টা ঘড়ির কাঁটা ধরে সমর্থনে অটল থাকে আমার পরিবার। এঁদেরকে আমার জীবনে পেয়েছি বলে ঈশ্বরের কাছে আমি চিরকৃতজ্ঞ — আমার প্রিয় বন্ধুরা, সঙ্গীসাথিরা, অংশীদারেরা,

পরামর্শদাতারা, উৎসাহদাতা এবং আমার একনিষ্ঠ ভক্তরা। আপনাদের ভালোবাসা, সমর্থন, যত্ন, অনুপ্রেরণা ও উৎসাহ ছাড়া এই জীবনে আমার মূল্য কানাকড়িও নয়। ধন্যবাদ জানাই বাবা, মা, তনিমা, গৌরব, দিব্যা, দেবাংশী, চিরায়ু, প্রশংসা, নির্ভয় ও সক্ষমকে।

আমার ভাই ও ব্যবসার অংশীদার গৌরব বাজাজের প্রতি আমার নিখাদ ও আন্তরিক কৃতজ্ঞতা। আমাদের এই সফল বাণিজ্যিক সাম্রাজ্যের উত্থান ও বিস্তারের অন্যতম স্থপতি হলেন তিনি। আমাদের সমস্ত সাফল্য ও উন্নতির প্রধান মেরুদণ্ড তিনি। আমি বিশ্বাস করি, পৃথিবীতে তিনি হলেন ডাইরেক্ট সেলিং-এর সর্বশ্রেষ্ঠ নেতা।